마음의 기술

뇌과학과 심리학으로 치유하는

마음의 기술

안-엘렌 클레르·뱅상 트리부 지음

구영옥 옮김

뇌를 이해하면

내 마음이 보인다

상상스퀘어

저자
소개

안-엘렌 클레르 Anne-Hélène Clair

신경과학박사이자 정신과의사로 파리 피티에-살페트리에르 병원 AP-HP,
Hôpital de la Pitié Salpêtrière 의 뇌 연구소에서 근무하고 있다.

뱅상 트리부 Vincent Trybou

인지행동치료 전문 심리학자이자 심리치료사로 불안 및 기분장애 센터
CTAH, Centre des troubles anxieux et de l' humeur 에서 근무하고 있다.

차례

제2부 통제 수단

제3부 **일상에서 실천하기**

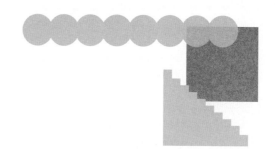

신체와 정신의 관계는 수 세기 전부터 철학, 종교, 과학의 주요 관심사였다. 일부 사상가들은 정신만을 우선시하며 신체와 정신과의 관계를 부정하기도 했고, 유물론자들은 신체 외에는 무엇도 존재하지 않는다고 보았다. 20세기에 들어서야 다양한 뇌과학 연구를 통해 이 설전이 종료되었다. 신체와 정신은 긴밀하게 연결되어 있고, 심리는 그 무엇보다 뇌의 상태를 여실히 드러낸다는 것이다. 이로 인해 뇌가 제대로 작동할 때나 그렇지 않을 때 뇌에서 무슨 일이 일어나는지 전보다 잘 이해하게 되었다. 신경과학 연구를 통해 행동, 감정, 사고가 뇌에서 비롯되고, 그에 따라 작동한다는 사실을 알게 된 것이다. 우리도 이 책을 통해서 신체와 정신의 상호적인 영향을 탐구할 것이다. 심리학 전문가들이 동의하듯이, 뇌 기능의 기본적인 원리를 배움으로써 무엇이 우리의 성장을 방해하는지 쉽게 파악할 수 있게 될 것이다.

이 책은 10년 전 한 신경과학자와 심리치료사의 만남으로부터 시작되었다. 특정 정신 질환을 겪고 있는 환자의 뇌 활동을 연구하던 신경과학자, 그리고 환자와 치료사 모두에게 더 쉽고 효과적인 치료법을 연구하던 심리치료사가 만나면서 이 책이 출간된 것이다.

이 책의 목표는 신경과학 기초 지식을 누구나 쉽게 접하고 적용할 수 있게 하여 우리를 고통스럽게 하는 행동과 생각을 수정하고, 강렬한 감정을 조절하게 하는 것이다. 간단히 설명하자면 정신의학자나 심리학자 그리고 신경과학자가 풀어놓는 지식과 경험을 이용해 독자 스스로 **내 마음의 주치의**가 되는 것이다. 뇌는 교육이 가능하며, 그 기능을 이해하면 여러분은 뇌를 스스로 교육할 수 있다.

이 책은 신경생물학 모델, 인지행동 모델, 수용전념치료, 마음챙김, 심리 도식 치료, 긍정심리학 등 정신의학에서 검증된 이론을 각 문제 상황에 맞춰 도구로 활용한다. 각 문제는 특정 뇌 활동을 암시하는데, 이에 맞는 다양한 열쇠가 있어야 문제를 해결할 수 있다. 어떤 열쇠들을 조합해 사용할 것인지 이 책을 통해 찾을 수 있을 것이다. 또한 실제 검증된 도구 상자가 효과적으로 제시되어 문제에 효율적으로 대응할 수 있을 것이다.

이 책에서는 상담에서 자주 다루는 문제들을 사례로 제시했다. 일상 속 심리 문제들이 주를 이룬다. 정신 질환을 진단받았거나, 이 책이 제안한 지식과 조언이 도움이 되지 않는다면 전문의와 상담하길 바란다.

DEVENEZ VOTRE PROPRE PSY

제 1 부

뇌 이해하기

1장

뇌의 기능

뇌는 매우 정교한 기계와 같다. 그래서 뇌의 미세한 구조, 미묘한 화학 반응, 자동화된 행동을 설명하는 것은 아직 우리 능력 밖의 일이다. 뇌는 복잡한 만큼 수많은 정보를 처리하는 가공할 만한 능력을 지녔다. 녹은 초콜릿 냄새를 인지하는 외부 정보와 간식을 먹고 싶다는 내부 정보를 동시에 처리할 정도다.

뇌의 기능 전반을 설명하고자 한다면 오만일 것이다. 뇌에 관한 각각의 정보나 대수롭지 않은 메커니즘이라도 책 한 권의 주제로 삼기에 충분하기 때문이다. 우리는 단연코 뇌에 대해 전부 알지 못한다.

예전에는 뇌의 각 영역이 제한되고 한정된 역할만 한다고 추측했다. 하지만 오늘날에는 뇌의 여러 영역이 그처럼 세분화되어 있지 않다는 점이 밝혀졌다. 뇌는 복합적으로 정보를 처리한다. 즉, 하나의 영역이 하나의 기능을 담당하는 것이 아니다. 뇌는 수많은 고속도로, 국도, 인도, 골목길이 서로 연결된 거대하고 밀집한 도로망과 같다. 뇌의 어떤 영역이 특정 행동, 심지어 정신 질환과 관련이 있음을 밝혀낼 순 있었지만, 그 영역에 자극을 준다고 해서 항상 원하는 효과를 얻는 것은 아니다.

실용적인 관점에서 보면 뇌는 **사고**(이성적 사고), **감정**(정서적 반응), **자동화된 행동**(습관과 반사적인 행동)이라는 세 가지 주요 주체로 단순화할 수 있다. 이 세 주체는 서로 간에 그리고 다른 요소들과 소통하면서 끊임없이 변화에 적응하고, 원하는 행동을 만들어내며, 우리의 감정을 조절한다.

뇌는 마치 여러 겹으로 이루어진 밀푀유처럼 여러 층으로 구성되어 있다. 외부와 가장 가까이 있는 표면층을 '피질'이라고 하며, 피질은 운동 영역, 감각 영역, 시각 영역 등 여러 영역으로 나뉘어 있다. 이러한 영역들은 경계선이 모호하고 때로는 교차하기도 한다.

전전두피질은 이마 바로 뒤, 즉 뇌 앞부분에 위치하는데 학습, 문제 해결, 의사결정, 억제와 같은 인지 기능 혹은 고차원 기능과 관련이 있다.[1] 이러한 기능은 논리적 사고의 영역이기도 한데, 이 기관이 있는 덕분에 우리는 하지 말아야 할 일을 저지르지 않을 수 있다. 전전두피질은 대략 20~25세까지 계속 성장한다고 한다.[2] 아이들이 우체국에서 같이 줄 서 있는 할머니의 면전에 대고 "엄마, 저 할머니 마녀처럼 생겼지?"라고 우렁차게 말해버리는 것은 전전두피질이 아직 미숙하기 때문이다. 어른이라면 그 할머니가 판타지 영화에 나오는 괴팍한 마녀처럼 생겼다고 생각하더라도, 이를 대놓고 이야기하지는 않을 것이다. 이러한 발언은 사회적으로 용인되지 않으므로 머릿속에 있는 성숙한 전전두피질이 저지하기 때문이다. 이렇게 전전두피질은 일상에서 우리가 해야 할 행동과 해서는 안 될 행동을 명확히 구분하는 데 필수적인 기본 기능을 담당한다.

대뇌변연계는 피질에 속하는 여러 구조로 구성되며, 피질 밑으로 일련의 층을 이루고 있다. 이 기관은 기억 등 다른 기능과도 관련이 있지만, 한마디로 정의하자면 '감정의 뇌'라고 할 수 있다.[3] 특히 공포나 정신적 고통뿐 아니라 기쁨과도 긴밀이 연관되는 **편도체**를 포함한다. 이 영역은 경계해야 할 사건이 벌어졌을 때 위험 신호를 보내지만, 공포증 상황에서는 오작동하기도 한다.[4] 보통 사람은 머리맡에서 커다란 거미를 보더라도 편도체가 최소한으로 활성화되지만, 거미 공포증이 있는 사람은 극단적일 정도로 활성화된다. 대뇌변연계는 우리의 생존을 보장하기 위해 환경의 긍정적 요소보다 부정적 요소에 더 주의를 기울인다.[5]

피질 아래에 있는 뇌의 중심부에는 피질에서 많은 정보를 받고 서로 소통하는 구조물이 있다. 바로 **기저핵**이다. 기저핵은 피질의 거의 모든 영역이 보내는 정보들을 처리하고 분석한 후 이를 다시 돌려보내 회로를 구성한다.[6] 이 회로는 학습에 특히 중요한 역할을 하여 습관을 만들거나 없애기도 한다. 우리가 기계적으로 운전하거나 피아노를 연습하여 배울 수 있는 것도 기저핵 덕분이다.

뇌의 기능은 특히 우리의 환경에 민감하다. 교통 상황에 따라 도로가 정비되고 방향을 바꾸며 변화해 가듯, 뇌도 우리를 둘러싼 환경에 적응하며 기능을 재구성한다. 물론 이것만으로 우리의 행동과 생각을 설명할 수는 없다. 우리가 받은 교육과 과거에 마주했던 상황도 뇌가 작용하는 방식에 영향을 미칠 것이기 때문이다. 이를 명백하게 보여 주는 보편적인 사례가 바로 사과하는 방식이다. 우리는 어떤 교육을 받았느냐에 따라 다양한 방식으로 사과한다. 아예 사과하지 않는 사람도 있지만, 미안해하며 여러 차례 사과를 되풀이하는 사람도 있다. 이들을 관찰하면 사과하는 방식이 모두 같지 않음을 알 수 있다. 일부 감정적 반응도 마찬가지다. 문화 또는 교육에 따라 감정 표현도 다소 달라진다. 평소에 "일이 잘 안 풀려도 불편한 기색을 비치지 말고 웃어야 한다."라는 말을 들어왔다면, 당신의 뇌는 이를 '감정을 다스리는 방식'으로 저장할 것이다.

환경으로 뇌 기능을 조절할 수 있다면, 약으로 심리를 치료하는 것도 가능하다는 사실을 알 수 있다. 두 뉴런을 연결하는 신경전달물질인 세로토닌 수치에 변화를 주어 슬픔이나 걱정을 진정시키는 것이다. 마찬가지로 치료라는 새로운 학습을 병행하면 습관이나 감정 대응 방식을 바꿀 수 있다.

2장

습관의 뇌

당신은 매일 아침 같은 길로 회사에 출근한다. 집에서 나와 자동차에 시동을 걸고 우회전해서 외곽 도로로 접어든다. 그러면서 전날 저녁 술자리를 떠올리거나 오늘 처리할 일을 생각한다. 그런데 교차로에서 좌회전하는 찰나에 깜빡했던 일이 떠오르면서 오전 일상이 깨져버린다. 동료에게 주기로 한 서류를 전달하려면 교차로에서 우회전해야 했기 때문이다.

습관 생성

뇌는 언제나 우리 일상에 적응한다. 그래서 일상 속 수많은 행동에서 루틴이나 습관이 만들어진다.[1] 처음에는 꽤 번거롭고 집중력을 발휘해야 했던 일이 반복할수록 점점 단순해지고 자연스러워진다.

실로 경제적인 변화다! 차를 운전하는 경우를 생각해 보자. 운전 경력이 오래됐다면, 운전대 앞에 경직된 자세로 앉아 불안하게 백미러를 계속 쳐다보거나, 방향 지시등을 찾으려고 두리번거리지 않을 것이다. 운전하면서 아무리 복잡한 일이라도 침착하게 생각할 수 있고, 동승자와 심각한 문제를 논의할 수도 있다.

매일 같은 환경에서 같은 행동을 반복하면 무의식적으로 저절로 행동하게 된다. 뇌는 이처럼 자동화된 행동으로 에너지를 절약한다. 당신이 매일 아침 같은 길로 출근하는 것도 마찬가지다. 자동화된 행동이 형성되어 매일 교차로에서 기계적으로 좌회전하는 것이다.

뇌에서 무엇이 자동화된 행동에 관여할까? 피질은 내부 감각과 외부 환경에서 오는 많은 정보를 처리한다. 정보는 뇌 한가운데에 있는 여러 기저핵으로 전달된다.[2] 그 안에서 이 핵과 저 핵을 이동하며 처리된 정보가 다시 피질로 향한다. 이렇게 표면에서 내부로, 내부에서 표면으로 회로가 형성된다.

기저핵은 일부 행동을 자동화하는 역할을 한다. 반복을 통해 자동화하는 것이다. 그래서 운전 경험이 쌓일수록 운전에 필요한 사소한 행동들이 모두 자동화된다

습관의 힘

습관은 뇌의 기능을 지배하는 경제 원리에 따라 만들어지기에 무

심코 그대로 행동하기 쉽다. 전과 달리 오늘은 우회전해야 하는데, 평소에 다니던 길로 들어섰다는 사실을 뒤늦게 깨달은 적이 있을 것이다. 이미 자동화된 행동이 형성되었기 때문이다. 이렇듯 습관은 무의식적이고, 논리적이지 않으며, 숙고 과정을 거치지 않는다. 의지나 용기가 없어서 또는 나약하기 때문에 그런 행동이 나오는 게 아니다.[3]

따라서 습관을 바꾸는 것은 다소 어렵고 번거롭다.

신념과 감정의 문제

길 건너편에 사는 할머니는 자신에게 방향 지시등을 켜지 않는 습관이 있다고 했다. 그러면서 "어차피 모든 사람이 내가 방향을 바꾸는 것을 보고 있으니까 괜찮다."라고 말했다. 이런 일상 행동은 옳은 일일까? 좋지 않은 습관이라는 데 모두 동의할 것이다. 하지만 좋든 나쁘든 기저핵과 관련된 회로들 덕분에 자동화된 행동, 루틴, 습관은 반복되면서 굳어지게 된다.

여러 과학 연구가 기저핵과 그 회로의 기능이 비정상적일 수 있음을 증명했다. 대표적인 사례가 바로 강박장애OCD[4]와 같은 자동화된 행동과 관련된 질병이다. 하루에도 수없이 특정 행동을 반복하는 이유는 커지는 불안감을 해소할 길이 없기 때문이다. 자동화된 행동은 반복할수록 점점 굳어지기 때문에[5] 강박장애는 시간이 지날수록 일상생활을 저해하게 된다.

마찬가지로 어떤 상황에서 느끼는 감정 반응도 우리 뜻대로 되는 것이 아니다. 가령 유독 충동적인 사람은 다른 차가 추월하면 노발대발하며 동승자가 경고해도 아랑곳하지 않고 액셀을 밟아 그 차를 뒤쫓는다. 새치기를 당하면 누구나 기분이 좋지 않겠지만, 그렇다고 모두 이토록 지나치게 행동하지는 않는다. 그저 욕하면서 분풀이하거나, "아니, 저런 멍청한 놈을 봤나? 죽으려고 환장했군!"이라고 소리치고 마는 정도다. 우리는 어릴 때 감정을 조절하는 능력을 갖추게 된다. 우리의 감정 반응에 대한 부모님이나 어른의 지적과 조언을 들으며, 자신의 감정을 조절하는 법과 주변인을 불쾌하게 만들지 않도록 감정을 다스리는 방법을 배우게 된다. 이 시기에 반복되는 조언 없이 방임되거나 잘못된 조언을 듣게 된다면, 아이는 감정에 구속되거나 잘못된 방향으로 나아가게 된다. 그러면 어른이 되어서도 가까운 사람들에게 고통이나 상처를 주게 된다. 하지만 성인이라고 해서 감정 조절 방법을 배우기에 너무 늦은 것은 아니다!

습관 없애기

나쁜 습관이 생기거나 심지어 강박장애가 심해질 가능성이 있다면, 이를 어떻게 막을 수 있을까? 먼저 나쁜 습관, 즉 자동화된 나쁜 행동이 무엇인지 파악해야 한다. 반드시 이것부터 확인해야 나중에 습관을 바꿀 수 있다.[6] 그다음으로 이러한 행동이 상당히 해롭기에 꼭 고쳐야 한다는 동기부여와 확신이 필요하다. 앞서 예시로 들었던 할머니의 경우, 방향 지시등을 켜야 한다는 생각을 하지도 않으면서 그저 자신을 정당화하기만 했다. 따라서 자신의 주장이 받아들여지지 않더라도 행동을 바꾸려 하지 않을 것이며, 오히려 그런 나쁜 습관이 굳어질 것이다. 반대로 다음에 예시로 들었던 충동적인 운전자가 자신의 문제를 인식한다면 어떻게 될까? 동승자를 긴장시키고 심지어 위험에 빠뜨릴 수도 있는 자신의 행동을 없애고 싶을 것이다.

우리가 바라는 변화는 인생에서 중요하게 여기는 것, 즉 가치관과 일맥상통해야 한다. 또한 이러한 변화는 때로 시간이 걸리므로, 이 단계에서는 멀리 보면서 평정심을 유지해야 한다.

일단 나쁜 습관을 인지하면 습관을 만드는 방식과 똑같은 방식으로 이를 없앨 수 있다. 즉, 반복을 통해 없애는 것이다.[7] 그저 나쁜 습관을 좋은 습관으로 교체하기만 하면 된다. 예를 들어 회전할 때마다 방향 지시등을 켜기로 다짐하는 것이다. 물론 처음에는 순조롭게 이뤄지지 않으므로 노력이 필요하다. 무의식적으로 운전하다가 깜빡 놓치는 경우가 필시 발생해서 나중에야 "아, 맞다! 깜빡이!"라며 다짐을 떠올릴 것이다. 하지만 깜빡했다고 실패한 것은 아니다. 우리 뇌가 습관을 유지하려고 알력 싸움을 하는 것이므로 노력을 계속해야 한다. 새로운 행동을 반복하려고 애쓰면 깜빡하는 경우도 점차 줄어들게 된다.

자동화된 행동에 관여하는 뇌 회로의 방향을 틀어 습관을 바꾸는 것은 에너지와 끈기가 필요한 수고로운 작업이다. 따라서 단번에 완전히 바꾸려고 해서는 안 된다. 습관의 힘을 분산하는 법을 배워, 나쁜 습관의 방향을 조금씩 바꿔야 한다.

습관과 자동화된 행동을 수정하기 위한 이러한 원칙은 강박장애 환자를 위한 인지행동치료CBT에도 적용된다.[8] 반복해서 연습하면 기저핵 관련 회로의 기능 장애가 사라진다는 것이 실제로 증명되었다.[9] 내 행동을 바꾸면 뇌의 기능을 바꿀 수 있다. 그러려면 올바른 방법과 끈기 그리고 반복이 필요하다.

감정의 뇌

우리 뇌에는 **대뇌변연계**라는 이름의 구조물 집합이 존재한다. 감정
의 중추라고도 할 수 있는 구조물이다. **편도체**와 **해마**가 그 중심인
데, 감정과 기억을 관장한다. 목에 있는 편도와 바다에 사는 해마를
말하는 게 아니니 헷갈리지 말자. 편도체는 전전두피질 및 기저핵과
소통하며 논리적 사고와 학습 능력을 감정과 이어준다.[1] 편도체의
이러한 연결 기능은 인류 시초부터 지금까지 인류가 환경에 적응하
는 데 중요한 역할을 해왔다. 종족 보존을 위해서는 어린 시절부터
특정 동물과 환경이 위험하다는 사실을 배우는 것이 필요하다. 예를
들어 뱀 공포증, 거미 공포증, 고소 공포증 등 오늘날 볼 수 있는 여
러 공포증은 모두 조상에게서 물려받은 것으로, 당시에 생존을 위해
자연스럽게 일어난 반응들이었다.

　편도체는 공포와 불안의 중추로 위험을 느끼면 활성화된다.[2] 예를

들어 집안에서 뛰어다니는 쥐를 보고 공포를 느낄 때처럼 위험이 감지되면 편도체가 활성화된다.[3] 우리는 쥐가 위험하지 않다는 것을 잘 알지만, 편도체가 활성화되면서 공포와 불안을 유발한다. 이성적인 뇌인 전전두피질조차 항상 편도체를 진정시킬 수 있는 것은 아니다.

이런 종류의 공포 회피는 학습으로 이어진다. 쥐와 닮은 모든 것을 주변에서 민감하게 발견하게 되는 것이다. 편도체는 우리가 무서워하는 대상을 연상시키는 것에 민감하게 반응하여 꽤 자주 불쾌감을 일으킨다.[4] 또한 해마와 협력하여 강렬한 공포를 유발한 특정 사건의 짙은 흔적을 기록하는데, 이때 종종 다른 부정적인 감정들과 혼합된 기억을 남기기도 한다.

전전두피질은 대부분의 경우에 감정을 통제할 수 있다. 예를 들어 한 남성이 집에서 여성과 술을 마시고 있다가 쥐를 발견한다면, 여성이 자신을 대범하지 못하다고 여길까 봐 공포심을 진정시켜 억제할 수 있을 것이다. 이렇듯 전전두피질은 감정 조절의 핵심 역할을 하는데, 이것이 우리가 항상 똑같은 감정 반응을 보이지 않는 이유다. 전전두피질은 25세쯤 성장을 마친다. 따라서 전전두피질 조절 기능이 최대로 발휘되지 못하는 유년기나 청소년기에는 감정 반응이 더욱 활발하고, 즉흥적이며, 여과 없이 나타난다.

감정의 뇌는 즐거움과 보상에도 관여하고 있는데,[5] 이는 우리 행복의 핵심 개념이다. 또한 이 감정들은 특정 행동의 학습과 반복에도 큰 역할을 한다. 예를 들어 영화관에 가는 것이 즐겁다면, 우리는 영화관을 자주 찾을 것이다.

우리의 애착 및 사회적 유대는 즐거움과 안전이라는 개념과 밀접하게 관련되어 있다. 이는 조상 대대로 이어져 온 기능으로 어릴 때는 부모에 의해, 성장하면서는 친구, 배우자, 자녀에 의해 길러진다. 이러한 모든 행동은 우리의 감정 뇌를 자극하여 얻는 즐거움을 통해 전전두피질과 기저핵의 특정 회로를 강화한다.[6]

감정의 뇌는 기저핵과 연결되어 있어서 경험을 학습할 수 있고, 즐거움이나 불쾌감을 일으키는 일부 행동을 자동화할 수 있다는 점을 명심하자.[7] 이러한 행동이 일상생활에서 방해가 된다면 그 행동을 점차 줄이면 된다. 감정을 다른 방향으로 돌리거나, 감정의 뇌에 영양분을 주입하는 기법들을 활용할 수 있다. 이 책의 뒷부분에서 그에 대해 자세히 다룰 것이다.

4장

뇌 가소성

우리는 오랫동안 뇌가 시간이 흐를수록 손상될 뿐이라고 생각해 왔다. 하지만 이제는 뇌 구조를 평생토록 변화시킬 수 있다는 사실을 알게 되었다. '뇌 가소성'이라는 개념은 경험에 따라 뇌의 기능(뉴런이 서로 소통하는 방식)과 구조(새로운 뉴런을 생성하는 방식)가 변화하는 뇌의 적응력을 뜻한다.[1]

뇌에 흔적을 남기는 것은 바로 환경과 행동이다. 그 흔적은 비포장도로, 아스팔트 도로, 고가도로, 고속도로로 이루어진 거대하고 복잡한 도로망과 같다. 실제 도로와 다른 점은 통행량에 적응하면서 저절로 변하는 능력을 지녔다는 점이다. 교통 체증이나 막힌 길 없이 모든 것이 잘 작동하고 있는 뇌 도로망을 상상해 보자. 지면이 울퉁불퉁하고 거친 길이더라도 많은 차량이 통행하다 보면 매끄럽게 뚫린 도로가 될 수 있다. 반면 통행이 없는 도로는 점점 수풀이 우거지고 포장이 손상되면서 제대로 된 길의 역할을 못 하게 될 수도 있다. 뇌졸중으로 뇌 일부분이 손상되는 사고가 벌어지면 해당 도로는 크기와 상관없이 즉시 막혀버린다. 그러면 뇌는 새로운 도로를 만들거나 다른 방향의 기존 도로를 강화한다. 우회로를 만드는 것이다. 만약 우회로가 비포장도로밖에 없다고 해도 통행이 늘면 점차 거대한 도로로 바뀐다.

뇌 가소성은 이처럼 통행량에 따라 도로 형태가 바뀌는 능력이라고 할 수 있다. 하지만 이는 행동이나 행위를 주기적으로 반복해야 가능하다.[2] 시간도 필요하다. 악기를 배울 때 반복해서 연습하는 것과 같다.[3] 색소폰을 배운 지 얼마 되지도 않았는데 광장에 나가 혼자서 연주하는 경우는 흔치 않다. 오랜 시간 배우고 반복해서 연습해야 능숙하게 연주하게 된다. 아이들도 글자를 처음 배울 때는 서툴게 쓰지만, 몇 년간 학교에 다니며 동기부여가 되면 빠르게 실력이 는다. 이처럼 기존에 깔린 뇌 도로는 반복을 통해 강화된다.

뇌 가소성은 뇌 손상을 입은 사람에게서 전형적으로 나타나는 현상이기도 하다. 물리치료나 언어치료를 받으며 정기적으로 반복해 훈련하면 상실한 일부 기능을 되찾게 된다.[4] 예를 들어 뇌졸중으로 팔을 자유롭게 움직이지 못한다면, 매일 조금씩 훈련해야 운동 능력을 회복한다. 어떤 질병으로 인해 운동 능력을 잃었을 때, 뇌 속에 새로운 도로를 건설하는 방법은 바로 반복 훈련과 재활이다. 이는 움직임을 통제하는 운동 피질뿐 아니라 논리적 사고와 소통이 연관된

일부 영역에서도 관찰되는 현상이다.[5]

　항우울제 복용에도 뇌 가소성 원리가 작용한다.[6] 약이 뇌에 영향을 주는 것은 단지 몇 시간에 불과하고, 슬픔이나 불안을 전보다 덜 느끼게 되는 등 기분이나 행동에까지 영향을 미치려면 보통 4~6주가 걸린다. 뇌 가소성이 작용해 뇌에 영향을 미쳐 경로나 도로를 변경하는 데까지 일정 기간이 걸리는 것이다. 치료에서도 마찬가지다. 환자가 일상생활에서 나타나는 이상 행동을 수정하기 위해서는 지속적인 훈련이 필요하다.

　현재까지 밝혀진 바에 따르면, 더 많은 뉴런이 탄생하는 곳은 습관과 루틴에 관여하는 기저핵 주변과 대뇌변연계의 일부인 해마다.[7] 우리 뇌는 무려 90세까지 새로운 뉴런을 생성한다고 한다.[8] 그러니 희망을 잃지 말자! 나이가 들어도 도로를 계속 공사하면 바꿀 수 있으니[9] 결코 늦은 때란 없다!

　뇌 가소성은 규칙적이고 반복적인 신체 활동에 의해 더욱 자극받는다.[10] 그런 의미에서 스포츠는 뉴런을 강화하므로 신체와 정신 모두에 유익한 셈이다. 뇌의 일부 영역에서 뉴런이 점차 소실되는 퇴행성 질환인 알츠하이머병이나 파킨슨병의 진행을 규칙적인 신체 활동을 통해 막을 수 있다는 점도 흥미로운 사실이다.[11]

　심리학에서 관찰되는 수많은 현상은 뇌 활동 및 유전과 깊은 연관이 있다. 반면 뇌 속에서 잊힌 경로를 깨워 강화하고, 바꾸고 싶은 신경 도로를 끊는 데는 우리의 환경과 활동 그리고 생각이 기여한다는 점을 명심하자. 뇌는 나이의 많고 적음과 상관없이 영원히 굳지 않는다. 시간과 동기부여 그리고 부단한 노력만 있으면 된다. 활동으로 자극이 반복되면서 경로와 도로가 변한다고 상상하면 신체 리듬을 유지하는 데 도움이 된다. 그러니 우리가 자기 발전의 주체이며 도로망의 현장 감독이라는 점을 잊지 말자!

5장

학습

태어나자마자 시작되는 학습은 우리가 습득한 것, 노하우, 지식을 풍부하게 만드는 과정이다. 환경과의 접촉을 통해 형성되는 학습은 우리의 내부 감각을 통해 풍요로워지며 기억, 감정, 자동화 능력을 사용한다. 우리는 어린 시절부터 불에 닿으면 데고, 사탕을 먹거나 누군가가 안아주면 기분이 좋아진다는 사실을 배운다. 이러한 상황이 기억에 저장되려면 여러 번 반복되어야 한다. 반면 긍정적이든 부정적이든 강렬한 감정을 일으킨 행동은 순식간에 학습된다. 그래서 지리학 수업처럼 어떠한 감정도 생기지 않는 상황보다 벌을 받는 것처럼 위험 상황이나 사탕을 먹을 때와 같은 즐거운 상황이 기억에 더 잘 저장된다.

학습은 특정 행동을 꾸준하게 반복함으로써 강화된다. 이는 직접 행동하거나, 관찰자로서 상황을 경험함으로써 이루어진다. 뇌 가소성은 새로운 길을 만들거나 기존 도로를 바꾸는 능력인 만큼 학습에 꼭 필요한 메커니즘이라 할 수 있다. 우리가 행동을 학습할 수 있듯이, 그 행동이 우리를 고통스럽게 하거나 더 이상 유용하지 않을 때는 그 행동을 잊을 수도 있다. 예를 들어 우리는 적절한 기술을 통해 충동성을 관리하는 방법을 배울 수 있고, 이 원칙은 부적절하다고 판단되는 일련의 감정과 행동을 '끄는' 데도 효과가 있다.[1]

긍정적 감정과 관련이 있는 행동은 강화된다. 먹으면 기분이 좋아지는 사탕을 자주 사 먹거나, 만나면 즐거운 친구를 자주 보는 것과 같다. 마찬가지로 예의 바르고 싹싹하게 타인을 대하면 긍정적인 평가를 받을 것이고, 이러한 사실을 알게 되면 타인에게 더욱 친절하게 행동할 것이다. 부정적인 측면도 다르지 않다. 주변을 살피지 않고 길을 건너다가 차에 치일 뻔한 경험을 한다면 다시는 그렇게 행동하지 않을 것이다.

좋은 것이든 나쁜 것이든 새로 학습된 것들은 우리 뇌에 통합될 시간이 필요하다. 이러한 시간은 뇌 가소성과 기억력을 위해서도 필요하다.[2] 수면과 휴식은 학습 능력을 강화한다. 부적절한 행동을 없애거나 뇌에 새로운 습관(분노를 대화로 푸는 것 등)을 주입하고자 한다면, 휴식과 인내의 시간을 거쳐야 한다. 학교 수업을 떠올려 보자. 좋아하는 과목은 긍정적인 감정을 일으키기에 시험 전날까지도 교과서를 열심히 보게 된다. 그리고 규칙적이고 충분한 수면과 휴식 시간이 더해진다면 더욱 효과적으로 내용이 기억에 저장된다!

학습은 감정의 뇌 그리고 기억에 관여하는 해마와 깊은 관련 있지만, 전전두피질 또한 학습에서 조절이라는 중요한 역할을 한다.[3] 다시 말해 전전두피질은 학습을 상황에 맞게 조정하도록 돕는다. 이를 유연성이라고 하는데, 환경 적응에 필수적인 능력이다. 가령 레스토랑에서 친구와 식사하던 도중에 전화가 와서 계속 통화한다면, 친구는 여러 차례 눈총을 줄 것이고, 그러면 당신은 예의 없이 행동하고 있다는 것을 깨닫게 된다. 친구가 말없이 비난하는 게 당신에게 불쾌한 기분뿐 아니라 환경 적응도 불러일으키는 것이다. 이러한 전전두피질의 역할은 대단치 않아 보일 수도 있지만, 사회 생활에 있어서는 필수적이다.

뇌는 정원과 같다. 긍정적인 학습을 가꾸고, 부정적인 학습을 잡초처럼 뽑아낼 수 있다. 긍정적인 감정을 유지하려면 꾸준한 관심과 돌봄이 필요하다. 이에 대해서는 긍정심리학과 마음챙김에서 다시 알아볼 것이다. 뇌 가소성은 최소 90세까지 이어진다는 점을 명심하자. 그러니 뉴런을 소중히 여기는 데 늦은 때란 없다.

6장

환경 적응에 유용한 감정

감정은 환경 적응에 유용한 가이드를 제공한다. 우리는 신생아 때부터 이를 일상에서 경험하고 있다. 실제로 우리는 욕구를 채우려는 필요성에 따라 움직이며, 특히 관계적, 정서적 욕구가 그에 속한다. 예를 들어 감정은 욕구가 충족되지 않은 좌절에 대한 반응일 수 있다. 우리는 어린 시절부터 지속적으로 부과되는 기본 욕구들을 경험한다. 배고픔, 휴식, 생존과 같은 생리적 욕구나 안전, 애정, 소속, 자아실현 욕구가 그렇다. 이 가운데 한 가지라도 충족되지 않으면 뇌는 경고 신호(주로 불쾌한 감정)를 보내며, 그에 따라 욕구 충족의 동기가 증가한다.[1]

그런 신호의 전형적인 사례가 바로 공포다. 공포는 위험이 출현했음을 즉각 알리며 생존 욕구를 드러낸다. 그러면 감정의 뇌와 신체 곳곳에서 반격하거나(투쟁) 도망치라며(도피) 연쇄 반응을 일으킨다.[2] 이 반응은 우선적으로 우리의 생존을 보장하기 위해 존재한다. 마찬가지로 경계심도 다가오는 위험을 감지하고 우리를 보호하는 데 도움을 준다. 이러한 반응들은 수 세기 동안 형성된 오랜 메커니즘으로 우리에게 깊이 뿌리내리고 있다.

감정이 제공하는 가이드의 또 다른 예로는 사회적 거부가 있다. 이는 집단에 소속되고자 하는 욕구를 위협하며, 영역과 소속감을 지켜내지 못했다는 분노를 일으킬 수도 있다.[3] 또한 모순과 불확실성은 의미를 찾으려는 인간의 본능을 흔들어 불안을 유발하며,[4] 슬픔은 가까운 사람들이 우리를 돌보게 하는 감정 상태이기도 하다.

목표한 바가 달성됐거나 달성 중인 경우, 우리는 기쁨과 긍지 같은 긍정적인 감정을 느낀다. 기본 욕구가 충족되면 만족감을 느낄 뿐 아니라 부정적 감정을 효과적으로 막아내기도 한다.[5]

감정은 또한 타인과 소통할 수 있게 해준다. 우리는 동료에게서 공포, 슬픔, 기쁨 등의 감정을 쉽게 감지한다. 상대방의 말, 표정, 태도를 보면서 뇌가 그런 감정들을 즉각 포착하는 것이다. 이를 통해 우리는 상대방에 맞춰 행동을 조정하고 집단 결속력을 강화할 수 있다. 감정의 뇌가 활성화되면 타인에게 신호를 보낸다. 상대방은 이 신호를 포착하여 우리에게 맞게 자신의 행동을 조정할 수 있다. 아기가 울면 어머니가 아기의 욕구를 알게 되는 것처럼 말이다.

7장

회피와 통제

외부 혹은 내부에서 오는 위험이나 불편한 일에 처했을 때(예를 들어 시어머니가 식사에 초대했을 때), 인간에게는 여러 선택권이 있다. 배가 아프다며 시어머니의 식사 초대를 회피할 수도 있고, 불편한 감정을 애써 억누르면서 자기 감정을 통제한 채 식사 시간이 끝나기만을 기다릴 수도 있다. 이러한 회피와 통제는 매우 실용적인 대안으로, 대부분의 일상생활에서 효율적인 전략이 될 수 있다. 그러나 심리적인 모든 것, 즉 감정이나 생각면에서는 회피와 통제가 불난 집에 기름을 붓는 것과 같다. 다시 말해 문제를 악화할 뿐이다.

회피와 통제 전략을 쓰는 경우 실제로 대뇌변연계의 일부 영역이 활성화되는 경향이 있으며, 이는 감정을 고조시키고 생각을 되새기는 반추로 이어져 전전두피질의 활동을 자극하게 된다.[1] 이 반추가 대뇌변연계를 자극하여 불쾌감을 유지하거나 심지어 강화하게 된다. 즉, 불편한 감정을 해소하는 게 아니라 오히려 악화하는 것이다. 이렇게 실패가 불 보듯 뻔한데도 우리는 회피와 통제라는 전략을 계속 적용하고 있다. 그 이유는 무엇일까?

대부분의 경우 단기적으로는 효과가 있기 때문이다. 회피는 순간적으로 우리를 진정시킨다. 하지만 문제가 해결되지는 않는다. 회사에서 마감에 맞춰 업무를 끝내지 못했다면, 상사는 당신에게 화를 낼 것이다. 기분이 상한 당신은 럼이나 맥주 한 잔을 마신다. 업무는 여전히 완료하지 못한 채로 말이다. 술 덕분에 진정된 기분은 술의 힘이 다하면 부메랑이 되어 원래 상태로 돌아온다.

심리학은 정신 질환이 회피나 통제 행동으로 유지된다는 점에 집중한다. 폭식증이 있는 사람은 갈등보다는 먹는 것을 선택하고, 자해하는 사람은 슬픔을 조용히 잠재우기 위해 자신에게 상처를 낸다. 강박장애가 있는 사람은 더럽다는 기분을 없애려고 씻는 데만 몇 시간을 쓰고, 사회 공포증이 있는 사람은 수치심을 느끼지 않으려고 타인을 피한다. 회피와 통제로 인해 발생하는 불편한 사례는 얼마든지 있다.

그래서 다른 방법을 배워야 한다.

먼저 상황에 따라 효과적인 전략을 선택할 줄 알아야 한다. 개 한 마리가 공격하려고 쫓아온다면 도망가는 편이 낫다. 화물차가 신호를 무시하고 당신을 향해 돌진하고 있다면 삶의 의미를 숙고할 시간

따위는 없다. 당장 피해야 한다. 이처럼 회피는 상황에 따라 논리적일 수 있다.

문제가 되는 것은 감정적 회피와 통제다. 우리는 감정을 '처리'하거나 '통제'할 수 없어 이를 억누르려 하고, 이로 인해 감정이 고통의 원인이 된다. 여러 번 곱씹게 되는 불쾌한 생각도 마찬가지다. 아무리 여러 번 시도해도 지하실 열쇠로는 우편함을 열 수 없듯이, 수학이나 논리 문제를 다루듯 감정과 생각을 다루려는 것은 적절하지 않다. 감정과 생각을 조절하는 문제 해결법을 따로 배우는 것이 중요하다.

걱정거리가 실제적인 것인지 감정적인 것인지에 따라 실행 방법이 달라진다. 그리고 이때 감정을 유발하는 원인에 따라 다양한 방법을 적용할 수 있다.

- 무언가를 말하기 어려운 경우: 지난주에 식당에 함께 갔던 친구가 아직도 자기 몫의 비용을 주지 않아서 난처한데 쪼잔한 사람으로 비칠까 봐 말하지 못하고 있다면, 19장 〈자기주장〉을 참고하자.
- 개인적으로 마음에 많은 것을 담아두는 경우: 만약 당신을 겨냥한 공격이 있다고 느낄 경우, 그런 공격을 일삼는 사람은 다른 사람들에게도 그런 식으로 대한다는 점을 간과해서는 안 된다. 당신이 느낀 공격은 그들의 일반적인 행동 방식일 수도 있

다. 21장 〈인지 재구조화〉를 통해 자기 생각을 경계하는 법을 배워 보자.

- 강렬한 감정에 휩싸이는 경우: 감정의 온도가 높게 설정되어 있어 감정을 주체할 수 없고 누그러뜨리기 어렵다면, 20장 〈마음챙김〉을 통해 감정의 뇌를 다스리는 법을 배우게 될 것이다.

- 수천 가지 생각으로 감정이 반복되고 더욱 고조되는 경우: 어떤 상황을 계속 상상하면서 하고 싶던 말이나 행동을 떠올린다거나, 부당한 상황에 화가 나서 그 생각이 멈추지 않고 되새겨진다면, 17장 〈반추와 탈중심화〉를 통해 현재 순간으로 생각을 되돌리는 방법을 배우자.

- 적절하고 실용적으로 행동하지 못한다는 생각이 드는 경우: 능력을 넘어선 문제에 직면해서 자신이 무능력하고 감정에 치우쳐 있어 도움과 지원이 필요하다고 느낀다면, '문제 해결 기법'을 배워야 한다

- 자신에게 중요한 것을 놓쳤다는 감정이 드는 경우: 싸우고 화내고 싶은 욕구, 상대를 끽소리도 못 하게 만들고 싶은 욕구는 정체성, 목표, 가치관, 당신을 만족시키는 근본 토대로부터 스스로 멀어지게 한다. 16장 〈삶의 명확한 목표〉를 통해 삶의 목표와 가치로 돌아가는 법을 배울 것이다.

무엇보다 문제의 원인을 정확하게 파악하는 것이 우선이다. 그래야 행동 계획을 세울 수 있다. 회피와 통제는 위에서 제시된 대부분의 경우에 불필요하며, 감정과 걱정을 다스리는 좋은 방법이 아니다.

8장

감정 표현의 중요성

감정표현불능증은 감정을 느끼고 정의하고 표현하기 어려운 증상을 뜻한다. 화가 났는지, 평온한지, 슬픈지, 행복한지를 제대로 표현하지 못하는 것이다. 또한 감정으로 인해 신체에서 나타나는 울음, 웃음, 흉통, 목멤, 복부 긴장 같은 감각도 느끼지 못한다. 그래서 감정표현불능증에 걸린 사람은 감정을 전달할 수 없다. 타인이 자신을 정숙하지 못하다고 여기거나 거북스러워할까 봐, 느끼는 모든 감정을 조용히 자신 안에 남겨둔다. 자신의 감정을 전하면 상대가 자신을 나쁘게 판단하고 떠날 것 같다고 느낀다. 한마디로 자신에 대해 이야기하는 것을 위험하다고 생각한다.

어린 시절 자신의 감정이 주변 사람들을 불편하게 했던 경험이 있는 사람들이 여기에 속한다.[1] 부모가 완벽주의자거나, 성마르고 폭군 같으며, 때로는 학업 성적이나 외모에 집착한다면, 아이들은 의견이나 감정을 드러내지 않게 된다. 심지어 세상이 자신의 의견이나 감정으로 흔들릴 수 있다고 생각한다. 맹목적 억제는 개성과 정체성의 형성을 해친다. 그러면 아이들은 좁은 거품 속에 처박혀 주눅이든 채로 유순한 사람이 된다. 좁은 내면세계에서 살아가는 법을 터득하고, 모든 정신 기능과 감정 기능은 계속 위축된다. 불행하게도 우울증의 터전이 되는 것이다. '회피/통제'를 떠올려 보면 어떤 관련성을 발견할 것이다. 아이들은 부모나 자신을 체벌하는 교사를 실망시키지 않으려고 자신의 감정을 통제하고 회피한다. 즉, 이러한 상황에 조건화된 상태, 다시 말해 특정 반응이 습관화되거나 자동화된 상태가 된다. 모든 것이 내면에 억눌린 채로 말이다. 폭식증이 있거나, 자해를 하거나, 머리를 쥐어뜯는 발모광이 있거나, 거울 앞에서 몇 시간씩 여드름이나 잡티를 찾아내 피부를 뜯거나 또는 알코올 의존증이나 장기 우울 증세를 보이는 사람들에게서도 이러한 현상이 발견된다. 이를 감정 과잉 통제라고 하는데, 감정을 아스팔트로 덮어버리는 것과 같다. 감정표현불능증은 누군가를 실망시키지 않기 위해 지나치게 감정을 통제하면서 더욱 심해진다. 예의 없다고 상대방에게 말하기보다는 주먹으로 벽을 치거나 피가 날 때까지 피부를 긁게 된다. 그대로 방치하면 감정이 내면까지 갉아먹는다.

실제로 감정을 표현하는 것은 감정 조절에 기여하며, 결과적으로 뇌 기능을 개선하는 데 도움이 된다. 이를 통해 사람들은 객관적인 시각을 가질 수 있고, 더 나은 결정을 내릴 수 있게 된다.[2] 감정표현 불능증에 걸린 사람은 감정을 발산하지 않고 축적하기 때문에 이러한 방식을 활용할 수 없다. 그들의 감정은 정체되거나 쌓이게 되고, 그런 감정을 곱씹으며 자신의 삶에 실망하게 된다. 그러면 여러 심리적 장애가 발생할 수 있다.[3] 우울증, 중독, 폭식증 등에 시달릴 수도 있고,[4] 두통, 과민성대장증후군, 고혈압 등 다양한 신체 징후가 나타나기도 한다.[5]

올바른 정체성과 풍부한 개성을 갖추고 감정 축적을 막기 위해서는 감정과 생각을 마주하고 이를 표현하는 방법을 배워야 한다. 이를 위해 혼자 혹은 치료사와 함께 실행할 수 있는 여러 방법이 있다.

- 자기주장 기법을 활용해 싸울 때 침묵하지 않고 적극적으로 의사를 표현한다.
- 24장 〈편지로 감정 비우기〉를 참고해 과거의 감정들을 편지로 써 본다. 그러면 당시에 억제한 모든 감정이 드러난다.
- 트라우마가 된 기억을 통해서 내면의 아이를 보호하고 그에게 애정을 주면서 현재의 자신을 치유한다. 12장 〈심리 도식의 힘〉에 등장하는 보살핌을 참고하자.

9장

정상에서 극단으로 향하는
생각과 감정

생각이나 감정은 언제가 정상이고 언제가 극단이라 볼 수 있을까?
생각이 꼬리에 꼬리를 물지 않는 상태, 한 걸음 물러나 바라볼 수 있
는 순간이 정상이라고 정의할 수 있다. 감정의 경우, 감정을 표출할
수 있는지 아니면 그것에 압도당하는지가 관건이다.

　감정이 없는 생각이나 생각이 없는 감정은 드물다. 둘은 긴밀하게
연결되어 있다. 그리고 이 두 가지가 복잡하게 얽히면 생각과 감정
이 극단으로 치닫는 원인이 될 수 있다.

　'환경 적응에 유용한 감정'을 떠올려 보자. 감정과 생각은 적응력
이 빨라서 안전을 확인하고 상황과 상호작용하도록 돕는다. 하지만
생각이나 감정이 극단적이 되면 적응력을 잃고 오히려 우리에게 해
를 끼친다.[1] 마치 목표만 보느라 길을 잃는 것처럼 말이다. 그러면 원
래 목적이 무엇이었는지조차 잊게 된다.

뇌에서 생각을 담당하는 영역과 감정을 담당하는 영역이 서로 소통하기 때문에, 생각이 감정을 고조시킬 때는 생각을 제어하는 방법을 선택할 수 있고, 반대로 감정이 생각을 부추길 때는 감정에 대해 조치를 취할 수 있다.

이때 다음과 같은 질문을 던질 수 있어야 한다. "이 모든 것이 내 목적에 도움이 되는가, 그렇지 않은가?"

그리고 이를 알기 위해서는 올바른 질문을 던져야 한다. 이웃과 다투다가 욕을 듣고 자존심이 상해서 상대방의 얼굴에 주먹을 날렸다면, 분노는 깨끗이 털어낼 수 있을 것이다. 하지만 장기적으로 보았을 때 당신의 진정한 인생 목표는 무엇인가? 단기적 목표와 장기적 목표는 종종 충돌하며, 감정과 생각은 장기적으로는 손해를 끼치면서 단기적으로 표출되는 경향이 있다.

이러한 이중성은 종종 감정(열정)과 이성(지성) 간의 싸움으로 묘사된다. 과거의 많은 저서에는 이성이 우위를 점하여 감정을 이끌고 통제해야 한다고 쓰였다. 그리고 이는 종종 맞는 말이기도 하다.

그러나 우리가 곧 보게 될 것처럼, 사실은 이성, 즉 생각이 감정을 자극하는 경우가 많다. 우리의 지성은 현실을 왜곡하는 수많은 필터로 가득 차 있기 때문이다.

10장

인지 편향의 힘

우리 안에는 불난 집에 기름 붓기를 좋아하고, 끊임없이 말을 거는 작은 목소리가 있다. 뇌의 목적은 우리를 귀찮게 하거나 고통을 주려는 것이 아니라, 삶을 편안하게 만드는 것이다. 그런데 뇌는 과거에 형성된 방식이 효과적이라고 여기면서 기존 도식을 다시 적용하려고 한다. 마치 나뭇가지를 던져주면 계속 물어 오는 개처럼 말이다. 그리고 그 이유는 단지 그렇게 배웠기 때문이다.

심리학에서 '필터'와 '편향'은 정해진 방식으로 현실을 읽고 이해하는 것을 말한다. 전전두피질이 전경을 왜곡하는 색안경을 쓰고 있는 것과 비슷하다.

예를 들어 보자. 신호등이 가까워질 때까지 빠르게 달리는 자동차는 빨간불이 들어와도 종종 신호를 무시하고 멈추지 않는 경우가 있다. 그래서 우리는 어린 시절에 녹색불이 들어와도 속도를 줄이지 않는 자동차가 있으면 길을 건너지 말라고 배웠다. 이번에는 직장 상사가 기분이 좋지 않으면 펜 끝을 씹는 버릇이 있고, 잠시 후 모든 직원에게 소리를 지른다고 가정해 보자. 그러면 당신은 상사가 입에 볼펜을 가져가기만 해도 긴장하고 조심하게 된다.

이 두 경우 모두 뇌는 반복된 상황을 통해 어떤 사실을 인지하고 전조 신호들을 종합했다. 주변을 파악하기 위해 매우 실용적인 일반적 사실을 도출한 것이다.

필터와 편향은 1970년대 학술 문헌을 통해 알려졌다. 필터와 편향 덕분에 우리는 정보를 더 빠르게 처리할 수 있지만, 때로는 그로 인해 우리에게 해가 되는 부정적인 감정을 키우기도 한다. 그 전형적인 사례가 전전두피질이 편도체에 자극적인 말을 건네는 것이다. 그럴 때 '과잉 일반화'라고 불리는 편향이 벌어질 수 있다. 개별적이고 특수한 상황을 보편적인 것으로 오해하는 것이다.

이러한 편향을 다루는 많은 책들이 출간되었고, 그 과정을 상세히 설명하고 있다. 왜 이렇게 편향을 중요하게 다루는 걸까? 여러 편향들을 식별할 수 있다면, 그것을 경계하고 극복할 수 있기 때문이다.

편향 원칙[1]은 일상에서 무언가를 파악하고, 생각을 정리하거나, 다른 사람의 말에 휘둘리는 방식에서 나타난다. 지금부터 이를 분석해 보자.

- 중간이 없는 양극단적 사고방식: 사건을 좋거나, 나쁘거나 둘 중 하나로만 인식한다. 흑과 백처럼 중간이 없다. 원하는 대로 되지 않을 땐 완전히 실패했다고 생각한다. 타협은 고려하지 않는다. 세상이 이분법적으로 돌아가지 않으면 수천 가지 이유로 하루하루가 고통스럽다.

- 과잉 일반화, 임의적 추론, 속단, 근거 없는 결론: 특징과 의미가 없는 사소한 요소들로 결론을 내린다. 단 하나의 사실에서 출발해 근거 없이 일반화한다.

- 감정적 논리: 느낀 바가 곧 옳다고 생각한다(나는 바보 같다=나는 바보다).

- 기저율 오류: 일어날 가능성이 희박한데도 일어날 수 있다고 여기거나, 일어날 가능성이 큰데도 일어날 수 없다고 믿는다. 찾으면 찾을수록 자주 보여서 빈도가 높다고 간주해 버리는 비례 편향과 비슷하다.

- 모호성 효과: 나에게 어려움을 주는 정보(무슨 일이 일어나고 있는지 설명해 주는 요소)는 제쳐두고, 내가 통제하고 있는 정보만 고려한다.

- 세상은 이래야 한다: 세상과 다른 사람들이 내 견해에 따라 어떤 식으로 움직여야 한다는 신념을 가지고 있다.

- 일화적 증거: 일화나 타인에게 들은 사례 혹은 단순한 사실에서 일반적인 결론을 도출한다. 이 편향은 과잉 일반화와 비슷하다.

- 전통에 호소(우리는 항상 그렇게 해왔다): 전통은 의미 있고 진정한 성찰을 근거로 만들어졌다는 원칙에서 출발한다. 그러나 예전에 그렇게 했기 때문에 지금도 그 방식을 고수하는 것은 의미가 없다.

- 이분법적 사고: 어떤 상황에서 해결책이 두 가지밖에 없다고 생각한다. 하지만 문제는 훨씬 더 복잡한 법이다.

- 내가 옳다: 내 원칙과 가치가 옳다고 마음속 깊이 생각한다. 일이 뜻대로 되지 않을 때 경멸당하고, 박탈당하고, 부정당했다고 느끼며, 몇 시간이고 그런 생각을 되새긴다. 그러지 않으려고 하면 인생의 원칙을 지키지 못하는 기분이다. 이런 생각을 하는 사람에게 반추는 중요한 일상이다. 그로 인해 인생에서 중요한 순간을 놓치고 있다는 사실을 잊는다.

- 순응 편향: 반대 의견을 말하거나 불쾌감을 주면, 사람들이 나를 떠날 것 같다고 느낀다. 그래서 항상 사람들과 같은 의견을 가지려고 노력한다. 하지만 이는 내가 바라는 모습이 아니며, 계속 침묵하고 자신을 부정하다 보면 결국 무너질 것 같다는 기분이 든다.

- 확증 편향: 나의 신념과 일치하는 정보만 받아들이고 반대 논거는 무시한다.

- 신념 편향: 확인되지 않은 신념을 논리로 내세운다.

- 기본적 귀인 오류: 사정상 그렇게 될 수밖에 없는 일들을 대개

누군가의 잘못 때문이라고 생각한다.

- 후광 효과: 명성, 미모, 현명함 등 내가 좋아하는 특성을 보였다는 이유로 그 사람을 믿는다.
- 착각적 상관: 관련이 전혀 없거나 그리 긴밀하지 않은 두 요소 사이에 상관관계가 있다고 믿는다.
- 대표성 편향: 사소한 요소를 근거로 상황이나 사람을 판단한다. 과잉 일반화나 근거 없는 결론과 비슷하다.

뇌는 필터를 사용해 정보를 빠르게 파악하고 쉽게 처리한다.[2] 선사시대에는 이런 방식이 생존을 위한 적절한 방법이었고 효과도 뛰어났다. 하지만 오늘날과같이 복잡한 세상에서는 이처럼 정보를 단순하게 처리하는 게 오히려 해가 될 수 있다. 따라서 이러한 편향이 작용하는 시점을 인지하고, 거리를 두어 객관적으로 생각하는 것이 중요하다.

11장

도덕적 원칙의 힘

도덕적 원칙[1]은 세상이 이렇게 돌아가야 한다고 우리가 여기는 방식이다. 도덕적 원칙은 대부분 매우 엄격하며, 세상이 그 원칙에 맞지 않으면 반추와 고통을 초래하게 된다.

- 이렇게 행동하는 것이 옳다고 생각하므로 타인도 똑같이 행동해야 한다.
- 나에게 정직은 기본 가치이므로 타인도 그렇게 여겨야 한다.
- 나는 근면하므로 타인도 근면하게 일해야 한다.
- 재능이 뛰어나더라도 특별대우는 용인할 수 없다.
- 내가 존경을 표하면 타인도 나에게 존경을 표해야 한다.
- 내가 성실한 사람이라면 타인도 그래야 한다.
- 내가 누군가를 사랑한다면 나도 똑같이 사랑받아야 한다.

- 내가 타인의 평안을 걱정한다면, 타인도 나를 걱정해 줘야 한다.
- 나는 틀려도, 속아도, 실패해도, 예측하지 못해도 안 된다.

모든 사람이 같은 규칙을 지킨다면 많은 문제를 해결할 수 있을 테니 세상이 더 나아질 것이다. 그래서 규칙이나 원칙은 교육의 기본 요소이기도 하다.

하지만 모든 사람이 같은 규칙을 공유하거나 똑같이 중시하는 것은 아니다. 우리가 만나는 모든 사람에게 원칙이 지켜지기를 바라는 것은 영원히 이루어지지 않을 바람일 뿐이다.

우리가 그들을 대하듯 그들도 우리를 똑같이 대하길 바라는 마음은 정당하다. 하지만 세상은 그렇게 작동하지 않는다.

도덕적 원칙이 우리의 삶을 이끌고 우리를 성숙하게 만드는 것은 바람직하지만, 다른 사람에게 이를 지나치게 기대해서는 안 된다. 그러지 않으면 분노와 고통, 슬픔과 실망이 이어질 뿐이다.

현실과 사회적 관계에는 적응력이 필요하므로 원칙을 유연하게 적용해야 한다. 스스로 정한 인생 지침이 아무리 긍정적이라고 해도 가능하면 타인과의 차이를 받아들여야 한다. 어렵겠지만 타인에게 기대하지 않으면 더 행복해진다는 점을 유념하자.

12장

심리 도식의 힘

앞서 전전두피질의 필터가 편도체를 자극할 수 있다고 설명한 바 있다. 편도체에도 필터가 있어서[1] 전전두피질을 자극할 수 있는데, 이 점에 대해 살펴보고자 한다. 이를 '초기 부적응 도식'이라고 한다. 간단히 설명하자면 어린 시절 감정적으로 불쾌한 상황을 경험한 후 편도체가 이를 트라우마처럼 기록하는 것이다. 필터처럼 작동하는 것이 바로 감정 기억이다. 명확하게 설명하지는 못하지만, 마음속에 무언가가 있다고 느끼는 것을 말한다. 앞 장에서 설명한 예와는 반대로 신념이 감정을 유발하는 것이 아니라, 어린 시절 경험한 감정이 신념을 만드는 것이다. 상황이 당시와 다르더라도 편도체가 자동으로 작용해 부적응 도식이 만들어진다.

아이는 자신의 행동이나 말에 따라 달라지는 가족들의 애정 표현을 보고 조건을 설정하는 경우가 많다. 최선을 다해 조건에 맞추고 적응하려고 애쓴다. 그렇게 아이는 정상과 비정상, 옳은 것과 그른 것, 기대되는 것과 허용되지 않는 것을 통합해 도식을 만든다. 아이는 기본적으로 사랑과 지지를 받고 칭찬을 들으며 인정받고 싶어 하므로, 가족의 기대에 미치려고 행동과 세상을 이해하는 방식 그리고 감정 표현을 바꾸게 된다.[2] 실망시키거나 벌을 받는 상황을 피하고 어떻게 해서든 애정과 보호를 사수하는 것이 아이들의 목표다. 그래서 조건에 부응할수록 본연의 개성과는 점점 멀어지게 된다. 감정적 욕구가 이처럼 구속받기 때문에 개성 표현에 영향을 미치는 것이다. 또한 기대하는 맹목적인 사랑을 부모가 바로 보여주지 않으므로 결핍이 발생한다.

도식은 편도체에 자리하고 있어서 어린 시절 경험했던 상황과 비슷한 상황이 발생하면 자신을 투영해 강하게 반응하게 한다. 인지 편향을 주로 논했던 에런 벡Aaron T. Beck의 제자인 제프리 영Jeffrey E. Young은 열여덟 가지 도식을 마련했다.

지금부터 이를 소개하고자 한다. 어떤 도식이 자신과 관련 있는지 살펴보자.

Ⅰ. 안전과 애정에 관련된 단절 및 거절

어린 시절에 안전, 안정, 관심, 애정 욕구가 제대로 충족되지 않았다. **성인**이 되면 애정 관계는 상대방과 완전히 하나가 되고자 하는 욕구, 병적인 질투심, 이별에 대한 공포로 뒤섞인 파괴적인 것이 된다. 또는 고통받는 것이 두려워 모든 형태의 친밀한 관계를 피할 수도 있다.

1. **유기/불안정**

   "원하는 만큼 사랑해 주지 않으면 나를 버릴까 봐 두려워서 서둘러 관계를 끊어버리려 해요."

2. **불신/학대**

   "상처받은 적이 있어서 항상 의심하고 경계해요. 나를 속일 것 같아서 타인을 믿을 수 없어요."

3. **정서적 결핍**

   "부족하다고 느껴서 항상 애정을 요구해요."

4. **결함/수치심**

   "저는 원래 쓸모없고, 불완전한 사람이며, 매번 실패하고 열등하다고 느껴요. 그래서 인정받고 싶어요."

5. **고립**

   "나는 다른 사람들과 다르다고 항상 생각하기 때문에, 나만의 세계에 틀어박혀 타인과의 관계를 끊어요."

Ⅱ. 손상된 자율성 및 손상된 수행

어린 시절에 부모가 과잉보호하며 무언가를 대신해 주거나, 무관심하고 소홀해 가르칠 시간적 여유가 없었다면, 자율성이 사라지고 스스로 행동하는 능력을 개발할 수 없게 된다. **성인**이 되어서는 자신감이 없고 진취적이지 않으며 불안감을 느낀다. 또한 뚜렷한 정체성이 없는 수동적인 사람이 된다.

6. 의존/무능감

"할 수 없다는 생각부터 들어서 항상 도움을 구해요. 다른 사람이 나보다 더 잘한다는 것을 알기 때문이에요. 전혀 진취적이지 못해요."

7. 위험/질병에 대한 취약성

"모든 것에는 위험이 있고, 예측하지 못한 일은 모두 재앙과 같아요. 그래서 모든 것이 걱정거리죠. 어딜 가든 불안해요."

8. 융합/미발달된 자기

"항상 다른 사람과 붙어 있으면서 다른 사람의 의견을 내 것으로 삼아요. 자신을 스스로 정의하기가 어려워요."

9. 실패

"나는 쓸모없는 바보라서 항상 실패했고 또 실패할 거예요. 무언가를 시작하지 못거나, 시작한 것을 끝내지 못해요. 분명 실패할 테니까요."

Ⅲ. 손상된 한계

어린 시절에 절제가 없고, 상호작용 학습이나 자기 통제가 부족해서, 책임감이나 타인에 대한 존중이 부족하고, 이기주의나 나르시 시즘에 빠진 상태를 말한다. **성인**이 되어서는 충동 조절에 어려움을 겪고, 참을성이 부족하며, 사회적 책임에 적응하지 못한다.

10. 특권의식

"나는 타인보다 뛰어나기 때문에 모든 것이 내 덕분이에요. 나는 지배층이라서 타인의 권리를 존중하지 않아요."

11. 자기 통제와 훈육 부족

"나는 실망을 싫어하고, 충동적이며, 고된 일을 거부해요. 헌신과 책임감을 싫어해요."

Ⅳ. 타인 중심성

어린 시절에 부모에게 사랑받기 위해 부모가 바라는 아이가 되어야 한다고 생각하고, 사랑받으려면 조건을 충족해야 한다고 여기며 자란다. **성인**이 되어서는 자신을 잃은 채 타인의 바람을 충족하는 데만 집중하고, 타인의 허락을 바라는 희망 속에서 존재한다.

12. 복종

"타인의 바람에 순응하며 나 자신을 잃어버려요. 사랑받지 못할까 봐 완벽하게 순종해요."

13. 자기희생

"주변 사람의 고통을 덜어주고 그의 행복을 위해서는 뭐든지 해요. 타인의 불행에 너무 민감해요."

14. 승인/인정 추구

"무엇을 하든 타인에게 검증받으려고 해요. 비판에 민감하고 존재감을 느끼기 위해 완벽을 추구해요."

V. 과잉 경계 및 억제

어린 시절에 누구도 행복, 기쁨, 성숙을 추구하라고 격려하지 않았다. 오히려 인생은 난관으로 가득 차 있는 고난이니, 일하고 복종하며 신중해야 한다고 들었다. 행복보다 더 심오하고 중요한 것이 있으며, 규칙이 무엇보다 중요하다는 이야기를 반복해서 들었다. **성인**이 되어서는 걱정하고, 근심하고, 긴장하며, 감정을 거의 표현하지 않는다. 끊임없이 통제하고 오류를 싫어해서 엄격하고 예외 없는 규칙을 따른다. 대부분의 경우 장 질환이나 고혈압 등 신체적 문제가 발생한다.

15. 비관주의

"행복이란 오래가지 않는다고 생각하고 모든 것에 부정적이에요. 나는 원래 부정적이고 즐거운 마음이 생기지 않아요."

16. 정서적 억제

"모든 감정을 억제하고 검열해요. 나는 냉담하고 분명한 사람이에요."

17. 엄격한 기준

"나는 완벽을 추구하고 자신에게 비판적이에요. 성공을 흔하고 상대적

이며 대단치 않은 일이라고 생각해서 충분히 즐기지 않아요."

18. 처벌

"나는 타인에게 비판적이고 까다로우며 처벌을 내리는 편이에요. 사과

하는 일이 거의 없고, 감정 이입하는 일도 드물어요. 타인의 관점도 인

정하지 않아요."

심리 도식은 트라우마, 즉 외상성을 띠기 때문에 우리 자신의 의

지와 바람은 아랑곳하지 않고 우리의 행동을 결정한다. 또한 우리의

자존심, 유능감이나 무능력감, 자기애와 자신감, 가치관이나 재능,

사랑받거나 존중받을 자격에 대한 인식을 형성하게 된다.

미국의 TV 프로그램 〈루폴의 드래그 레이스RuPaul's Drag Race〉에서

참가자들은 내면의 파괴자에 대해 끊임없이 이야기한다. 머릿속에

서 들리는 이 목소리는 자신을 의심하고, 성공하지 못할 것이라 말

하며, 재능과 카리스마가 부족해 경기에서 설 자리가 없을 것이라고

속삭인다. 진행자인 루폴은 참가자들에게 내적 파괴자를 경계하라

고 조언한다. 모두 거짓말이며 참가자들을 깎아내리고 진정한 잠재

력을 발휘하지 못하도록 막는다는 것이다. 그러면서 루폴은 본인이

살아오면서 항상 내적 파괴자와 싸워왔다고 고백했다. 이는 대중에

게 초기 부적응 도식을 잘 설명하는 예로 널리 알려져 있다.

논리적인 이야기는 트라우마가 된 기억에 어떠한 영향도 미치지 않는다고 봐도 무방하다. 뒤에서 이야기할 '인지 재구조화(21 장)'는 전전두피질에서 시작해 편도체로 향하는 경로(즉, 인지 편향 및 도덕적 원칙)에 매우 효과적인 도구이다. 하지만 편도체에서 시작해 전전두피질로 향하는 경로(즉, 초기 부적응 도식)에는 그리 효율적이지 않다. 이 경우에는 내면의 아이와 대화를 나누는 치료가 필요하다. 49장에서 이러한 유형의 치료에 대해 소개할 것이다.

13장

왜 우리는 모두 같은 방식으로
행동하지 않는가?

우선, 우리는 부모의 염색체가 합쳐지면서 탄생했다는 점을 염두에
두자. 어떤 사람은 유전적으로 우울, 분노, 불안에 취약하다.[1] 그런
사람이 어린 시절 일생일대의 부정적인 사건을 경험했다면, 혹은 아
주 어린 나이에 트라우마를 겪는다면, 건강한 유전자를 물려받은 사
람보다 우울증에 걸리기 쉬워서[2] 중요한 사건들에 적응하기 어려울
것이다.[3] 정신의학적 문제도 나타날 가능성이 크다.[4] 유전적 토대가
취약하면 결국 모든 것이 어려워진다고 해도 과언이 아니다. 여기에
트라우마가 더해지면 고통은 배가 된다.

유전적으로 취약한 사람의 경우 부모의 정서적 애착이 심하면 감
정 조절에 더 큰 어려움을 겪게 된다.[5] 건강한 유전자를 가진 사람도
건강하지 않은 애착 관계에 영향을 받지만, 문제가 발생할 확률은
낮다.[6]

교육은 우리의 많은 행동을 좌우한다. 부모가 세상이 돌아가는 방식에 대해 말하는 경우도 마찬가지다. 어떤 행동은 허용되고 다른 행동은 금지된다면, 아이는 허용되는 것과 그렇지 않은 것을 빠르게 파악한다. 부모는 아이에게 다른 사람 앞에서 자신을 방어하거나 반대로 침묵하는 방법을 가르칠 수 있다. 또한 아이가 자신을 믿는 사람으로도, 반대로 자신을 의심하는 사람으로도 만들 수 있다. 아이를 교과서 같은 사람으로 성장하게 할 수도 있고, 반대로 창의적인 사람으로 성장하게 할 수도 있다. 세상의 다양성과 수많은 문화, 음악, 영화를 경험하게 도와주거나, 반대로 가족 안에 갇혀 누에고치 속에 머물게 할 수도 있다. 또한 아이를 자율적이고 경험이 풍부한 사람으로 만들 수도 있고, 반대로 모든 위험을 두려워하는 사람으로 만들 수도 있다.

부모는 긍정적으로든, 부정적으로든 아이의 감정 모델이다. 분노를 다스리지 못하는 부모를 보면, 아이는 분노란 보통 예측 불가능하고, 격분에 가까우며, 폭력적이라고 여기게 된다. 또는 이러한 행동이 용납될 수 없으며, 부모처럼 되고 싶지 않다고 생각할 수도 있다. 이 경우 분노는 억압된다. 마찬가지로 충동적으로 물건을 사거나 결정을 내리는 부모는 아이에게 절제를 가르치지 못한다.

부모는 또한 인지 모델이기도 하다. 이분법적 사고를 지닌 부모는 아이에게 모든 것에 대한 이분법적 사고를 전수한다. 부모가 말하는 세상에 관한 생각은 아이가 세상을 이해하는 첫 번째 원천이 된다. 권위적인 인물들을 보면, 어린 시절에 부모를 기쁘게 하려고 그들을 모방한 생각의 기준을 세워 따랐던 경향이 있다. 모델을 관찰하면서 생각하고 추론하며 성찰하는 법을 배운 것이다. 부모의 문화 수준, 교육 수준, 신앙, 정치 성향은 한데 섞여 곧바로 아이에게 투사된다.

청소년기에 부모가 지닌 여러 도식에 의문을 제기하더라도, 여전히 많은 나쁜 습관이 남아있을 수 있다.

형제와 친하게 지내고, 진실한 친구가 있으며, 선생님이 올바르게 이끌어 주는 아이는 평소에 학대당하는 아이보다 더 건강한 사람이 되기 마련이다. 가정이라는 울타리 밖의 환경 또한 무시할 수 없는 역할을 한다. 심리학자들은 부모에게서 고통받은 것이 아니라 대학 수업이나 피아노 수업 혹은 어린 시절 스카우트 단원으로 떠난 여행에서 주변으로부터 고통받았던 사람들을 자주 만난다.

이렇듯 유전자, 교육, 생애 초기 애착, 삶의 경험 등 많은 것들이 뒤섞여 서로 영향을 주고 얽히게 된다.[7]

그렇다고 해서 우리가 이미 설정된 편향과 도식에서 벗어날 수 없는 것은 아니다. 쌍둥이 대상 연구에 따르면, 사건 반응 방식 중 약 40퍼센트가 유전적 성질을 띠고 있었다.[8] 그렇다면 나머지 60퍼센트는 스스로 영향력을 발휘할 수 있다는 말이다. 앞서 설명한 것처럼 뇌는 가소성을 띤다. 그러니 당신은 수많은 모델을 다시 설정할 수 있다.

제 2 부

통제 수단

사고, 감정, 행동은 전전두피질의 인지 편향, 편도체를 자극하는 엄격한 도덕적
원칙, 그리고 전전두피질을 완전히 무시하는 편도체의 심리 도식 사이에서 서로
엉켜 있는 거대한 거미줄 그 자체다. 이 거미줄은 뇌의 수많은 영역에서 활성화
되고, 소통하며, 강화되고, 쇠퇴한다.

　그래서 우리는 정확하고 적절한 방법을 동원해서 이 거미줄에서 벗어나야
한다. 단, 하나의 이론이나 기법이 모든 문제를 해결할 수 있다는 믿음에서 도출
된 해결책은 경계해야 한다. 뇌에서 일어나는 모든 활동이 지닌 복잡성과는 모
순되기 때문이다.

　당신은 각기 다른 리듬으로 다양한 멜로디를 만드는 80명의 음악가를 통솔
하는 지휘자와 같다. 쉽지는 않겠지만, 결국 아름다운 하모니를 만들어낼 수 있
을 것이다.

14장

심리 교육:
나에게 일어난 일 이해하기

문제 해결의 기본 단계 중 하나는 무슨 일이 일어난 것인지 이해하는 것이다. 이때 머릿속에서는 어떤 일이 일어날까? 모른다는 것은 모호함, 의심, 불안과 같은 불쾌한 감각을 일으키기 쉽다. 그러면 어떤 것도 통제할 수 없다는 생각에 빠져 최악의 상황을 떠올릴 수도 있다.

심리 교육의 목적은 무슨 일이 일어나고 있는지, 무엇이 반응을 일으키는지, 더 나은 결과를 위해 이 방법보다 저 방법이 적절한 이유가 무엇인지를 머릿속에서 생물학적으로 아는 것이다. 알아야 문제를 해결할 수 있다.

슬플 때나 불안할 때 혹은 화가 날 때 뇌에서 무슨 일이 일어나고 있는지, 그리고 특정 기법이 어떻게 뇌에 작용하는지를 이해하면 자신에게 일어나는 일에 효과적으로 대처할 수 있다. 우리가 경험하는 대부분의 상황은 공통적으로 감정의 뇌, 전전두피질, 기저핵을 자극한다. 그래서 당신은 이 세 기관에 각각 영향을 미치게 된다. 당신이 어떤 행동을 하느냐가 뇌 작용에 영향을 미치고, 그에 따라 뇌는 다시 편성된다.[1]

심리 교육의 장점 중 하나는 그것이 제공하는 앎이다. 알게 되면 그만큼 객관적으로 볼 수 있고, 의심이나 걱정 및 다른 불쾌한 감정을 진정시킬 수 있다. 당신이 느끼고 경험하는 것은 비정상적일까, 아니면 일반적일까? 당신은 불안을 진정시킬 수 없는가? 그렇다 해도 그것은 의지나 동기가 부족해서가 아니다. 생물학적인 현상일 뿐이다. 이 점을 상기하는 것이 중요하다. 당신의 뇌에게 당신에게 일어난 일이 뇌에서 시작됐다고 말해 보자. 이렇게 바꿔 말해야 한다. "내가 흥분한 것은 내 탓이 아니야. 다 내 뇌 탓이야."

위장염에 걸렸을 때 걱정을 덜기 위해 장이나 위에 관한 해부학적 지식이나 감염 메커니즘 또는 약의 효능 등을 전부 알 필요는 없다. 게다가 당신이 살아온 경험에 비추어 지금 무슨 일이 벌어지고 있는지 충분히 알 수 있다. 반면에 일상에서 겪는 심리 문제에 대한 메커니즘을 알고 있는 사람은 거의 없다. 금세 막막해할 뿐이다. 그래서 안다는 것은 강력한 수단이다. 문제에 직면했을 때 자율적이라고 느끼는 것은 강점이 된다.[2]

당신에게 권하는 것이 고생스럽고, 오래 걸리며, 때로는 어렵다는 점을 이해해야 한다. 가끔 낙담하거나 실패했다고 여길 수도 있다.

이럴 때는 당신이 그렇게 행동하는 이유를 떠올려 보자. 핵심은 더 효과적으로 쉽게 행동하기 위함이다. 행동의 이유를 알고 나면 모든 것이 전보다 단순해진다.

그러므로 뇌의 기능을 자주 떠올려 보는 것이 좋다. 어떤 문제에 부딪힐 때마다 그에 해당하는 개념을 주의 깊게 다시 읽어 보자. 기법을 실행할 때 '왜 이 일을 하고 있는지'를 기억해 보자. 즉, 그것을 반복하면서 뇌에서 일어나는 일을 되새겨 보자. 뉴런이 생성되거나 변형되고 있다는 것을, 기저핵이 학습 중이라는 것을, 감정의 뇌가 전전두피질의 도움을 받아 안정을 되찾는 중이라는 것을 기억해 보자.

당신을 기다리는 긴 여정에 필수적인 조언이 있다. 당신이 접한 심리학 분야 정보의 질을 의심하라는 것이다. 비법처럼 들리는 일부 단호하고 단순한 설명은 죄의식이나 갈등을 야기할 수 있으며, 더욱 적절한 정보를 얻을 시간을 허비하게 한다. 과학적인 근거를 기준으로 삼아야 한다. 심리학도 생물학처럼 과학이다. 모든 것이 입증되어야 한다.

15장

심적 고통의 수용

당신은 불안, 슬픔, 결핍, 실망, 무존재감, 부당함, 원한 등 어떠한 불쾌한 감정도 견디기 어려워한다.

어떤 상황에서 불쾌감을 느끼면 당신은 곧장 벗어나기 위해 무엇이든 한다. 마음을 내려놓거나, 도움을 구하거나, 그도 아니면 술을 마시거나 무언가를 먹으면서 불쾌감을 피하고 잊으려 한다. 때로는 반복해서 생각하기도 하고, 그 감정을 주제로 친구와 몇 시간 동안 이야기를 나누기도 한다. 간단히 말하자면 당신은 불쾌감이 유지되는 것을 견디지 못하는 것이다. 즉각 사라지길 바란다. 그리고 그런 감정을 유발하는 사건도 참아내지 못한다.

우리는 불쾌한 감정에 직면하면 뇌가 그 감정을 자신의 속도에 맞춰 자연스럽게 비우도록 내버려두거나(이것이 수용이다), 두려워서 밀어내거나 반대로 그것에 집중해서 되새기게 할 수 있다(이것이 회피 및 감정 통제다). 당신이 불쾌한 감정을 피하거나 통제하면 뇌는 감정 처리나 배출 작업을 할 수 없을뿐더러, 그것을 위험으로 인식하는 법을 배워 오히려 더 집중하게 된다. 그 결과 불쾌한 감정은 더욱 증폭된다.[1] 그런 감정은 더 강렬해지고, 더 오래 지속되며, 반추 작용을 강화한다. 그렇게 당신은 악순환에 빠진다.

불쾌한 감정은 자연스럽게 사라지게끔 내버려둘수록 빨리 사라진다는 점을 명심하자. 뇌는 불쾌감을 오래 유지할 만한 에너지가 없기 때문이다. 불쾌감을 정상적이고 흔하며 평범한 현상으로 인지하고 받아들이면, 뇌는 그것에 골몰하거나 감정을 키우는 일을 멈추게 된다는 뜻이다.[2] 따라서 통제보다는 수용을 추구하는 것이 바람직하다. 비정상적이고 불쾌하게 여겨지는 상황이더라도, 이는 수천 번 일어나는 삶의 일부라는 점을 받아들일 필요가 있다. 그런 상황을 피하려면 무인도에서 사는 수밖에 없다.

불쾌한 상황과 그로 인한 감정을 거부하면 오히려 그 상황에 집중하게 된다. 그 상황에 사로잡혀 스스로 고통을 유지하는 것이다.

이제 수용이 핵심임을 알았으니[3] 감정을 거부하고 통제하려는 태도를 경계하길 바란다.

다음과 같은 일반적인 사례를 보자.

폭우 속 산책

생각이나 감정을 거부하는 것은 멋진 풍경을 보러 산책을 나갔다가 허허벌판에서 폭우를 만났는데도 젖지 않으려고 애쓰는 것처럼 불가능한 일이다.

젖지 않으려고 드문드문 있는 나무들 아래로 뛰어다녀도 비를 온전히 피할 수는 없을 것이다.

비와 싸우는 것은 불가능하고, 이런 상황에 대한 분노와 실망감만 커지며 아름다운 풍경도 완전히 놓치게 될 것이다.

어쨌든 당신은 젖을 것이고, 이미 벌어진 현실을 받아들이는 편이 낫다. 당신이 원하는 것은 이런 상황이 아니었지만, 있는 그대로 받아들인다면 비에 다소 젖더라도 평온하게 산책하며 아름다운 풍경을 즐길 수 있을 것이다.

왜냐하면 그것이 당신이 집을 나선 이유이기 때문이다.

풍경은 여전히 그 자리에서 당신을 기다리고 있을 것이다.

감정과의 싸움은 당장의 문제를 해결하지 못한 채 에너지만 고갈시킨다. 진정 중요하다고 생각하는 데 에너지를 쏟고 자신을 존중하면서 있는 그대로를 받아들인 채 다른 일로 넘어가는 것이 바람직하다. 세상은 못마땅한 상황, 불편한 사람들, 일생일대의 끔찍한 사건, 달라져야 했을 일들로 넘쳐난다. 당신은 이런 일들을 되새기며 고통받을지도 모른다. 하지만 반대로 이미 일어난 일이니, 그로 인한 실망감으로 시간을 보내고 싶지 않다고 생각할 수도 있다.

이렇게 설명할 수 있겠다. 당신은 케이크를 만들고 있다. 잠시 후면 오븐에서 케이크를 꺼내야 한다. 꺼내자마자 먹고 싶지만, 식을 때까지 기다려야 한다. 그렇지 않으면 손과 혀를 델 것이다. 기다리지 않으면 다치게 되고, 맛있는 케이크도 즐기지 못한다. 케이크를 맛보는 것이 중요하다면 식을 때까지 기다리는 편을 선택하는 것이 적절하다. 감정과의 싸움도 마찬가지다. 당장 해결하려고 하면 결국 다친다. 일단은 수용하면서 차분히 기다려야 한다.

감정적 수용이 때때로 차단될 때가 있다. 이는 어떤 일이 뒤에서 조용히 벌어지고 있기 때문이다.

- 감정 유발 요인이 여전히 현안이며 활동적일 때는 감정을 수용하기가 어렵다. 공공연한 갈등이 해결되지 않은 채 며칠째 계속되는 경우를 생각해 보자. 이럴 때는 자기주장을 하거나 문제 해결을 선택하는 것이 중요하다.

- 감정을 비워야 한다. 감정이 몇 시간 혹은 며칠 전부터 시작되어 현재까지 사라지지 않았다면 마음챙김을 실천한다. 몇 달 혹은 몇 년 전부터 시작되어 현재까지 이어진 감정이라면 글을 써 본다. 글쓰기로 해소되지 않을 정도로 어린 시절에 발생한 감정이라면 초기 부적응 도식에 직면한 것이다. 이럴 때는 심리치료사나 정신과의사의 상담을 적극적으로 받아야 한다. 이

런 유형의 관리에 대해서는 49장 〈노력하는데도 문제들이 해결되지 않는 경우〉에 설명되어 있다.

- 부정적 감정을 비우기 위해 다른 각도에서 보는 것이 필요하다면, 21장 〈인지 재구조화〉를 시험해 보자.
- 내면을 갉아먹는 다툼 때문에 삶에서 중요하게 여기는 것과 멀어지고 있다면, 16장 〈삶의 명확한 목표〉를 참고하면서 목적과 목표를 분명히 상기하는 것이 중요하다.
- 반추를 통제할 수 없다면 17장 〈반추와 탈중심화〉를 참고하자.

삶의 명확한 목표
(나는 일생 동안 무엇을 하고 싶은가?)

사람은 걱정거리나 모든 형태의 고통에서 벗어나는 데 몰두하느라 때로 자신에게 중요한 삶의 계획을 완전히 잊는다. 중요한 일을 처리하기 위해 일찍 일어나지도 않으면서, 불편한 마음으로 걱정만 한다. 이런 시기야말로 모든 것을 다시 점검해야 할 때라고 말하는 것이 수용전념치료ACT¹다. 1985년부터 시작된 이 모델은 다른 유형의 심리 치료가 지닌 한계를 극복하는 방법으로 고안되었다.

삶의 모든 것을 다시 점검하려면 어떻게 해야 할까? 자신의 가치관이 무엇인지 돌아보고, 삶의 목적을 명확하게 해야 한다. 당연하게도 이 둘은 긴밀하게 연관되어 있다. 가치관과 목적이 서로 어긋나면, 우리는 방황할 수밖에 없다. 다음에 제시하는 도구를 바탕으로 나의 가치관과 목적을 알아보자.

가치관과 삶의 목적을 명확하게 하기[2]

자신에게 물어야 할 질문

- 이 세상에서 시간을 어떻게 보내고 싶은가?

- 어떤 사람이 되고 싶은가?

- 자아실현감을 느껴본 적이 있는가? 있다면 언제, 어떻게 경험했는가?

- 오늘처럼 방해받지 않았다면, 나의 삶과 에너지는 어디로 향했을 것
  인가?

- 구현하고 싶은 나만의 특징과 힘은 무엇인가?

- 몇 년 후에 죽게 된다면, 어떤 모습으로 기억되고 싶고, 어떤 말을 듣
  고 싶은가?

- 되새기는 것이 있는가? 이해하기 어렵고, 중요한 일에 쏟아야 할 에
  너지를 허비하게 하는 것이 있는가? 그것을 먼저 내려놓고 삶의 목
  적에 집중해 보는 것이 어떤가?

타임머신 타고 시간 여행[3]

당신이 80세라고 상상해 보자. 많은 것을 경험했고, 그로 인해 지혜도
얻었다. 80세의 당신이 오늘의 당신과 이야기를 나누기 위해 타임머
신을 타고 현재로 온다면, 당신에게 무슨 말을 해줄까? 어떤 현명한 조
언을 전할까? 다가올 위험에 대해서일까? 알려주고 싶은 중요하고 결
정적인 이야기는 무엇일까?

결론적으로 묻고 싶은 것은 다음과 같다. 당신에게 중요한 것에 더 가까워진다면, 매일 하던 방식과 다르게 행동하는 것에 동의하는가?

우리 뇌가 잘 작동하기 위해서는 삶의 방향이 필요하다.[4] 이것이 야말로 우리가 '좋은 자양분'을 얻고, 이를 일상생활에서 실천하는 가장 좋은 방법이다.

17장

반추와 탈중심화

15장의 연속선상에서 감정 수용에 관한 반추를 다루고자 한다. 우리는 왜 되새기는가? 감정적 갈등을 이성적으로 끝낼 수 없는 경우가 대부분이기 때문이다. 우리는 대개 감정 문제에 이성적인 접근 방법을 활용하지만, 이것이 항상 작동하는 것은 아니다. 감정은 정보가 전전두피질에서 편도체로 전달될 때 이성적 접근, 즉 인지 재구조화를 통해 처리될 수 있다. 그러나 정보가 편도체에서 전전두피질로 이동할 때는 이성적 접근이 작동하지 않는다.

이런 경우 이내 불편함을 느끼게 되는데, 반추가 부정적 감정을 가중시키고[1] 문제를 더욱 심각하게 만들어서[2] 불편한 기억들을 꺼내기[3] 때문이다. 게다가 우리가 상식적으로 행동하지 못하게 하여 문제를 해결할 수 있는 적절한 방법에서 멀어지게 한다.[4]

반추를 해결하는 방법은 다양하다. 이성적으로 접근해야 할까, 아니면 감정적으로 접근해야 할까? 해결 방법은 되새기게 하는 원인에 달려 있다.

- 반추가 당신의 의견이나 입장을 고수하지 못하여 갈등이 발생한 데서 시작됐다면, 다시 대화하면서 해야 했던 말을 전해야 한다. 당사자를 다시 보거나 매일 만나야 한다면 자기주장 덕분에 반추가 가라앉을 것이다. 19장 〈자기주장〉을 참고하여 사적 영역을 보호해야 한다.

- 반추를 발생시킨 갈등의 상대방이 이제는 없거나 자주 보지 않아도 될 사람이라면, 24장 〈편지로 감정 비우기〉를 참고해 글을 쓰면서 감정을 비울 수 있다. 동시에 그 일이 중요하지 않은 일이라고 생각하자. 어느 곳에나 까다로운 사람은 있고, 그가 처음이자 마지막으로 만나는 까다로운 사람도 아닐 것이다. 세상은 원래 그렇다. 그러니 15장 〈심적 고통의 수용〉에서 다루는 감정 수용을 연습해 보자.

- 순간 사고 능력을 마비시킬 정도로 격한 감정에 의해 반추를 하게 된다면, 20장 〈마음챙김〉을 참고해 뇌 전체를 진정시킨다.

- 문제에 대한 실질적인 해결책을 찾기 어려워 반추하고 있다면, 21장 〈인지 재구조화〉와 22장 〈의사결정 기법〉을 참고한다.

- 자기주장이 필요한 갈등이 아니라 타인이나 세상을 보는 방식이 달라서 반추하게 된다면, 21장 〈인지 재구조화〉를 참고해

인지 편향이 정신을 온통 조작하고 있는 것은 아닌지 확인해 본다.

일단 어떤 문제인지 확인하면 적절한 해결책을 선택할 수 있다. 우리는 이를 적용한 이후나 적용을 기다리는 동안에 현실로 돌아오도록 노력해야 한다. 지금 이 순간에 집중하는 것이다. 이를 '생각의 중심에서 벗어나기' 혹은 '생활에 다시 집중하기'라고 한다.[5] 우리에게는 살아야 할 삶이 있고 해야 할 일이 있다. 과거를 오랫동안 헤매며 갇혀 있을 수는 없다. 이 방황이 무엇인지 우리 모두 잘 알고 있다. 우리는 이미 그곳에 있었고, 그 상황을 충분히 이해하고 있기 때문이다.

탈중심화 원리를 이해할 수 있는 좋은 예시

당신은 해변에서 바다를 바라보고 있다. 당신의 시선은 이곳에서 저곳으로 향한다. 배에서 갈매기로, 튜브를 끼고 놀고 있는 아이들에서 나무로 된 수레를 끌고 있는 아이스크림 장수로, 그렇게 오랜 시간 파노라마처럼 풍경을 훑는다. 당신이 보는 것과 눈으로 좇는 방향을 정하는 이는 바로 당신이다. 이 모든 것을 세세히 관찰하는 동안 옆에 있는 사람이나 어제의 걱정, 근처에서 소리치는 아이들을 더는 신경 쓰지 않는다. 풍경을 바라보며 사색에 흠뻑 빠져 있다. 해수면에 반짝거리는 윤슬과 저 멀리 지나가는 갈매기의 여정 그리고 천천히 멀어져가는 배의 움직임을 눈으로 좇으며 집중하기로 선택한 것이다.

반추의 대상이 아닌 다른 것에 몰두하는 것을 '주의 분산', '초점 해제', 또는 '탈중심화'라고 한다. 이러한 활동은 "마음대로 해. 나한테는 더 재밌는 일이 있어."라고 뇌에게 말을 건다. 뇌는 한 번에 여러 가지 일을 하지 못하기 때문에, 한 가지에 집중하면 다른 일에는 집중하지 못한다.

이런 방법을 이용하면 뇌는 반추하던 예전 습관을 점점 버리고 현재에 집중하게 된다. 그렇게 당신을 덮치던 반추의 힘이 약해지게 된다. 생각의 도돌이표가 끊어지고, 감정도 현저하게 가라앉는다.

뇌는 계속 활동하려고 하기 때문에 불편한 생각이나 감정을 없애는 것이 중요하다. 시간이 흐르면서 생각이나 감정을 조절하기가 더 쉬워지면 원하는 데 정신을 집중하는 것도 점점 편해진다. 그래서 반추하는 것보다 배나 갈매기에 관심을 쏟는 것이다.

여기서 탈중심화와 주의 분산의 차이가 무엇인지 궁금할 것이다. 현명한 의문이다. 이 둘의 차이는 크다. 서로 대립 관계에 있기 때문이다.

- **탈중심화**: 어떤 생각이나 감정이 불현듯이 들지만, 중요하지 않다. 생각이나 감정을 밀어내지 않고 하던 일로 다시 돌아온

다. 그저 당신 곁에 둔다. 공존하지만, 당신에게 중요한 것은 아니다. 생각이나 감정에 집중하거나 두려워하는 것 말고도 해야 할 일이 있다. 당신이 그 감정이나 생각 때문에 존재하는 것은 아니다.

예시: 쇼핑하던 중에 예전에 사귀었던 사람을 몇 미터 앞에서 발견했다. 헤어진 뒤로 몇 년이 흘렀기 때문에 하던 대로 계속 쇼핑했다. 그 사람이 나에게 말을 걸 수도, 걸지 않을 수도 있지만, 나는 이곳에 쇼핑하러 왔기에 이는 그리 중요하지 않다.

- **주의 분산:** 생각이나 감정에서 벗어나는 데 뇌를 집중시키는 것이다. 살면서 갑자기 불편한 감정이나 생각이 들지 않을지 끊임없이 두려워하면서 회피한다. 이는 수용이 아니라 회피이자 거부다.

예시: 쇼핑하던 중에 예전에 사귀었던 사람을 몇 미터 앞에서 발견했다. 무슨 말을 해야 할지 모르겠고, 나쁜 기억들이 떠올라 그 사람과 마주치고 싶지 않다. 그래서 그 사람이 나를 못 보고 지나치도록 진열장 앞에 바짝 붙어 서 있다.

18장

시차 기법

성급함이나 충동성이 걱정, 분노, 슬픔, 욕망, 실망 등과 뒤엉키면 폭발적인 혼합물이 만들어진다. 그래서 이런 감정들을 끔찍하고 조절하기 어렵다고 믿게 된다. 하지만 이는 틀린 생각이다.

평소에 느끼는 성급함이든, 걱정이나 분노 또는 슬픔을 잠재우려는 성급함이든, 성급함의 역할을 잘 이해하고 일상에서 감정을 조절하는 연습을 간단히 해 보는 것이 좋다. 이를 '시차 기법'이라고 하며 정신의학에서 수많은 병리학을 다루는 데 사용된다. 조금이라도 연습해 보면 효과가 있을 것이다.

감정은 우리에게 일어나는 일만으로 야기되는 것이 아니다. 촉발제에 기인하기도 하고 38장에서 다룰 충동성 때문에 일어나기도 한다.

아마 몇몇 사람은 탄산음료에 멘토스 사탕을 넣어본 경험이 있을 것이다. 알다시피 멘토스는 무게 2그램에 두께가 몇 밀리미터에 불과한 작은 사탕이다. 이 작은 사탕을 탄산음료에 넣으면 어떻게 될까? 강렬한 화학 반응이 일어난다. 병에서 터져 나오는 음료의 모양새가 마치 온천수 같다! "멘토스 폭탄이다!"라고 말하기도 하지만, 멘토스는 폭탄이 아니다. 여전히 무게 2그램에 두께가 1센티미터도 되지 않는 사탕이다. 강렬한 화학작용이 일어난 것은 탄산음료와 만났기 때문이다.

성급함에 어떤 감정이 더해지면 비슷한 현상이 일어난다. 살면서 느끼는 모든 감정은 몇 그램의 멘토스와 같다. 그리고 1초도 안 되는 사이에 뇌가 유발하는 충동성은 탄산음료와 같다. 이 두 요소가 합쳐지면 앞뒤 분간을 못 하게 되는 것이다. 심지어 근본적인 문제가 작은 멘토스라고 할 수 있는 슬픔, 분노, 걱정 같은 기본 감정 때문이라는 사실조차 잊게 된다.

충동성은 자못 강렬한 감정이면서 연료이기도 하다. 빠르게 높이 치솟아 신중함을 태워버리고 이내 모든 것을 내려놓는다. 감정 기복이 심해지는 것이다.

반응이 끝나면 탄산음료 병은 완전히 비워지고, 바닥에는 작은 멘토스만 남는다. 이것을 확인하는 것이 바로 시차 기법 연습이다.

체계를 강화하고 자동화하는 것은 즉시성과 관련이 있다는 것을 알게 될 것이다. 감정에서 '즉시' 벗어나면 뇌는 충동성과 성급함을 자동화하지 못해 다시 정상적으로 작동하게 된다. 그러면 다른 감정들도 가라앉는 것을 확인할 수 있다. 뇌에서는 그 무엇도 최고치에 이르지 못한다.

당신이 좋아하는 케이크로 연습해 보자. 먹을 수 있는 케이크 조각 개수에 제한이 없으니 모두 먹어도 좋다. 단, 간단한 인내 법칙을 적용해 보자. 한 조각을 먹고 난 후 10분을 기다렸다가 또 한 조각을 먹는 것이다.

케이크를 바로 앞에 두고 실험하면 효과가 크다. 10분을 기다렸다가 한 조각씩 먹는다. 그러면 감정이 지닌 강력한 힘이 이내 진정된다는 것을 확인할 수 있다. 케이크에 대한 평소 욕구와 여기에 더해지는 충동성이나 성급함 사이에는 차이가 있다는 것을 알게 된다.

기다리는 10분 동안 평소처럼 할 일을 한다. 행동에 제약은 없지만, 보이는 곳에 케이크를 둬야 한다.

한 시간이 넘어도 대여섯 조각만 먹게 되지 않을까? 평소에 이런 연습을 다양한 방면에서 시도해 본다면 흥미로울 것이다. 충동적인 행동을 몇 분만 미루면 감정이 오래 지속되지 않는다는 사실을 알게 될 테니까. 누군가와 갈등이 있을 때, 구매를 앞두고 있을 때, 불안해서 확신을 못 가질 때, 당분이나 술을 먹고 싶을 때, 모욕적인 이메일을 보내고 싶을 때 이런 연습이 도움이 될 것이다.

모든 것이 허용되지만, 조금 나중에 그렇게 된다는 것을 기억하자. 이 방법은 무언가가 금지되었거나 긴급한 상황이 아닐 때만 효과가 있다. 부당함, 분노, 슬픔 등 모든 감정에 적용됨을 알게 될 것이다.

불안을 달래려고 휴대전화로 메시지를 보내고 싶을 때, 슬픔을 달래려고 폭식이나 폭음을 하고 싶을 때, 화가 치밀어 친구에게 공격적인 문자를 보내고 싶을 때, 10분 정도 차분히 기다려 보자.

이 연습을 몇 주 동안 하면 10분이 20분으로, 나중에는 30분으로 늘어날 것이다. 그리고 그때마다 슬픔, 분노, 불안 등의 감정이 저절로 가라앉는 것을 확인하게 될 것이다.

19장

자기주장

누군가가 당신의 공간과 영역을 침범했을 때, 그 해결책은 다양하지 않다. 당신의 경계 밖으로 밀어내는 방법뿐이다. 그러지 않으면 감정 조절에 실패해서 분노가 내면을 갉아먹게 된다. 자기주장은 '문제 해결' 기법 중 하나다. 문제가 해결되지 않는 한 당신의 감정은 공격받게 되고 결국 건강까지 해칠 수 있다.[1]

자기주장의 목적은 다양하다.

- 영역을 재설정하고 침입자를 밖으로 밀어내기.
- 분노를 떨쳐내고 내면을 보호하기.
- 정체성과 정당성 확립하기.
- 타인과 실질적으로 협상하기.

당신은 아마 이렇게 생각할 수도 있다. "나는 이미 평소에 잘하고 있어. 피에르가 날 바보 취급하면 한 대 맞기 전에 입 다물라고 해야지."

하지만 이는 좋은 방법이 아니다. 실제로 상대방 앞에서는 다른 방법을 써야 한다. 아무 말도 하지 않는 사람과 너무 화를 내서 함께 있을 수 없는 사람 사이에는 대안적인 방법이 있다. 지금부터 그 방법을 알아보자.

자기주장 원칙의 6단계[2]

1. "나는 이해했다, 인지했다, 파악했다, 알고 있다…."

상대방에게 주의 깊게 듣고 있다는 것을 몸소 보여 준다. 당신이 상대방의 말을 이해하고 존중하고 있다는 것을 상대방이 느낄 수 있도록 한다. 그러면 상대방은 차분해지며, 이번에는 당신의 의견을 듣고자 할 것이다. 만약 당신이 상대방의 의견이 틀렸다며 듣고 싶어 하지 않으면, 그는 화를 내면서 어떻게든 자기 말을 듣게 하려고 할 것이다. 그러면 소통이 더욱 어려워져 대화가 불가능한 지경에 이른다. 아무리 당신이 설득력 있는 논거를 제시하더라도 상대방의 뇌는 대화를 차단한다.

2. 상대방이 한 말을 똑같이 따라 하기

상대방이 한 말을 똑같이 따라 하면, 당신이 상대방의 말에 귀 기울이고 있고, 그의 의견과 감정에 완전히 동의하고 있다는 인상을 심어줄 수 있다. 당신이 경청하고 있으며 잘 이해하고 있다는 태도를 보이면, 상대방은 당신을 예의 바른 사람으로 여기게 된다. 여기서 중요한 것은 상대방이 사용한 단어를 똑같이 반복하는 것이다. 표현을 조금이라도 바꾸면, 상대방은 당신이 내용을 곡해하고 진부하게 만들었다고 판단해 기분이 상할 수 있다. 장황하게 말하지 말고, 가능한 한 충실하게, 컴퓨터의 복사/붙여넣기처럼 따라 해 보자.

3. 상대방의 어조나 표정에서 나타나는 감정 언급하기

상대방의 말에서 나타나는 감정을 뚜렷하게 느꼈다면, 그 감정에 대해서 언급한다. 이는 상대방을 이해하고 있다는 증거가 된다. 상대방의 말을 열린 마음으로 경청하고, 그가 말하는 내용의 감정적인 톤까지 인식했다는 것을 보여주는 것이기 때문이다. 만약 어떤 감정도 감지하지 못했다면, 4단계로 바로 넘어가자.

4. "유감입니다."

상대방의 고통이나 불만 혹은 실망에 항상 안타까움을 표현해야 한다. 상대방이 느끼는 감정을 받아들이면 대화가 즐겁게 흘러간다. 설령 전혀 유감스럽지 않고 자신이 옳다고 생각하더라도 진심으로 공감하려고 노력하자.

5. "하지만 제 생각은……"

이제 당신이 불편함을 느끼는 부분을 명확히 설명할 차례다. 당신의 의견을 설명하거나, 상대방의 요청을 거절하거나, 타협안을 제안해야 한다. 이 지점에서 당신의 기본 욕구를 표현하게 된다.

6. 돌림노래처럼 반복하기

상대방의 주장이 어떻든 돌림노래처럼 앞의 다섯 단계를 반복하자. 당신이 그렇게 되풀이하면서 완고한 태도를 보이면 당신의 의지가 드러나게 된다. 상대방이 포기하거나 타협할 때까지 당신은 한 가지 주장만을 되풀이하면 된다. 상대방이 열 번을 되풀이하게 만든다면, 그것은 그의 선택이 된다. 아무리 반복해도 당신은 원래 제시한 주장 외에 다른 내용을 언급하지 않을 것이다. 당신의 태도가 고집스러워 상대방이 불쾌할 수도 있지만, 상대방은 그 불쾌함을 받아들여야 한다. 자기주장은 기본적인 권리이기 때문이다. 사람들이 자신의 방식을 항상 당신에게 강요할 수는 없다. 다른 사람의 자유를 침해하지 않는 한 당신의 자유는 보장되어야 하며, 다른 사람의 자유가 당신의 자유를 침해하게 해서는 안 된다.

다음과 같은 함정은 피할 것

1. 상대방 비난하기

2. 훈계하고 응징하기

3. 일반화하며 강요하기("당신을 신뢰할 수 없다." 등)

4. 비난하고 상처 주는 표현 쓰기

5. 모욕이나 비꼬기 또는 냉소적 태도를 보이기

적용 사례

- **권리를 지키고 요구하며 분별 있게 비판하기**

  "내가 월요일 저녁에 콘서트에 가는 게 싫다는 걸 알아. 저녁에 혼자 있는 것이 싫어서겠지. 화나게 해서 미안해. 하지만 우리는 각자 계획이 있고, 자기만의 시간을 가질 수 있다는 점을 이해해 줬으면 좋겠어."

  "석 달 전에 네가 나한테 친절하게 책을 빌려준 걸 잊고 있었어. 그래서 네가 화내는 걸 이해하고, 정말 미안하게 생각해. 하지만 그렇다고 나를 도둑 취급하면서 상처 주지는 말아 줘."

  "차가 막혀서 한 시간이나 늦었어. 정말 미안해. 널 화나게 했고, 요가 수업도 망쳐버렸어. 메시지도 보내지 못해서 미안해. 하지만 모두가 보는 앞에서 그렇게 소리를 지르는 건 나쁘다고 생각해."

- **상대방의 근거 있는 비판에 대응하기**

  "내가 서류를 깜빡해서 큰 문제가 생겼어. 네 노력이 헛수고가 됐으니 화낼 만해. 서둘러 출발하는 바람에 다른 가방에 두고 와서 그래. 정말 미안해. 사과할게."

- 상대방의 정확하지 않은 비판에 대응하기

"자전거가 정말 필요한데 내가 돌려주지 않아서 기분이 상한 건 이해해. 정말 미안해. 하지만 사흘 전에 전화로 물어봤을 때는 네가 필요 없다고 했었어."

(상대가 주장을 굽히지 않는다면 반복해서 입장을 고수하는 것이 좋다)

"그래, 원할 때 자전거를 타지 못해서 실망하고 난처했다는 건 알아. 하지만 사흘 전에 너는 자전거가 필요 없다고 말했어. (상대방이 다른 근거를 제시한다면) 맞아, 그래서 네 주말이 엉망이 됐다는 거. 하지만 다시 말하는데, 자전거를 돌려줘야 하냐고 내가 먼저 물어봤어."

- 상대방의 모호한 비판에 대응하기

상대: 얼마 전부터 네가 날 차갑게 대하는 것 같아.

나 : 그래? 차갑게 대했다니, 무슨 말이야? (내용을 심화한다)

상대: 정확히는 모르겠지만, 전만큼 가깝게 느껴지지 않아.

나 : 그렇지 않아. 곤란하고 섭섭했겠지만, 어떤 부분에서 그렇게 느꼈는지 말해봐. (1단계인 '이해했다'를 이용해 상대의 말과 감정을 존중한다는 점을 보여주되, 상대가 모호한 주장을 펼치고 있으니, 사실에 근거한 대화를 깊이 있게 이어 나간다)

1. **상대방이 근거를 가지고 비판한다면, 실수를 인지하고 사과하는 것이 중요하다.**

   "마리옹과 외출하느라 문자에 답할 짬이 없었어. 마음 상하게 해서 미안해. 용서해 줘."

2. **상대방이 잘못된 근거로 비판한다면 자신의 입장을 고수한다.**

   "마리옹과 외출하느라 문자에 답할 짬이 없었어. 마음 상하게 해서 미안해. 네가 섭섭해하는 것은 알지만, 열흘 전에 전화했을 때 오늘은 시간이 안 된다고 했잖아."

3. **상대방이 이해하기 어려운 말을 고집스럽게 이어 나가면 대화를 빨리 끝내야 한다.**

   "들어 봐. 문제가 있어서 고민하는 건 알겠는데, 무슨 말을 하고 싶은 건지 모르겠어. 괜찮으면 나중에 다시 이야기하자. 지금은 네가 하고 싶은 말이 뭔지 모르겠어."

거절하기

무언가를 거절할 때 그 이유를 설명할 필요는 없다. 우리는 이제 모든 일에 대해 자신을 정당화해야 하는 어린아이가 아니다. 밉보이지 않으려고 둘러말하거나 상대가 원하는 바를 자신에게 부과하도록 두어서는 안 된다. 가령 누군가와 만날 상황이 안 된다면 "못 만날 것 같아."라고 짧게 대답하면 된다. "오빠를 만나야 해서."라거나 "내일 이사 가는 것도 아닌데, 주말에 보면 되지." 같은 말은 하지 않는다.

"주말에 내 컴퓨터를 빌려주길 바라는 건 알지만, 나는 그럴 여유가 없어. 정말 미안해."라고 말하자. 상대방이 "왜? 주말에 뭐 하는데?"라고 물어보면 다음과 같이 짧게 대답하고 만다. "내가 빌려주지 못해서 네가 번거로워진 건 알지만, 이번 주말에는 시간이 없다고 이미 말했잖아."

"스쿠터를 빨리 빌려 가고 싶겠지만, 난 멀리 나와 있어. 미안해."라고 말하자. 상대방이 "왜? 중요한 약속이야?"라고 묻는다면, 입장을 바꾸거나 자신을 정당화할 필요는 없다. "내가 도와주면 정말 좋겠지만, 그럴 수 없어서 미안해. 오늘 근처에 없을 거라고 이미 말했잖아."

20장

마음챙김

편도체가 전전두피질이 보내는 생각들로 흥분한 상태든, 그것과는 별개로 과민해진 상태든, 머릿속에서 여러 감정이 넘쳐날 때는 잠재울 방법을 찾아야 한다. 마음챙김은 이런 상황에서 요긴하다. 마음챙김을 실천하려면 막 떠오른 생각을 대화로 풀어내어 강화하기보다는 흘러가는 대로 내버려두어야 한다. 불현듯 느껴지는 감정도 피하거나 통제하기보다는 그대로 껴안아야 한다. 여기서는 반추와 비슷할 정도로 감정의 힘에 따라 행동한다. 지금 이 순간 호흡에 집중하고 의자에 닿은 신체 일부를 의식한다. 이를 배가 닻을 내리는 것에 비유해 '앵커링anchoring'이라고 한다. 그런 다음 모든 것이 고요해질 때까지 기다리면 된다. 이렇게 당신의 뇌를 재활하면 뇌는 부정적인 생각을 재고하고, 감정의 영향에 따라 즉각적인 행동으로 이어지는 자동화를 멈추게 된다. 폭풍우가 멈출 때까지 기다렸다가 무엇을 할 것인지 결정하자. 편도체가 잠잠해진 후 숙고하고 행동하는 것이 훨씬 더 간편한 방법이다.

중요한 사항이니 이 점을 명심하자. 우리는 뇌가 분 단위로 전달하는 여러 생각을 막을 수 없다. 뇌는 그렇게 하도록 만들어졌기 때문이다. 마음챙김은 생각과 소통하지 않도록, 생각을 중시하지 않도록 돕는다. 생각이 떠오르기 전에 하던 일에 계속 집중하게 하는 것이 목적이다. 같은 생각이 열 번 떠오른다면, 그것과의 소통을 열 번 거부하고 현재로 돌아와야 한다. 판단하거나 분석해서는 안 된다. 해석하려고 해서도 안 된다. 떠오르는 생각을 기꺼이 받아들인 후, 다시 현재에 집중한다. 감정도 마찬가지다. 부정적인 감정이 느껴지면 이를 수용하고 조용히 내 안에 남아 있도록 내버려둔 후 다시 현재에 집중하면 된다.

이 방법이 부자연스럽고 따분해 보일 수 있다. 하지만 정신의학상 여러 장애 사례와 고통 및 스트레스 관리에 마음챙김이 효과적인 것으로 나타났다. 소용없다고 속단하지 말고 8주[1] 동안 실험해 보자.

마음챙김 명상

의자에 앉아 편안한 자세를 취하고 눈을 감는다. 코 주변에서 일어나는 일에 집중한다. 코의 벽을 타고 들어오는 공기의 흐름을 느끼면서 콧속으로 드나드는 신선한 공기에 집중할 수 있는가? 공기의 흐름이 느껴지는가? 조용히 호흡하면서 콧속에 주목한다.

지금 이 순간 콧속을 통과하는 공기에 집중한다. 공기를 느끼는 데 도움이 된다면 코를 이미지로 떠올려도 상관없다. 어떤 생각이나 감정이 갑자기 떠올라 거기 빠져들어 집중이 흐트러질 때면 차분하게 원래 상태로 돌아와 코에 다시 집중한다. 판단하거나 분석하지 말자. 떨쳐 내려고도 하지 말아야 한다. 그저 호흡에 집중한다.

10분 동안에도 오만 가지 생각이나 감정이 머릿속에 떠올라 집중력이 흐트러질 것이다. 하지만 너무도 당연한 일이니 신경 쓰지 말자. 그저 코와 공기의 흐름에 다시 집중해야 하는 게 전부다.

몇 분간 호흡에 집중한다. 코에 다시 집중할 때마다 앵커링은 점점 강해진다. 이제 코가 아닌 배로 똑같이 훈련해 본다. 즉, 다음 앵커링은 복식 호흡이다. 손을 배 위에 올리고, 숨을 들이쉬고 내쉴 때마다 배가 부풀었다가 가라앉는 것을 느낀다. 어떤 생각이나 감정이 떠오를 때마다 다시 배에 주목한다. 다시 말하지만, 여러 생각이 떠오르는 것은 자연스러운 일이다. 그럴 때는 그저 다시 배에 집중하려고 노력하면 된다.

다음 앵커링은 손이다. 손바닥을 서로 맞댄 후 맞닿은 손가락들을 느끼는 것이다. 엄지부터 집중하고 1분 후에는 검지를, 다시 1분 후에는 다음 손가락을 차례로 느낀다. 조용히 호흡하면서 손에 집중한다.

산만해지면 다시 손에 주목한다.

　네 번째 앵커링은 땅에 내디딘 발이다. 신발 속의 발바닥이 느껴지는가? 어쩌면 발가락부터 발뒤꿈치까지 열기가 발산되고 이동하는 것이 느껴질지도 모른다. 이를 느끼기 위해 발 이미지를 떠올려도 좋다. 집중이 흐트러질 때마다 조용히 호흡하면서 다시 발에 주목한다.

　다섯 번째 앵커링은 의자에 닿아 있는 엉덩이 근육이다. 혹시 온기가 느껴지는가? 엉덩이 근육에 집중하고 다른 생각이 들 때마다 다시 엉덩이 근육에 신경 쓴다. 조용히 호흡하면서 엉덩이에 집중한다.

　다음 앵커링은 의자 등받이에 닿아 있는 등이다. 의자에 기대 있는 등의 여러 부분이 느껴지는가? 등에 집중하고, 집중이 흐트러질 때마다 다시 등에 주목한다. 조용히 호흡하면서 등에 집중한다.

　마지막 앵커링은 혜성처럼 사방에서 갑자기 등장하는 소음이다. 앞이나 뒤, 왼쪽이나 오른쪽에서 들려오는 소리를 주의 깊게 듣는다. 도움이 된다면 소리의 발원을 상상해도 좋다. 다른 생각이 떠오를 때마다 다시 소리에 집중한다. 조용히 호흡하면서 소리에 주목한다.

　몇 번 더 차분하게 숨을 들이마시고 내쉰 뒤 눈을 뜬다.

　눈을 감고 실행하는 마음챙김을 어려워하는 사람도 있다. 하지만 걱정할 것 없다. 마음챙김은 요가에서 출발했기 때문에 망설이지 말고 기본으로 돌아가 요가나 제이콥슨의 이완 훈련을 실천해 보자.[2] 이완 훈련이란 근육을 의도적으로 수축했다가 서서히 풀어주는 동작을 반복하는 훈련법으로, 그 과정에서 신체적 긴장뿐만 아니라 심리적 긴장도 해소하는 효과가 있다.

주먹을 5초간 세게 쥔다. 근육이 긴장하는 것을 느낀다. 다시 주
먹을 천천히 펴면서 근육이 이완되는 것을 느낀다. 다른 손도 같은
방식으로 연습해 본다. 이어서 어깨, 팔, 무릎 등 다른 부위도 같은
방식으로 근육을 수축했다가 천천히 이완하면서 긴장이 풀리는 것
을 느껴 보자.[3]

21장

인지 재구조화

전전두피질은 편도체를 자극하는 편향과 엄격한 도덕적 원칙의 영향을 받는다. 그래서 협상 테이블에 앉아 머릿속에서 소란을 피우는 모든 요소들과 토론해야 한다. 이를 인지 재구조화라고 하는데, '반사적으로 떠오르는 사고방식을 재구성해 더 현실적으로 변경하는 것'을 뜻한다. 이는 감정을 진정시키기 위해 사용된다. 자신의 사고 논리에 따라 행동함으로써[1] 감정의 강도를 줄이고, 주변 세계를 더 잘 통제할 수 있다고 느낄 수 있다.[2] 우리의 환경에서 오는 것을 인식하고 처리하는 방식을 다소라도 익히면 불안, 분노, 슬픔을 줄이고 자신감을 얻어 '할 줄 안다'라는 느낌을 얻게 된다.[3] 편도체와 우리의 건강에 대한 도미노 효과를 없애기 위해 전전두피질이 제시하는 주장의 타당성을 따져 볼 것이다.[4] 이는 편견과 근거 없는 결론을 없애고, 문제 해결에 더 적합한 사고방식으로 방향을 바꾸려는 노력을 의미한다.

이를 위해 우리는 상황, 생각, 감정, 행동을 면밀히 살피는 것부터 시작할 것이다. 그래야 머릿속에서 벌어지는 일들을 파노라마처럼 살펴볼 수 있다.

질문: 상황을 마주하니 감정이 복잡해진다. 그래도 상황을 살피면서 객관적으로 본다.

- **상황:** 어떤 상황에서 문제가 발생했는가? 무슨 일이 일어났는가?
- **감정:** 내 감정은 어떠한가? 무엇을 느꼈는가?
- **생각:** 모든 면을 고려했을 때 어떤 생각이 드는가?
- **행동:** 무엇을 하고 싶고, 말하고 싶은가?

사례:

- **상황:** 마크가 어젯밤 동료들 앞에서 나를 놀리면서 무례하게 굴었다.
- **감정:** 분한 마음에 화를 내며 폭발하고 싶었다.
- **생각:** 마크는 나를 싫어하고 존중하지 않는다. 자신이 다른 사람보다 뛰어나다고 생각한다.
- **행동:** 다음에 마크를 만나면 욕을 하거나 한 대 쳐서 복수하고 싶다.

나는 차분하게 이 훈련을 실시한다. 다음 질문들에 의지해 더 건강한 결론과 합리적인 의사결정을 내리기 위해 나 자신을 재정비한다. 인지 재구조화는 이렇게 시작된다.

질문: 적절한가? 나에게 실질적으로 도움이 되고 이익이 되는가? 아니면 상황을 심각하게 만드는가? 나에게 이로운 것은 무엇인가? 내 명분과 내 욕구에 도움이 되는가?

사례: 충동적으로 행동하면 당장은 기분이 좋아질 수 있지만, 내일이면 문제가 발생할 것이다. 나를 괴롭히는 사람은 마크지만, 미치광이처럼 보이는 사람은 나일 것이다. 이는 내 목적에 전혀 도움이 되지 않는다. 마크에게 내 주장을 말하는 것이 더욱 간단한 방법이다. 나는 존중받을 자격이 있으며, 폭력 없이도 그렇게 될 수 있다고 생각한다.

질문: 내 생각을 뒷받침하는 근거와 반대 근거는 무엇일까? 유리한 근거와 불리한 근거를 모아서 각각의 사실성을 0점에서 10점까지 점수로 매긴다. 합산한 후 어느 쪽이 더 우세한지 판단한다.

사례:

- **마크가 나를 싫어한다는 근거:** 나에게 이런 식으로 행동한 것이 처음이 아니다(8점). 그래서 그는 호감이 가지 않는 오만한 사람이라고 생각한다(7점).
- **마크가 나를 싫어하지 않는다는 근거:** 그는 모든 사람에게 비난을 퍼붓

는 성격이라 아르노와 세실도 나만큼 비난했다(10점). 그저께 그는 내 업무에 대해 여유를 가지고 친절하게 말해주었고(8점), 나를 칭찬했었다(9점). 그가 세실의 면접을 도와줬다는 이야기도 들었다. 즉, 비판적이면서도 사람들을 도와주고자 한다(10점).

질문: 주변 사람들은 내 생각이 옳다고 여길까? 의견을 말해 줄 사람을 떠올려 본다. 어떤 점에서 동의하고 동의하지 않을까?

사례: 세실은 어떻게 대답할까? 마크는 항상 그렇게 행동하고 원래 남을 놀리기 좋아하는 사람이지만, 이타주의자라서 사람들을 자주 돕는다고 말할 것이다. 지난달에는 차로 집까지 바래다줬다며 친절한 사람이라고 말할 수도 있다.

질문: 이 외에 어떤 근거가 있을까? 마크의 행동을 달리 어떻게 설명할 수 있을까? 내 생각과 정반대이거나, 다른 의견을 가진 사람이 생각할 수 있는 것들을 모두 찾아본다. 내가 생각지도 못한 의견이 필시 있을 것이다.

사례: "마크에게 오늘 점심쯤 전화를 걸었더니 받지 않았다. 신호음이 두 번 정도 지났을 때 끊겼다. 이제 나와 대화하고 싶어 하지 않는다. 나한테 너무 차갑다." 이 상황을 어떻게 다르게 설명할 수 있을까?
- 회의 중이라서 전화를 받을 수 없었다.

- 다른 사람과 식당에 있어서 대화를 중단하고 싶지 않았다.

- 지하철로 이동 중이라 연결 신호가 끊겼다.

- 휴대전화 배터리가 거의 없었다.

- 가족들과 점심을 먹고 있어서 나중에 통화하길 원했다.

- 영화관이나 체육관에 있었다.

- 매장에서 계산 중이었다.

- 길에서 이동 중이라 저녁에 조용히 통화하고 싶었다.

질문: 가능성이 있는 최악의 경우와 최선의 경우는 무엇일까? 어떤 경우가 더 현실적일까? 최악의 경우도 받아들일 만한가?

사례: 최악은 회사에서 마크와 불편한 관계가 되는 것이다. 일단 아직 말하지 못한 부분이 있을 수 있으니 마크와 이야기를 나눠 볼 것이다. 최선의 경우 이 일을 그저 없었던 일로 묻어 두고 지나갈 것이고, 최악의 경우 마크와 서로 말을 하지 않고 지내게 될 것이다. 하지만 나는 다른 동료들과 사이가 좋으므로 굳이 마크와의 관계를 개선하지 않아도 큰 문제는 없을 것이다. 가장 현실적인 결론은 내가 혼자서 과도하게 생각하고 있으며, 마크가 보통은 꽤 친절한 편이라는 사실을 잊고 혼자서 분노하고 있다는 것이다.

질문: 같은 문제를 겪고 있는 친구가 내게 조언을 구한다면 뭐라고 해야 할까? 중립적이지만 호의적인 사람으로서 어떤 이야기를 해줄 것인가?

사례: 피에르가 같은 문제를 겪고 있다면 왜 그런 일이 반복되는지 아는 것이 중요하다고 말할 것이다. 마크는 불쾌한 사람인가, 아니면 친절한 사람인가? 그는 공공연하게 누구에게나 그렇게 행동하는가, 아니면 너와 사적으로 대화할 때만 그런 태도를 보이는가? 상황이 어떠한지 자세히 말해 보라고 할 것이다.

질문: 이렇게 생각해서 얻는 것은 무엇일까? 또 잃는 것은 무엇일까? 즉, 내가 얻을 수 있는 이점은 무엇인가?

사례: 이런 생각으로 얻는 이점은 없다. 그저 쓸데없는 생각들이 아침 내내 나를 괴롭힐 뿐이다. 마크의 태도가 호의적이지 않다고 해서 나 역시 그럴 필요는 없는데, 왜 나의 뇌는 이런 생각을 하는 걸까? 마크는 내가 진심으로 좋아하는 동료이기 때문이다. 그래서 그가 나를 평가하거나 나와 말하고 싶어 하지 않는 것이 괴로운 것이다. 그냥 마크에게 혹시 무슨 문제가 있는지 물어보면 될 일이다. 아니면 며칠 동안 이 일을 덮어두고, 별일 아니었는지 판단해 보는 방법도 있다.

질문: 근거라고 치부해 버린 인지 편향이 존재하지 않을까? 증명할 수 있는 것은 무엇이고, 증거가 없거나 조작됐다고 생각하는 것은 무엇인가?

사례: 여느 때처럼 지난주에 다섯 번 정도 마크와 담배를 피우며 쉬는 시

간을 가졌고, 그가 세 번 정도 내 생활에 관해 물었다. 그러면서 내가 주말 동안 무얼 했는지 관심을 보였다. 마크는 여전히 내게 좋은 동료다. 앞으로 나흘 정도 마크가 전반적으로 나를 친절하게 대하는지, 아닌지 관찰할 것이다. 그런 후 판단할 것이다.

질문: 친구가 지금 내 입장에 처했다면 어떻게 조언할 것인가? 나 자신을 대하듯 친구에게도 가혹한 조언을 건넬까? 친구가 모든 상황을 자기 탓으로 돌릴 때, 상황을 객관적으로 분석해 나 역시 같은 결론을 내릴 것인지 확인한다.

사례: 친구가 수십 건의 일을 처리하는 와중에 한 가지 업무를 놓쳤다고 말하더라도, 나는 그 친구가 실패했다고 생각하지 않을 것이다. 오히려 남들보다 더 열심히 일했기에 그런 일이 생길 수 있다고 말할 것이다. 또한 백 가지 중 한 가지를 실수했다면, 성공률이 99퍼센트라는 말도 건넬 것이다.

질문: 이 모든 것이 나의 목표와 가치관에 부합하는가? 만약 내가 시간 여행을 할 수 있다면, 그것이 무엇을 드러낼 것인가?

사례: 한 가지 생각을 되새기지 않는 것이야말로 나의 목표와 가치관에 부합한다. 회사 밖에도 인생은 존재하기 때문이다. 마크가 나를 평가하든

말든 중요하지 않다. 나는 내 모습 그대로 한결같기를 바라며 양심에 꺼릴 것도 없다. 시간 여행에 영감을 받은 만큼 이렇게 말할지도 모른다. "솔직히 그게 무슨 상관인가요?"

질문: 나에게 중요한 것을 어떻게 실현하고 이룰 수 있을까? 나에게 중요하고 내가 하기 나름인 것을 성취하는 방법은 무엇인가?

사례: 나는 오랫동안 직장에서 인간관계에 집중하고 항상 존경받기를 바라느라 완벽한 인간이란 없다는 사실을 잊었다. 그리고 나 역시 완벽하지 않다. 연극과 음악에 에너지를 다시 쏟고 싶다. 그 두 가지만이 내가 하기 나름이기 때문이다.

22장

의사결정 기법[1]

천성적으로 우유부단한 사람이 있다. 생각의 갈피를 잡지 못하고 끝내 결정하지 못한다. 지금부터 이 현상에 대해 알아보자.

우유부단은 처한 상황과 개인의 심리적 특성이 얽힌 여러 과정을 거친 끝에 나타나는 결과다. 한번 두 요소에 대해서 살펴보자.

먼저, 상황이 우유부단함을 증가시킬 수 있다.

- "회사 일로 스트레스를 받고 돈도 부족해. 가족들은 내게 교양을 쌓고, 신앙생활에 충실하라고 해."
    ⇨ 당신의 결정 중 일부는 타인의 요구에 영향을 받고, 그로 인해 결정을 내리기 어려워질 수 있다.
- "어떤 문제는 특히 더 심각하고, 한번 결정하고 나면 되돌리기

가 어려워."

⇨ 문제의 무게와 그로 인해 일어날 수 있는 결과에 압도당하면 결정을 내리기가 더욱 어려워진다.

· "이런 문제는 처음 겪어 보네."

⇨ 이전의 경험에 의존할 수 없을 때, 우유부단할 가능성이 높아진다.

· "나는 누구의 지지도 받지 못해. 나는 완전히 혼자고, 문제도 혼자 해결해야 해."

⇨ 주변에 안전망이 갖춰져 있지 않으면 결정을 내릴 때 더 많이 고민할 수밖에 없다.

· "나에게는 책임져야 할 일들이 다른 사람보다 더 자주 생겨."

⇨ 결정해야 할 일이 너무 많으면 상황에 압도되어 결정을 내리기 어려워질 수 있다. 게다가 잘못된 결정을 내리면 걱정거리가 더 많아질 수도 있다.

위와 같은 망설임과 씨름하고 있다면 먼저 상황 때문에 발생하는 문제들을 해결해야 한다. 그러지 않으면 차분하게 결정을 내릴 수 없다. 따라서 이 문제들을 명확히 정리하는 것이 중요하다. 예를 들어 가족과 대화를 나누거나, 필요하다면 치료 전문가나 변호사 또는 노조 책임자와 상담하는 것도 좋다.

다음으로 심리적 특성이 어떻게 작용하는지 살펴보자.

- **두려움**: 실수나 실패에 대한 불안감, 누군가를 기분 상하게 만들지도 모른다는 걱정, 자신감 부족 등은 모두 결정을 내리는데 걸림돌이 된다. 최악의 상황을 떠올리게 하고, 과도한 통제를 초래하며, 불확실성을 참지 못하게 하고, 타인에게 확신을 구하려는 욕구를 불러일으킨다.

- **충동성**: 뒤에서 살펴보겠지만, 충동성 때문에 결정 과정을 건너뛰게 된다. 다른 해결책이나 결정에 따른 결과를 충분히 숙고하지 않고, 처음 떠오른 생각에 매달리게 한다. 이에 대해서는 18장 〈시차 기법〉을 참고하자.

- **자기 효능감**: 성공과 실패를 충분히 경험하게 되면, 우리는 자신의 의사결정 과정을 신뢰할 수 있는지 알게 된다. 하지만 불안한 사람은 주변 사람들의 의견이 없으면 결정을 내리지 못하고 회피하는 경향이 있어, 자신감을 쌓을 만큼 충분한 경험을 축적하지 못한다.

- **너무 다양한 관심**: 모든 선택 가능한 것에 관심이 있거나, 하나라도 포기할 수 없다고 여기면, 결국 한 가지를 선택하지 못해 결정 과정에서 길을 잃게 된다.

- **탐탁지 않은 선택**: 변변찮은 선택지 중에서 하나를 골라야 할 때 우유부단함이 증가한다. 결국에는 가장 무난해 보이는 것을

고르게 된다.

- **대동소이**: 선택지들이 고만고만해서 고르기 어렵다. 실제로는 큰 차이가 없지만, 뇌는 그 사이에서 미세한 차이점을 찾으려 한다. 그러다가 결정의 시기를 놓치기도 한다.

우유부단에서 벗어나 최선의 결정을 하기 위해 아래 기법들을 적용해 보자. 먼저, 전제 조건을 확인해야 한다.

- 현재 마주한 문제, 내가 원하는 욕구, 근본적인 걱정에 대해 명확한 견해를 지니고 있는가?

  문제 제기가 시작되는 근본 원인은 무엇인가? 어떤 틀이나 출발점을 정하지 않아서 문제나 욕구를 명확히 정의하지 않으면, 적절한 정보를 찾을 수도 없고 이를 분석할 수도 없다. 또한 상황과 관련된 과정도 불명확할 수 있으니 주의해야 한다. 이럴 때는 주변에 도움을 구하거나 변호사, 의사, 세무사 등 관련 분야 전문가에게 도움을 얻어야 한다.

- 우유부단한 사람의 뇌는 중요한 변수와 덜 중요한 변수를 동등하게 취급하는 경향이 있다.

  따라서 가장 중요한 변수(문제나 욕구의 출발점)부터 덜 중요한 변수로 이어지는 우선순위를 정해야 한다. 이를 직접 종이에 적어 순위를 시각화 하자. 머릿속에서만 그리면 변수들이 뒤죽

박죽 섞이게 된다. 이때 이루고 싶은 진정한 목적이 무엇인지를 항상 유념해야 한다.

- 문제나 욕구를 명확히 정의하려면, 감정적 혼란에서 벗어나야 한다.

마음챙김을 실천하면 불안과 충동성을 누그러뜨릴 수 있다. 먼저 마음챙김에 익숙해져야 한다. 그렇지 않은 상태로 긴급한 상황에서 좋은 결정을 내릴 수 있다고 생각하는 것은 오산이다.

- 문제나 욕구에 대한 충분한 정보를 찾고 고려할 시간이 있는가?

먼저 정확한 정보가 필요하다. 적절한 결정을 내리고 싶다면 시간을 들여 정보를 찾아야 한다. 하지만 불안감 때문에 끊임없이 방대한 정보를 찾으려고 해서는 안 된다. 또한 주변 사람들에게 확신을 구하려는 행위도 자제해야 한다. 이는 우유부단함을 악화할 뿐이다. 내가 찾을 수 없는 정보를 주변에 요청하는 정도는 괜찮지만, 결정의 방향을 잡고자 다른 사람에게 의지해서는 안 된다.

- 내가 원하는 것이 단기적인 만족에 그치는 것인지 혹은 장기적으로 해로울 수 있는지 생각해 본 적이 있는가?

멀리 볼 수 있어야 한다. 내가 궁극적으로 이루고 싶은 목적이 무엇인지 항상 유념하면서, 지금 내린 선택이 그 목적을 달성하는 데 도움이 되는지, 방해가 되는지 따져 봐야 한다.

- 선택지들이 구별할 수 없을 정도로 비슷하더라도 걱정할 것 없다. 똑같다는 신호일 수 있다.

  선택지들이 똑같으므로 그중 하나를 선택하는 것은 무언가를 포기하는 것이 아니다. 우유부단한 뇌는 구별할 수 없는 것을 구별하려 하거나, 존재하지 않는 미세한 차이를 찾아내려고 한다. 굳이 그럴 필요 없다. 만약 선택지 사이에 정말 차이가 있다면, 처음부터 눈에 띄었을 것이다.

- 선택할 수 없거나 선택하고 싶지 않은 경우

  이것이 회피임을 받아들여야 한다. 의사결정 과정에서 불쾌한 감정을 피하고 싶어서 어떠한 입장도 취하지 않는 것이다. 이런 행동이 이해는 가지만, 앞으로 제시하는 기법을 부지런히 적용하지 않는다면, 의사결정 능력은 절대로 발전하지 않을 것이다. 진정 두려운 것이 무엇인지 분석하고, 우선순위를 잘 정했는지 살펴야 한다.

종이에 표를 작성하자. 머릿속으로 떠올리는 것이 아니라 종이에 직접 작성해야 한다. 그러지 않으면 방향을 잃고 우유부단한 뇌에 휩쓸리게 된다. 정확하게 시각화하는 단계가 필요하다.

가로 칸에는 선택지를 적는다. 고를 수 있는 선택지만큼 열의 개수는 늘어난다.

세로 칸에는 중요한 것부터 부차적인 것까지, 혹은 수용할 수 없는 것부터 수용할 수 있는 것까지, 또는 선호하는 순서대로 변수들을 적는다. 모든 변수는 사실(금액, 크기, 유용성 등)에 근거해야 하며, '만약?' 혹은 '나중에 후회할까?' 등 가정에 기반한 것을 적으면 안 된다.

이 순간 저절로 떠오르는 생각이 있을 것이다. '나는 선택지를 50개는 찾아낼 수 있어. 휴가지 숙소를 고를 때도 50곳이나 찾아서 그중에서 고민했었어. 그런데 모든 숙소를 다 찾아냈다는 생각이 들 때는 언제일까? 인터넷에는 정보가 너무 많아. 숙소를 모두 찾는 데만도 일주일은 걸릴 거야!'

매우 적절한 지적이다. 이에 대한 해결책은 우유부단함이 없는 사람들의 행동 방식에서 찾을 수 있다. 검색하면서 기쁨과 설렘을 느끼는 순간은 언제일까? 반대로 불만과 불안, 실망과 좌절에 대한 두려움을 느끼는 순간은 언제일까? 새로운 링크를 계속 클릭하다 보면 지루하고 피곤하며 재미없다고 느끼는 순간이 찾아올 것이다. 이제 뇌는 더 이상의 선택지를 원하지 않는다. 이때 우유부단함이 없는 사람들은 추가적인 검색을 멈춘다. 이런 식으로 '더 좋은 숙박 시설을 놓칠지도 모른다는 두려움'에서 '적당한 곳을 찾고 싶은 욕구'로 전환이 일어난다. 이것이 무한 선택지의 함정에서 벗어나는 과정이다.

표를 적용한 사례를 살펴보자.

산책용으로 새로운 자전거를 하나 사고 싶다. 예산은 500유로다.

	자전거 1	자전거 2	자전거 3	자전거 4	자전거 5
허리 편안함	네	아니오	아니오	네	네
500유로 예산	450	350	700	650	1,000
간편한 유지보수	아니오	네	네	네	네
전기 모터 여부	아니오	아니오	아니오	아니오	네
디자인, 색상	아니오	네	최상!	아니오	네
디스크 브레이크	네	아니오	아니오	아니오	네
가벼움	네	아니오	아니오	네	네

자전거 다섯 대를 봐 두었고, 모두 나쁘지 않았다. 가장 중요하게 생각하는 점은 20km 정도 달렸을 때 허리가 아프지 않을 자전거여야한다는 것이다.

가로 칸에는 선택지, 즉 골라 놓은 자전거들을 적는다.

세로 칸에는 중요도에 따라 나열한 변수들을 적는다.

표를 보면 자전거 2와 자전거 3이 첫 번째 줄에 있는 가장 중요한 조건을 충족하지 못한다는 게 나타난다. 자전거 3의 디자인과 색상이 마음에 들지만, 그와 상관없이 즉시 배제해야 한다. 디자인과 색상은 중요한 변수가 아니기 때문이다. 종이 위에서 보면 이러한 결정이 이뤄지는 과정을 한눈에 파악할 수 있다. 반면 머릿속으로만 생각했다면, 디자인과 색상이라는 요소가 당신을 우유부단함의 소용돌이로 이끌었을 수도 있다.

자전거 4와 자전거 5는 예산이라는 두 번째로 중요한 변수를 충족하지 못하기 때문에 제외된다. 결국 남는 자전거는 첫 번째 자전거뿐이다. 비록 모든 조건을 충족하는 것은 아니지만, 이 표는 가장 중요한 변수인 허리가 편안한지를 기반으로 작성되었기 때문에 최종적으로 자전거 1을 결정하는 것이 합리적이다.

이처럼 변수들을 중요도 순서로 정리하는 것이 긍정적으로 답변한 개수를 고려하는 것보다 효과적이다. '네'라고 대답한 항목의 개수를 고려하면 자전거 5를 선택해야 한다. 하지만 가격이 예산의 두 배나 된다.

변수들을 중요도 순서에 따라 작성하면 갈팡질팡하는 뇌가 고려해야 할 범위를 한정할 수 있다. 그런데 표를 작성하고 난 후에도 이런 의구심이 들 수 있다. '중요한 순서대로 작성한 게 맞을까? 변수 몇 개는 순서를 바꿔야 하지 않나? 결국 자전거 5가 가장 좋다! 그리고 자전거 3은 디자인이 최고다!' 이럴 때는 이 표가 내가 이루고 싶은 목적을 가장 중요한 변수로 두고 작성했다는 사실을 명심해야 한다. 원래 목적에 다른 변수들을 보탰을 뿐이다. 반추와 불안이 끼어들어 출발점인 원래 목적을 재고하는 것은 우유부단한 뇌가 흔히 저지르는 조작이다. 휘둘려서는 안 된다. 결단성 없는 뇌가 무슨 말을 해도 원래 목적은 변하지 않는다. 반추하면서 생각이 우리를 엉뚱한 곳으로 이끌 순 있지만, 처음 목적과 표에 나타나는 결론을 고수해야 한다. 변수들의 순서를 다시 매겨 마지막에 모든 것을 바꿔버리면, 가장 중요한 변수를 어김없이 놓치게 된다. 그 결과 실망감이나 좌절감 또는 반추에 대한 두려움에 지배당하게 된다.

하지만 우리는 삶의 요소인 실망과 좌절이라는 감정을 제거하려는 것이 아니다. 대신 가장 중요한 변수를 토대로 결정을 내릴 수 있는 능력을 갖추고자 한다. 이를 혼동하지 말아야 한다. 우유부단한 뇌는 당신이 원하는 것을 목표로 하지 않는다. 그러나 이 책의 기법들을 훈련하고 가장 중요한 변수에 따라 작성된 표의 결정을 철저히 따른다면, 앞으로 뇌가 더 잘 작동하게 될 것이다.

표를 작성하다가 생각지도 못한 변수들이 불현듯 새롭게 떠오를 수도 있다. 그러면 뇌는 불안해하면서 이를 되새기는 경향이 있어 결정을 중단하려고 할 것이다. '6개월 후에 신형 자전거가 출시된다면?', '의사가 하는 말이 사실일까?' 하는 생각이 떠오를 때마다 자신이 가정에 의한 의심을 품고 있다는 것을 인지해야 한다. 가격, 색상, 실용성 등 실제 요소와 가정의 요소가 뒤섞이면 우유부단함의 늪에 빠지게 된다. 의사결정 표는 실제 요소들로만 작성되어야 한다. 그래야 단호하게 결정할 수 있다. 무슨 수를 써서라도 이 기법을 방해하려는 뇌의 조작에 넘어가서는 안 된다.

일단 표를 검토하면 남아 있는 단 하나의 선택지 혹은 거의 똑같아서 구별할 수 없는 두 선택지만을 믿어야 한다. 남은 일은 '뇌야, 미안해. 내가 다시 표를 검토하는 일은 없을 거야. 이미 결정했고 돌이킬 수 없어.'라고 반추에 응수하는 것이다. 일부 사람들에게 이런 과정은 몇 시간 혹은 며칠이 걸리기도 한다. 나아가 불편한 감정을 견딜 수가 없어 다음 두 가지 최악의 행동으로 이어지기도 한다.

첫 번째, 표의 내용을 고려한 최종 결정을 내리지 않거나 훗날로 미룬다. 다른 사람에게 어떻게 할 것인지 의견을 묻거나, 아예 구매 자체를 포기하기도 하고, 며칠 후에 새로운 표를 작성하기도 한다. 이런 경우의 문제는 부정적인 감정을 회피하는 바람에 결국 아무것도 결단하지 못한다는 점이다. 표를 작성하고 난 후에도 구매라는 행위 자체를 회피하거나 불편한 감정을 거부한다면, 우리는 우유부단함과 싸워 이길 수 없다.

두 번째, 자전거를 산 후 며칠이 지나 '계속 가지고 있다가는 실망할 것 같아.', '잘못 골랐다는 생각이 멈추지 않아.', '자전거 3이 계속 떠올라.'라고 생각하며 가게에 반품하러 가는 경우다. 우유부단한 뇌의 조작에 넘어간 것이다. 뇌에 조종당하지 않는 유일한 방법은 우리가 작성한 표를 통해 내린 결정을 존중하는 것이다. 부정적인 감정과 반추는 갑자기 시작된다. 그런 상태가 너무 힘들다면 강박에 빠진 것이므로 망설이지 말고 상담을 받아야 한다.

마지막으로, 두 선택지가 거의 같아서 선택하지 못하는 경우를 살펴보자. 뇌가 둘 사이의 미세한 차이를 파악하지 못해서 결정을 내리지 못하는 이유는 단순하다. 둘 사이에 큰 차이가 없어서다. 따라서 몇 시간을 생각한다 해도 차이를 발견하지 못할 것이다. 결단력 있는 사람은 두 가지 선택지가 똑같기 때문에 아무것이나 선택한다. 반면 우유부단한 뇌는 이렇게 말한다. "X를 선택하면 Y를 선택하지 않은 걸 후회할 거야." 하지만 당신도 알다시피, Y를 선택하더라도 X를 선택하지 않은 사실을 후회하게 될 것이다. 따라서 당신의 뇌가 당신을 속이고 있는 것이며, 실제로 위험이 존재하지 않는다는 것을 깨달아야 한다. 둘 중 어느 것이든 선택하자. 그대로 둔다면 비생산적이고 쓸데없는 반추만 계속될 뿐이다. 쓸모없는 일이라는 점을 인식하면서 그대로 흘려보내고 다시 일상생활로 돌아가자.

때로는 표의 내용을 고려해서 내린 결정도 결과적으로 잘못된 결정이 될 수 있다. 그렇다고 표를 작성한 것이 효과적이지 않았다거나, 당신이 잘못 적용했다는 뜻은 아니다. 우유부단한 뇌가 좋은 친구일 수 있다는 뜻도 아니다. 결과적으로 잘못된 결정을 내리게 된 것은 그저 우리가 직접 경험하기 전까지 알 수 없는 것들이 있기 때문이다. 가령 자전거의 경우, 한 달 정도 사용해 봐야 허리가 불편한지를 알 수 있다. 이런 경우 표를 개선해야 한다. '허리가 편한 자전거를 사려면 예산을 올려야 해. 500유로 이상 쓸 수 없다면 자전거를 사면 안 되겠어.'라고 정리하는 것이다. 경험하기 전에는 알 수 없는 사실이다. 이는 실패가 아니라 삶의 일부다. 평생 먹어본 적이 없는 음식을 좋아할지 말지는, 먹어보기 전까지는 아무도 알 수 없다.

23장

학습 방법

뇌는 무엇이든 배울 수 있다. 앞서 서술했듯이 반복이 중요하다. 시의 한 구절을 이삼십 번 반복해서 읽다 보면 저절로 외워진다. 피아노로 같은 화음이나 악절을 수십 번 반복해서 연주하면 손이 저절로 연주하는 느낌이 든다. 따라서 반복은 필수 조건이다.[1] 반복해야 뉴런이 활성화되고 정보를 파악하며 통합해 기억으로 보내서 저장한다.

뉴런은 적어도 스무 번은 반복해 주어야 학습한다. 그 이하로 반복한다면 기억하기를 바라거나 심지어 오랫동안 기억하려는 것은 헛수고다. 가물가물해지면서 며칠 후에는 잊게 된다. 학습에서 첫 번째로 중요한 것은 반복이다.

뉴런은 적은 양의 정보만을 허용한다. 몇 개의 음표만으로 이루어진 멜로디, 두세 손가락으로 연주할 수 있는 화음, 시의 한 구절 정도다. 복잡하고 많은 양의 정보를 뭉텅이로 뉴런에 심으려고 하면, 뇌는 포화 상태에 이르러 아무것도 저장할 수 없다.[2] 이와 같은 이유로 시험이 끝나고 두 달여가 지나면 공부했던 수백 쪽의 내용이 생각나지 않는 것이다. 때로는 행동도 똑같이 따라 하지 못한다. 따라서 정보를 단편으로 나눠야 한다. 학습에서 두 번째로 중요한 것은 바로 세분화다.

뉴런은 근육과 같다. 일을 잘해내고 싶을 때가 있고, 피곤해서 건염에 걸릴까 봐 쉬고 싶을 때도 있다. 뉴런이 밤낮을 가리지 않고 쉴 새 없이 일만 한다면, 배우려는 욕구와 기력은 사라진다. 여가나 스포츠를 즐기고 친구를 만나 쉬면서 기력을 회복하는 방법을 알아야 한다. 복잡한 과업을 마친 후에는 밤잠에 방해가 되지 않을 만큼만 낮잠을 자고 에너지를 보충해야 한다. 학습에서 세 번째로 중요한 것은 휴식과 여가다.

뉴런은 동기부여와 단짝이고 제멋대로다. 오래 걸리고 짜증 나는 과중한 일을 앞두면 아무런 생각도 들지 않는다. 시작하기 전부터 지루하고 피곤해진다. 아침에 "일어나자! 일어나서 운동하고 씻은 다음 아침을 먹고, 집안일을 해두고, 서류 세 건을 처리해야지."라고 말한다면, 당신의 뇌는 "나는 전혀 신경도 안 쓰는구나. 너나 일어나. 나는 계속 누워있을 테니."라고 받아칠 것이다. 그래서 우리는 이부자리에서 계속 꾸물거린다. 따라서 뉴런 및 동기부여와 협상해야 한다. 뉴런과 그 단짝인 동기부여가 참을 수 있는 것과 당신이 원하는 것 사이에서 합의점을 찾아야 하는 것이다. 그렇지 않으면 '전부가 아니라면 아무것도 하지 않는' 상태에 빠지게 된다. 당신은 전부를 원하지만, 뉴런은 아무것도 안 하기로 결심하기 때문이다. 뉴런이 반발하는 것을 내버려두지 않고 움직이게 하는 효과적인 방법은 할 일 목록을 몇 단계로 세분화해 짧게 만드는 것이다. 먼저 일어나서 운동하는 것으로 시작한다. 운동이 끝나면 다음 협상을 할 수 있을지 알게 된다. 가령 역사지리학 문서를 20쪽 정도 손보는 것이다. 뉴런과 동기부여 앞에서 200쪽에 도전하겠다고 하지는 말자. 작업 시간도 최소 한 시간 정도로 정하자. 책상 앞에 열 시간을 앉아 있겠다고 다짐해서는 안 된다. 이런 다짐 때문에 학생 대부분이 침대에서 쉬고 싶은 생각만 드는 것이다. 학습에서 네 번째로 중요한 것은 동기부여다.

뉴런은 실행 계획을 담은 지도가 필요하다. 어디서부터 시작해 어떤 단계를 거쳐 어디로 나아가야 할까? 생각과 행동을 조직하면서 학습하려면 단계별로 상세한 계획이 필요하다. 일상에서 쉽게 볼 수 있는 예시가 바로 장을 볼 때 목록을 작성하는 것이다. 또 다른 예시는 결혼 준비다. 꽃과 플로리스트, 웨딩드레스와 드레스 숍, 와인과 와인 판매점, 청첩장과 인쇄 업체, 음식과 식당, 하객 목록과 알레르기 여부 확인, 식장 등을 목록으로 작성해야 한다. 달력에 일정을 모두 적어 두면 겹치는 일 없이 제시간에 모든 계획을 실행할 수 있으며, 대략 1년 정도 걸릴 것임을 가늠할 수 있다. 논문을 준비하는 학생들의 경우 종종 논문에서 무엇을 이야기하고 싶은 건지 모를 때가 있다. 주제는 무엇인가? 참고해야 할 문헌은 무엇인가? 어떤 가설을 세웠는가? 가설을 뒷받침하기 위해 어떤 방법을 사용할 것인가? 이 모든 것에는 계획이 필요하다. 참고 문헌 여러 권을 읽을 수 있는 시간은 얼마나 있는가? 진도를 정하는 데 시간이 얼마나 필요한가? 방법론을 설정하는 데 시간을 얼마나 할애할 수 있는가? 원하는 것을 분석할 방법론을 확신하는가? 계획을 통해 파악할 수 있는 것은 그 외에도 많다. 말했다시피 지도가 필요하다. 눈앞에 지도가 없으면 허허벌판에서 갈 길을 잃고 차에서 하룻밤을 보내게 될 수도 있다. 학습에서 다섯 번째로 중요한 것은 실행 계획이다.

뉴런은 에너지를 절약한다. 뉴런을 온종일 일하게 할 수는 없다. 피아노 공연이나 연극, 무용 리허설을 몇 시간씩 하고, 거기다 장보기, 고양이 화장실 청소, 저녁에 친구에게 전화하기, 거실에 던져둔 우편물 처리하기 등 일상적인 일들로 뇌에 과부하가 걸리게 해서는 안 된다. 이 많은 일을 처리하려면 뇌는 엄청난 양의 에너지가 필요하다. 해야 할 일들을 머릿속에 담아 두면, 뉴런은 이를 처리하려 들기 때문에 끊임없이 자극을 받는다. 그러면 결국 피아노 공연이나 연극, 무용에 필요한 에너지마저 고갈되어 버린다. 따라서 종이에 목록을 작성하거나, 다이어리 또는 플래너를 작성하는 것이 좋다. 스마트폰의 일정 알림 기능을 활용할 수도 있다. 이러한 활동은 해야 할 일을 상기해 주는 기능을 하므로 뉴런의 부담을 줄여서 중요한 작업에 집중할 수 있게 한다. 학습에서 여섯 번째로 중요한 것은 부수적인 일들로 뉴런의 에너지를 소진하지 않는 것이다.

뉴런이 곧 당신은 아니다. 스스로 비판하고 자책하며 죄의식을 느끼거나 자신에게 욕을 퍼붓는 것은 쓸데없는 일이다. 뉴런은 생물학적 존재이기 때문이다. 반복과 세분화 방법을 이용한다면 과업의 많은 부분이 이미 처리된 것이나 마찬가지다. 자책하는 사람은 뉴런이 하는 일을 자신의 일로 받아들인다. 어떤 일이 잘되지 않는다면 뉴런이 충분히 자극되지 않았거나(반복 부족), 과부하를 주었거나(세분화 부족, 동기부여 및 휴식 실패), 잘못된 방식으로 유도했기 때문이다(잘못된 실행 계획). 이 모든 것은 그저 메커니즘과 훈련의 문제다. 이 부분에서 많은 교사들이 학생에게 적용할 정확한 원칙을 발견할 것이다. 지금까지 살펴본 핵심들을 정확하게 적용하면, 뉴런이 그 능력을 십분 발휘하여 기대한 결과를 얻을 수 있다. 완벽주의 성향이 있거나 자신감이 결여된 사람들은 이러한 기본 단계를 생략하여 결국 실패와 자책의 악순환에 빠지게 된다. 뉴런은 당신의 자존감도 정체성도 아니다. 이것이 학습을 위한 일곱 번째이자 마지막 핵심이다. 모든 것은 생물학적이고 기계적이다.

어린 시절에 똑바로 서서 걷기까지 얼마나 오랜 시간이 걸렸는지 떠올려 보라. 그때 당신의 뇌는 지금보다 덜 발달한 상태였다. 그러니 인내심을 지니고 체계적이고 꾸준히 해 나가자.

24장

편지로 감정 비우기

먼 과거의 일이나 최근 일로 감정을 주체하지 못할 때는 편지 쓰기가 효과적이다. 감정을 비우는 것이 뇌에 필요하다.[1] 편지를 보내는 행위는 의미가 없다. 상대방이 멀리 있으면서 소통을 거부하다 죽었을 수도 있고, 상대방의 말을 듣고 싶어서가 아니라 내 감정을 조절하고 싶어서 편지를 쓰는 것이기 때문이다. 게다가 대부분 생각보다 부정적인 답장을 받기에, 편지를 실제로 보내는 것을 권하지는 않는다. 목적은 감정을 표출해 뇌를 자유롭게 하여 정상적으로 작동하게 하는 것이다.

먼저 뇌 활동을 방해하는 것이 무엇인지 확인하려면 짧은 질문 목록을 만들어 문제로 가득 찬 '감정 주머니'를 드러내야 한다. 심리학과 코칭에서 사용하는 전통적인 방법이다.[2] 종이와 펜을 준비해서 각 질문에 자세하게 답변해 보자. 단답형으로 대답하면 결과가 흥미

롭지 않을 것이다. 질문마다 최소 30분 정도 할애해야 하니 몇 주에
걸쳐서 작성해도 좋다.

- 오늘 나의 평온을 방해하는 것은 무엇인가?
- 다른 사람과 나를 비교할 때 나는 …을 느낀다.
- 불안할 때 자주 생각나는 것은 …이다.
- 별일이 없을 때 자주 생각나는 것은 …이다.
- …에 대해 생각할 때 자주 화가 난다.
- …에 대해 생각할 때 자주 슬퍼진다.
- 내가 만약 …할 수 있었더라면…
- 내가 그때 알았더라면…
- 마땅히 해야 한다거나 필요하다는 의무감을 날려버리면 더 행복해질
  텐데, 이런 생각은 …에서 비롯된다.
- 내가 더 용감하다면, 나는…
- 내가 '아니오'라고 말할 수 있다면, 나는…
- 다시 해볼 수 있다면, 나는…
- 내가 자신을 좀 더 사랑한다면, 나는…
- 어린 시절의 나와 옆에 앉아 있다면, 나는…
- 어린 시절의 나를 안아줄 수 있다면, 나는…
- 어린 시절의 나에게 주기를 거부했던 것은 …이다. 왜냐하면…
- 어머니가 나에게 심어 주신 비전은…

- 아버지가 나에게 심어 주신 비전은…

- 내가 …라고 말할 때, 어머니가 내 말 속에서 드러난다.

- 내가 …라고 말할 때, 아버지가 내 말 속에서 드러난다.

문제가 있는 기억이나 관계를 확인했으니 자리에 앉아 편지를 쓰자. 무슨 일이 있었는지, 그 일로 어떤 감정을 느꼈는지, 어떤 생각을 했는지, 마음에 남은 것은 무엇인지 적어 보자. 의견을 제시하며 마지막 말을 해보는 것이다. 남아 있는 모든 감정을 분출하고 당신의 생각을 확인해 정당성을 다시 확보하는 것이 목적이다.[3]

처음에는 대개 부드러운 표현을 사용하며 감정을 자제하고 검열할 것이다. 그러면 쓰기를 멈추고 며칠 후 다시 써 보자. 두 번째로 쓸 때는 망설이지 말고 분노나 슬픔 등 감정을 자유롭게 표현해야 한다. 특히 강렬한 감정은 거칠게 표현해야 한다. 육두문자나 욕설을 쓰면 부드러운 단어로는 표현할 수 없는 감정을 다 쏟아낼 수 있다. 고상한 말을 써야 한다는 검열에서 벗어나 적극적으로 표현하자.

사례: 35세 사빈은 새로 온 사장 마리에게 해고당했다. 마리는 처음부터 사빈의 자리에 자신의 친구 파트리샤를 앉히고 싶어 했다. 마리는 사빈이 출산 휴가를 낼 때까지 기다렸다가 파트리샤에게 사빈의 일을 맡겼다. 그러고는 사빈이 회사로 복귀하자 해고한 것이다. 학벌이 높고 완벽주의자인 사빈은 신중하고 사려 깊어서 본인의 감정을 표현하지 못했다. 그렇게 마찰을 피한

사빈은 몇 달 동안 좌절과 분노에 잠식당했고, 부당하다는 생각이 반복되어 우울증에 걸릴 정도였다. 사빈은 결국 편지를 쓰기로 했다.

처음 쓴 편지:

마리 사장님께
출산 휴가를 끝내고 돌아와서 동료들에게 기쁜 마음으로 아이 사진을 보여주려고 했는데, 제 업무를 파트리샤기 맡기로 했다니 굉장히 놀랐어요. 파트리샤가 저보다 더 능력 있어서가 아니라 단지 당신의 친구이기 때문이겠죠. 너무 역겨운 일이라 속이 울렁거릴 지경이에요. 당신은 사장이 될 자격이 없어요. 딱 양아치죠. 당신을 증오해요. 언젠가 벌받을 거예요.

다시 쓴 편지:

이 나쁜 년아!
내가 회사에 돌아온 날에 봤던 너의 가식적인 웃음이 생각난다. 아기 사진을 보여줬더니 딱 봐도 관심 없어 보였는데 크게 웃으며 "우와~ 잘생겼네."하며 썩은 웃음을 날리는 게 얼마나 구역질이 나던지.
　그러면서도 나한테 꽃다발을 줬지. 휴가 기간에 내 자리에 너만큼이나 멍청한 네 친구를 앉혔다는 말을 듣고 짜증이 치밀었어. 넌 정말 나쁜 년이야. 길에서 마주치면 주먹으로 주둥이를 갈겨줄 거야. 네 그 짧은 치마랑 쥐새끼 같은 면상이 길바닥에 나뒹굴 줄 알아.

실제로 첫 번째보다 두 번째 편지가 사빈의 마음을 달래는 데 더 효과적이었다. 분노를 표현하는 것만으로도 반추는 잠잠해진다. 아예 입 다물고 있는 편이 낫다는 고정 관념은 틀렸다. 단, 감정을 당사자 앞에서 직접 표현할 필요는 없다.

편지 쓰기로 해소되지 않을 경우에 활용할 수 있는 몇 가지 방법이 있다.

- 감정을 수용하는 데 어려움이 있는 경우 15장 〈심적 고통의 수용〉을 참고하자. 감정을 흘려보내기가 어려울 때 도움이 될 것이다.
- 가치관과 삶의 목적에 대한 16장 〈삶의 명확한 목표〉를 읽으며 당신에게 진정 중요한 것이 무엇인지 다시 확인해 보자.
- 21장 〈인지 재구조화〉를 읽으면 관점을 바꾸는 데 도움이 된다. 당신을 방해하는 것이 인지 문제일 수도 있다.
- 감정의 뇌가 크게 영향을 받았다면, 초기 부적응 도식처럼 굳어진 상태일 수도 있다. 망설이지 말고 정신과의사나 심리치료사와 상담하기를 바란다. 문제를 깊이 있게 살펴보는 데 도움이 될 것이다. 치료 유형을 다룬 48장 〈초기 부적응 도식 치료〉

를 참고하자.

- 특정 이미지나 말을 너무도 견딜 수 없어 자연스럽게 피해버리는 경우가 있다. 불안과 심상 노출에 관한 27장 〈실존적 불안〉을 참고하자. 단, 신체적 혹은 성적 트라우마인 경우에는 전문가와 상담해야 한다.

25장

노출

노출 기법 이해하기

자신을 감정에 노출하는 것은 지금까지 피해 온 감정을 직면하여 받아들인다는 뜻이다. 슬픔, 불안, 분노 등은 감정의 뇌가 활발히 활동한 결과다.[1] 감정의 뇌는 예전과 같은 상황에 다시 빠지지 않으려고 강렬한 불쾌감을 일으킨다. 대뇌변연계가 알람을 울려서 회피를 부추기는 것이다. 노출 기법은 이러한 뇌의 자동화에 맞서는 일이다. 그런 상황에서 알람을 울리며 회피를 유발할 필요가 없음을 뇌에게 가르치는 것이다.[2] 더는 부정적인 결과를 겪지 않기 위해, 감정을 피하지 말고 일시적으로 허용하여 뇌가 재편성되도록 해야 한다.

피아노를 반복해 연습하는 것처럼, 반복적으로 감정에 노출되면 감정의 뇌는 점차 진정하고 거칠게 반응하지 않게 된다. 이를 습관

으로 만들 수도 있다. 뇌는 가소성이 있기 때문이다.[3]

피아노를 배우려면 건반 위에 손을 올려놔야 하고, 연습에도 집중해야 한다. 자신을 감정에 노출하는 것도, 선탠을 하려고 그저 햇볕 아래에 누워 있듯, 수동적인 태도로 임해서는 안 된다. 불쾌한 감정(불안, 분노, 슬픔)이나 저항해야 하는 감정(유혹, 욕망, 질투)이 일어나는 상황에 스스로 들어가야 한다. 이는 실제 상황에 노출되는 것이다. 그러나 어떤 생각이나 과거 또는 미래의 시나리오에 노출되는 것도 가능하다. 즉, 노출에는 두 가지 방법이 있다. 실제 상황에 노출되는 것과 상상 속에서 노출되는 것이다.

서서히 시작하기

근육을 단련하려고 너무 무거운 운동 기구를 들어 올리려고 하면, 기껏해야 근육통이 발생해 며칠 동안 운동을 못 하게 될 것이고, 최악은 부상을 당해 몇 주 동안이나 움직이지 못하게 될 것이다. 노출 훈련도 견딜 수 있을 만한 감정적 상황부터 시작해야 한다. 흔히 느끼는 감정인 불안을 예로 들어 보자.

수천 명이 보는 앞에서 진행하는 구두 발표를 맡는다면, 감정이 휘몰아쳐 몸과 마음이 굳으면서 조절할 수 없게 될 것이다. 다시는 경험하고 싶지 않을 정도로 강렬한 불안이 일어날 것이다.

노출은 좋은 방법이지만, 빠른 속도로 격렬한 감정에 노출되어서는 안 된다.[4] 한 단계씩 점진적으로 진행해야 한다. 약간의 불편함을 느끼는 상황부터 시작해 보자. 심각할 정도로 수줍음이 많다면 매장의 판매원들에게 자주 말을 걸어 보는 것도 좋은 시작이다. 몇 주 후에는 커피 자판기 앞에서 동료와 대화를 시도해 본다. 자신감이 생기면 잘 아는 주제로 세 사람 앞에서 짧은 발표를 해보는 것도 좋다. 가장 쉬운 상황부터 견디기 어려운 상황까지 난이도를 0에서 10까지 매겨 종이에 목록을 작성한다. 이를 '위험도 계층'이라고 한다.

노출은 처음에 불쾌한 감정을 받아들이면서 실현된다. 뇌가 현재 하는 일을 흡수할 시간을 주면, 습관화 메커니즘이 작동하여 결국 감정의 강도가 줄어들게 된다는 점을 염두에 두어야 한다. 뇌 학습을 간단히 표현하자면 '피하면 심각해진다. 맞서면 대수롭지 않다.'라고 정리할 수 있다. 그도 그럴 것이, 뇌는 어떤 상황에 노출되면서 학습하기 때문이다.

따라서 노출의 첫 번째 핵심은 점진적으로 진행하는 것이며, 두 번째 핵심은 뇌가 정보를 흡수해서 안정될 때까지 감정을 수용하는 것이다.

소심함에 대한 위험도 계층(0~10) 예시
- 빵을 구입한다. (2)

- 길에서 마주친 이웃에게 말을 건다. (3)

- 커피 자판기 앞에서 동료에게 말을 건다. (4)

- 구입한 빵을 교환한다. (6)

- 멋지다고 생각하는 이웃 사람에게 말을 건다. (8)

- 회의에서 의견을 낸다. (9)

- 회의에서 동료 의견에 반대한다. (9)

- 회의에서 몇 분간 발표한다. (10)

- 마음에 드는 이성을 저녁 식사에 초대한다. (10)

고소 공포증에 대한 위험도 계층(0~10) 예시

- 2층 방 안에서 밖을 바라본다. (1)

- 2층 발코니 입구에서 밖을 바라본다. (2)

- 2층 발코니에서 몇 초간 밖을 바라본다. (3)

- 2층 발코니에서 30초간 밖을 바라본다. (4)

- 2층 발코니에서 60초간 밖을 바라본다. (5)

- 더 높은 층 방 안에서 밖을 바라본다. (7)

- 더 높은 층 발코니에서 몇 초간 밖을 바라본다. (8)

- 더 높은 층 발코니에서 30초간 밖을 바라본다. (9)

- 더 높은 층 발코니에서 60초간 밖을 바라본다. (10)

- 바닥이 철망으로 된 다리를 건넌다. (10)

위의 두 예시는 실제 상황에 노출되는 경우다. 그런데 때로 이 방법은 너무 강렬하거나 조작하기가 너무 복잡하다. 그럴 때는 눈을 감고 두 번째 노출 방법인 상상 속에서 노출하기[5]를 해 본다. 머릿속에서 똑같이 훈련해 보는 것이다. 그러면 불안이 커져서 최고조에 달했다가 시간이 지나면서 가라앉을 것이다. 같은 훈련을 현실에서 다시 실행할 수 있도록 극적인 요소를 제거한 단계다. 상상 속 노출은 휴식과 이완을 함께하면 효과적이다.

일상에서 생기는 걱정거리는 대개 머릿속에서 떠오르는 끔찍한 이미지에서 시작된다. 대체로 미래에 벌어질 일이다. 가령 어느 날 갑자기 부모님이 죽는 모습이나, 팔에 링거 바늘이 꽂히고 각종 의료 기기에 연결된 채 병실에 누워 있다가 죽음을 맞는 모습이 슬그머니 떠오르는 것이다. 이러한 이미지들은 고통스럽기 때문에 뇌는 이를 자주 떠올리며 불안을 일으키고, 안심하고자 생각을 되풀이하는 반추로 이어진다. 이런 점에서 뇌의 목적은 불쾌하고 뜬금없는 이미지들을 막을 수 있는 이성적인 방법을 찾는 것이라 할 수 있다. 이 지점에서 상상 속 노출은 꽤 효과적이다. 눈을 감고 천천히 조용하게 호흡한다. 가장 강렬한 이미지를 떠올린 후 뉴런의 습관이 발현될 때까지 정지 버튼을 누른 듯, 그 이미지를 멈춤 상태로 둔다. 15~30분 정도 걸리기 때문에 참을 수 있다면 한 번에 끝내는 것이 좋다. 감정이 고조됐을 때 멈춤 상태로 눈을 떠도 괜찮다. 마지막에는 완전히 감정의 평정을 되찾는 게 목적이다. 뇌는 가장 끔찍한 이미지도 견딜 수 있다.

상상 속 노출에 성공하고 싶다면 다음 네 가지를 명심하자.

첫째, 무미건조한 이미지가 아니라 재난 시나리오에서 볼 수 있는 극한의 결말과 같은 강렬한 이미지를 선택해야 한다.

둘째, 최악의 상황이 '너에게 실망했어.', '너를 결코 사랑한 적 없어.', '너는 실패자야.'와 같은 문장에 기반한 것인지 확인한다. 이런 문장 확인은 이미지를 떠올리는 동안 반복되어야 한다.

셋째, 어떤 시나리오는 여러 장면이나 문장에 근거하기도 한다. 그래서 한 번 노출됐다고 문제가 해결되지 않는다. 장면마다, 문장마다 훈련해야 한다.

마지막으로, 여기서 이미지는 짧은 영상이 아니라 정지된 이미지여야 한다. 짧은 영상에는 여러 이미지들이 포함되기 때문에 습관이 형성되지 않을 수 있다.

이렇게 훈련하면 과거의 시나리오를 통해 자신을 분노, 슬픔, 고통과 같은 감정에 노출할 수 있다. 문제가 되는 이미지를 떠올리는 것으로 충분하다. 마음챙김 훈련을 통해 차분하게 심호흡하면서 뇌가 이미지들을 이해하도록 시간을 준다. 물론 앞에서 설명한 네 가지도 지켜야 한다.

노출 훈련에도 감정이 잦아들지 않고 오히려 심각해질 가능성도 있다. 즉, 우울 증세가 발생해 노출 훈련을 방해하고 불쾌감을 고조시킬 수 있다. 초기 부적응 도식이 노출 훈련을 방해해 감정이 가라앉지 않고 오히려 강해지는 경우다.

또 다른 실용적인 훈련법은 인터넷에서 찾은 이미지에 자신을 노출하는 것이다. 이런 방법은 동물 공포증이나 고소 공포증 등에 효과가 있다. 거미 공포증을 앓는 사람이라면 아이가 귀엽게 그린 거미 그림부터 난이도를 높여 거미가 먹이를 먹고 있는 사진까지, 인터넷에서 약 20장 정도의 이미지를 선택해 달라고 주변 사람에게 요청하는 것도 좋다.

꾸준히 그리고 반복해서 노출하기

근육을 단련하고 바른 체형을 갖고 싶다면 정기적으로 운동해야 한다. 몇 번의 운동으로는 효과를 볼 수 없다. 따라서 매주 그리고 몇 달간 여러 차례 운동해야 한다.

마찬가지로 부정적 감정에도 규칙적으로 노출되어야 한다.[6] 뇌가 배우고 유연하게 실행하려면 시간이 필요하다. 감정의 뇌 또한 반복해야 평정심을 찾는다. 반복하되 의기소침해지지 마라. 그러면 점차 성공에 다가가게 된다. 기계적인 반복이 성공의 지름길이다.

실패할 권리

완벽주의를 조심하라! 체육관에 한 번도 갈 용기를 못 내거나, 평소 운동을 자주 하지 않았다고 해서 모든 것이 망하는 게 아니다.

노출도 마찬가지다. 한 번 회피하고 맞설 용기를 못 냈다고 해서 모든 것을 잃는 것은 아니다. 항상 성공해야만 하는 것은 아니다. 실패는 일상이고 예견된 일이다.[7]

자신을 보듬고 인내하자. 우리는 때로 실패하고 실수할 권리가 있다.

함정 피하기

가장 흔한 함정은 빨리 도달하려는 조급함이다. 상황이 어떻게 돌아가는지, 어떤 상황에 부닥쳤는지 알고 싶어서 너무 의욕적일 필요는 없다. 모든 일을 동시에 해내서는 안 되기 때문이다. 뇌는 새로운 것을 받아들이고, 이를 위한 도로를 건설하기까지 시간이 필요하다. 실패와 의욕 상실은 돌이킬 수 없는 결과를 가져올 수 있으니 서두르지 말고 휴식을 취하자.

노출 훈련을 할 때는 피신할 경로를 마련해 두어야 한다. 예상보다 강렬한 감정이 느껴지면 궤도를 수정해야 하기 때문이다. 문제가 발생할 경우 수정할 수 없는 상황에 처하지는 않을지 확인해야 한다. 가령 개를 무서워한다면, 개와 단둘이 한 공간에 있는 상황은 피해야 한다. 불안감이 치솟는다면, 개에게서 벗어날 수 있는 상황부터 시작해 보자.

평소 같지 않은 날에는 힘든 상황에 노출되지 말아야 한다. 슬프거나 우울할 때는 큰 노력이 드는 일을 해서는 안 된다. 그러지 않으면 잘하는 것이 없다고 느끼거나, 작은 일도 해내지 못한다는 실패감에 자책하며 더 우울해지게 된다. 슬픈 감정이 들면 먼저 의욕 문제를 해결해 보자. 28장 〈슬픔〉, 36장 〈우울〉을 참고하자. 거기서 노출 기법을 다시 다룰 것이다.

술이나 안정제 같은 약을 먹는 것도 함정이다. 항우울제는 문제가 되지 않으니 헷갈리지 말자. '좋아, 한 잔하면서 힘내자!'라고 생각할 수도 있지만, 한 잔은 곧 두 잔이 된다. 술이 가장 질 나쁜 친구다. 그 순간에는 평안해지지만, 장기적으로는 역효과를 낸다. 일시적으로 감정을 마비시키기 때문에 뇌가 적응하는 법이 없고, 술의 영향을 받으면 뇌가 재편성되지 않는다. 그래서 다음 날 다시 문제가 발생한다. 안정제도 마찬가지다. 이 주제에 관해서는 40장 〈음주와 정신자극제〉를 참고하자.

DEVENEZ VOTRE PROPRE PSY

제 3 부

일상에서
실천하기

일상 관리를 위한 개념

문제에는 여러 원인이 있을 수 있고, 원인마다 다른 기법이 필요하다. 구체적 사례를 다루려면 도구 상자도 있어야 한다. 일단 도구를 손에 쥐면 일상적인 개념을 탐색하고, 문제의 원인이 무엇이며, 어떤 대응법을 적용할지 파악할 수 있다.

당신을 반응하게 하는 사건은 일, 사랑, 가족 등과 관련해 다양한 환경에서 발생한다. 그렇기에 모든 문제에 만병통치약처럼 통하는 한 가지 대응법은 없다. 심리학은 매우 복잡하다.

이제부터 다양한 사례를 들어 문제를 분석하고 적절한 기법을 소개할 것이다. 여기서 읽고 배운 것을 실용적이고 실질적으로 발전해 나가는 것이 중요하다. 따라서 자신의 문제를 확인하고 효과적인 대응법을 선택해야 한다.

반복 행동이 곧 자동화로 이어진다는 점은 앞서 이야기했다. 기저핵 덕분에 저절로 그렇게 작동하는 것이다. 이것이 바로 반복의 힘이다. 그러나 당신에게 문제를 유발하는 행동은 (전전두피질에 의한) 생각과 (편도체에 의한) 정서적 욕구, 예를 들어 기쁨, 고통, 좌절, 회피, 슬픔, 분노 등을 통해 자극되고 유지된다.

당신을 고통스럽게 하는 행동들을 고치기 위해서는 이런 행동들을 식별하고 파악하는 도구가 필요하다. 현상을 파악하지 못하면 영향을 미칠 수 없다.[1] 또한 어떤 일에 개입해야 하는지를 모르면 적절한 대응법도 소용이 없다. 인지행동치료에서 오래전부터 사용해 온 분석표를 활용해 보자.[2] 21장 〈인지 재구조화〉에서 이미 그 표를 사용해 본 적이 있는데, 이번에는 새로운 요소인 무력감을 추가하여 작성해 보자.

- **상황**: 어떤 상황에서 문제가 번번이 발생하는가?
- **감정**: 어떤 감정에 휩싸이는가?
- **사고**: 어떤 생각에 영향받는가?
- **행동**: 없애려는 문제 행동은 무엇인가?
- **무력감**: 같은 일이 반복되면 문제를 피할 수 없다는 믿음이 생겨 저항을 포기하게 된다. 무력감이나 불가피하다는 느낌과 관련되는 믿음은 무엇인가?

다양한 측면을 고려하는 시각은 상황, 감정, 생각, 행동, 그리고 믿음(예상)에 영향을 미칠 수 있다. 일부 측면이 전체에 개입할 수 있고, 따라서 변화로 나아가는 수많은 문 앞에 설 수 있게 된다.

변화를 위해 필요한 조건이 하나 있다. 우리가 배우는 기법을 어떻게 적용해야 하는지 파악하기 위해 글로 쓰면서 연습하는 것이다.

3부에서는 치료법에서 접하게 되는 핵심적인 사례를 다룬다. 환자들의 사례를 통해 수차례 보고된 개념들을 소개할 것이다. 모든 상황은 개인적이고 특수하며 저마다 다르게 받아들여진다. 하지만 그 안에서도 공통점이나 유사점이 많으므로, 이에 주목하여 공유하고자 한다. 3부의 각 장에는 21장 〈인지 재구조화〉에 나오는 현실적, 실용적, 구체적 대응법을 덧붙였다. 행동과 상황을 바꿀 수 있는 전략들노 나오는데, 이는 통제 수단을 디룬 2부에서 이미 소개한 바 있다.

인지 재구조화에 관련된 질문들에 대한 답은 각각이 한 장의 주제가 될 수 있을 정도라서, 앞으로의 내용은 당연히 축약된 버전이다.

'바꿀 수 없을 것'이라고 결론 내리기 전에 인내가 필수라는 것을 기억하자. 반복되며 고착된 행동은 반복으로 되돌려 놓을 수 있다. 시간을 들이면 그만큼 결과로 돌아온다. 뇌가 스스로 훈련해 더 효과적인 기능을 갖추는 방법은 반복뿐이므로, 오랫동안 훈련해야 한다. 하지만 진단이 필요한 심각한 문제가 있다면, 이를 인지할 줄도 알아야 한다. 이를 위해 우리는 정신과의사나 심리치료사와의 상담이 필요한 경우가 무엇인지 안내하는 내용도 포함했다.

변화를 향한 모든 시도는 당신에게 중요하고 좋은 느낌을 주며 당신의 자아 실현을 돕는 것이어야 한다. 즉, 모든 변화의 기반이 되는 것은 자신의 가치관과 삶의 목표가 되어야 한다.

26장

불안

불안은 심리적 고통을 겪는 사람들이 가장 자주 느끼는 감정일 것이다. 가상의 위험을 두려워하게 하는 불쾌하고 고통스러운 감정이다. 우리는 불안을 느끼면 최악의 경우를 생각하게 되고, 잠재적 위험을 피하려 하며, 주변으로부터 확신을 얻으려고 특히 인터넷에 기록을 남기기도 한다.[1] 불안이 너무 큰 고통을 야기해 일상 관리 능력을 잃게 한다면, 49장의 내용처럼 불안장애가 있는 것은 아닌지 정신과 의사나 심리치료사와 상담해야 한다.

불안 이해하기

불안은 생물학적으로 대뇌변연계와 밀접하게 관련된다. 불안을 느끼면 감정을 관장하는 뇌 영역이 활성화되어 폭주한다. 이런 과도

한 활동으로 전전두피질과 다른 뇌 영역에서 교란이 발생한다.[2]

예를 들어 당신의 아이가 평소 귀가 시간에서 20분이나 지났는데도 돌아오지 않았다. 그러면 당신의 대뇌변연계는 활성화되고 전전두피질에서 도미노 효과가 일어나 재난 상황들을 떠올리게 된다. 혹시 사고라도 난 걸까? 병원에 실려 간 것은 아닐까? 차에 치인 거라면? 혹시 납치?

이 점을 이해하는 것이 중요하다. 편도체가 실제로 즉각적이고 실질적인 위협을 감지하지 않았음에도 작동하게 되면, 전전두피질이 전개하는 시나리오는 단지 가정에 불과할 수밖에 없다. '어쩌면, 혹시, 만약에, 누가 그러던데'라는 생각이 앞서는 것이다. 아이가 위험하다는 근거도, 구체적인 징후도 없이 그저 상상하는 것이다. 아이는 친구들과 함께 있느라 20분을 지체했을 것이다.

실재하지 않는 가상의 위험에 편도체가 활성화되면 전전두피질에서는 날벼락 같은 가설들을 만들 수밖에 없다. 당신은 이런 가설들이 실현될 수 없다는 것을 마음속으로 알고 있다. 하지만 고통스럽고 나쁜 생각들이 엄습하므로 이런 시나리오에 집착하게 된다.[3] 이러한 불길한 구상은 편도체를 포함하는 대뇌변연계 시스템의 과잉 반응에 의한 것임을 인식해야 한다. 이 시스템은 가설을 통해서만 표현될 수 있는 특징을 지니고 있기에, 실제가 아니라 상상의 영역이라는 것을 이해해야 한다.

불안을 잠재우는 첫 번째 단계는 '뇌가 폭주하고 있어. 이건 생물학적 현상이야. 뇌가 가정들 때문에 헤매고 있는 거야.'라고 생각하며 심리 교육을 시도하는 것이다.

첫 번째 핵심: 회피보다는 행동

허리에 통증이 있다고 가정해 보자. 종일 허리가 아파서 양말조차 신기 어렵다. 결국 물리 치료를 받으러 병원으로 향했다. 물리치료사가 시키는 동작들은 어렵지만, 척추 치료에 도움이 된다. 집에서도 물리치료사가 권한 동작들을 연습해야 한다. 의자에 앉아 그냥 쉬고 싶지만, 그러면 허리는 낫지 않을 것이다.

당신은 불안에 휩싸였다. 이 고통스러운 감정을 끝내고 싶어서 불안을 야기하는 상황에서 벗어나려고 한다. 하지만 회피하지 말고 이런 상황에 맞서야 치유될 수 있다. 불안한 상황을 피하고자 누군가와 함께 있는 것은 치료에 도움이 되지 않는다. 이 감정에 노출되어야 한다.[4]

회피는 문제가 심각하다는 것을 의미하므로 편도체가 계속 폭주할 것이다. 반면 이에 맞선다는 것은 별일 아니라는 의미이니 편도체에 백신을 접종하는 것과 같다.

불안과 싸우는 데 중요한 핵심 중 하나다. 불안을 빨리 없애려고 할수록 불안에 맞서는 시간은 줄어든다. 불안을 버틴 시간이 충분치 않았으므로, 뇌가 불안을 진정시키는 습관을 형성할 가능성도 줄어든다. 따라서 충분한 시간을 두고 행동을 변화시켜 새로운 신경 도로망을 건설해야 한다. 한편, 불안을 두려워하고 감시하면서 그 감정에만 집중해서도 안 된다. 그러면 뇌는 불안이라는 감각 자체를 위험으로 받아들여 스스로를 재편성하지 않을 것이다.

우리는 불안에 대한 다른 접근법을 선택해야 한다. 불안을 받아들이는 방법을 알고, 그것이 일시적으로 존재하는 것을 인정하며, 더 나아지기 위해 한동안은 불안과 함께해야 한다.[5]

허리 통증을 줄이고 싶지만, 물리치료사가 권한 동작들이 힘들어서 견딜 수 없다면, 당신의 허리는 낫지 않을 것이고, 움직임도 회복되지 않을 것이다. 현재 당신은 자유롭게 움직이고 싶은 마음보다 고통을 거부하는 마음이 더 큰 것이다. 허리 통증을 없애는 것과 아픈 물리 치료 동작을 하지 않는 것, 이 두 가지는 양립할 수 없다. 둘 중 하나를 선택해야 한다.

불안 문제도 마찬가지다. 불안을 회피하는 동시에 불안으로부터 자유로워지는 것은 불가능하다. 둘은 양립할 수 없다. 둘 중 하나를 반드시 선택해야 한다. 불안을 거부하면서 불쾌감에 집중하면, 뇌는 결국 둘을 하나로 합쳐 버린다. 불안을 위험으로 인식하는 것이다. 그래서 끊임없이 불안을 야기하면서 당신에게 위험하다고 경고할 것이다! 고통을 거부하면서 20년이나 같은 문제를 안고 사느니, 당장에라도 큰 불안에 직면해 보면서 회복하는 편이 낫다.

세 번째 핵심: 천천히 반복하기

물리치료사는 당신에게 연속된 짧은 동작들을 연습하게 했다. 한 주가 지날 때마다 새로운 동작 몇 가지가 추가됐다. 첫 번째 주부터 많은 동작을 시켰다면 당신은 해낼 수 없어 의기소침해졌을 것이고 심지어 몸이 상했을 수도 있다.

불안을 조절하는 것도 마찬가지다. 괴로운 상황에 직접 부딪히기는 어렵다. 쉬운 것부터 시작해야 한다. 일단 단순한 상황의 불안을 받아들이고, 한 주 혹은 한 달이 지날 때마다 더 어려운 불안을 받아들여 보는 것이다. 당신의 뇌가 스스로 재편성될 수 있도록, 점점 더 오랜 기간 동안 불안을 수용해 본다.

노출 치료가 효과를 얻으려면 감정에 반복해서 노출되어야 함을 명심하자.[6] 새로운 것을 배울 때처럼 말이다. 뇌가 진정하려면 시간이 필요할 것이다. 물론 실패할 수도 있다. 지금까지 저장된 자동화에 넘어가는 순간도 있을 것이다. 당연한 일이다. 수년 동안 고착된 것을 바꾸기란 쉽지 않다.

네 번째 핵심: 반복이 필요하다는 사실 인지하기

물리 치료를 받고 집으로 돌아온 당신은 이렇게 말한다. "온몸이 아팠지만 쉬지 않고 열심히 동작을 따라 했어. 물리 치료를 받길 잘 했어!" 당신은 재활 치료와 관련된 통증을 긍정적으로 받아들이게 되었다. 허리를 열심히 치료하는 과정이라고 여기면서 며칠이 지나 물리 치료를 또 받으러 간다. 다시 아플 거라는 걸 알면서도 기꺼이 병원으로 향한다. 허리 통증이 사라질 때까지 감내해야 한다고 생각하는 것이다.

불안에 대해서도 이렇게 생각해야 한다. '불안에 노출될 때마다 내 뇌는 재편성되고 있어. 그러니 해보자! 내가 피하지 않는 한 내 뇌는 재편성될 거야.' 이러면 더는 동요하지 않고 담담히 불안을 마주할 수 있다. 뇌가 적응하고 새로운 뉴런 경로를 만드는 것은 시간과 반복의 문제일 뿐이다.

다섯 번째 핵심: 안도하고 싶을 때 시차 기법 활용하기

불안에 맞서려면 그 감정에 노출되어야 한다. 그리고 안심하려고 하는 모든 행동을 자제해야 한다. 당신의 반응은 생물학적인 것이라는 점과 이 두려움은 상상에 의한 것이며 실제로는 위험이 없다는 것을 뇌가 이해하도록 불안에 스스로 노출해야 한다. 반면 안심하기 위해 친구와 외출하거나, 주머니에 진정제를 넣고 다니거나, 인터넷에서 정보를 찾는다면 뇌가 더는 아무것도 파악하지 못한다. 한 번은 2+2=4라고 하고, 다음번에는 2+2=5라고 말하는 것과 같다.

불안에 노출되려면 보호막을 습관적으로 사용해서는 안 된다. 그렇다고 안심하고 싶은 마음을 즉시 비워야 하는 것은 아니다. 점진적으로 진행해야 한다. 마지막에는 불안을 완전히 혹은 부분적으로 수용하는 것이 우리의 목표다.

불안을 오랫동안 품기 어려워서 그 감정을 느끼는 즉시 안도하기를 바라는 사람은 18장 〈시차 기법〉[7]을 다시 읽어 보자. 안심하려고 하는 행동에 기대기보다는 가령 처음에는 10분 정도 버텨보고, 그 후로 버티는 시간을 점점 늘리는 것이다. 이렇게 하면 위험이 실재하는 게 아니라 상상에 기반했다는 점을 뇌가 이해하게 된다. 일정 시간을 기다리면 안심하기 위한 행동이 허용되므로 힘들어도 참을 수 있다. 안심하기 위한 행동이 버티는 보호막이 되어 주는 것이다.

여섯 번째 핵심: 반추 조절하기

반추는 불안감을 유지시킨다.[8] 어떤 사건을 반추할수록 뇌는 이를 심각한 사건으로 기록하기 때문에, 반추는 꼬리에 꼬리를 물고 더욱 심각해진다. 뇌의 생리를 떠올려 보면 모든 것은 머릿속에서 그리는 상상에서 그리고 출처 없는 가설에서 시작된 것임을 알 수 있다. 왜 우리가 이런 가설에 반응해야 할까? 차라리 모든 것이 생물학적임을 뇌에게 계속 상기하는 편이 덜 피곤할 것이다.

이를 명명 기법이라고 한다. 우리가 고양이에게 고양이라고 이름 붙인 것과 같다. '자, 내 뇌는 불안해서 상상 폭탄을 던지면서 폭주하고 있어!' 이런 경우 갑자기 떠오르는 생각들에 모두 이름을 붙일 수 있다. 천 가지 음식에 천 가지 이름이 있는 것처럼 말이다. 처음 떠오른 생각에 이름을 붙이고 나면 뒤따르는 모든 생각을 외부에서 바라보며 흘려보낼 수 있다. 비 오는 날 창가에서 비가 오고 있음을 알아차린 후에, 우리는 빗소리를 배경 삼아 하던 일을 계속할 수 있다. 이처럼 관찰한 다음 흘러가게 두는 것이 17장에서 설명한 탈중심화다.

깊이 파고들게 되는 반추에도 시차 기법을 사용할 수 있다. '친애하는 뇌야. 중요한 사안이라는 것은 알지만 나중에 전부 생각해 볼 거야. 오랫동안 폭넓게 다방면으로 분석할 계획이지만, 지금은 아니야.'라고 생각하는 것이다. 당신은 합리화하고 분석할 권리가 있는 동시에 멀리서 볼 권리도 있다. 이 기법을 활용하면 당신의 뇌는 재편성될 것이다.

다른 기법과 마찬가지로 시차 기법도 20번, 50번 또는 100번을 연이어 반복할 때 효과가 나타난다. 뇌는 문제에 대한 답을 바로 얻는 데 익숙해서, 이 전략을 처음 사용할 때부터 반복하는 것을 주저하지 않을 것이다.

사례: 나는 결국 마음을 얻지 못할 것이다.

상황

- 술집이나 직장 혹은 친구들 사이에서 마음에 드는 이성을 봤다. 그러자 갑자기 불안감이 몰려오기 시작했다.

  ⇨ 문제는 상황이 아니라 나의 불안이다. 불안감이 지독한 생각을 떠올리게 해 나를 괴롭힌다. 성공하고 싶은 욕구가 그런 불쾌한 감정을 불러오는 걸까? 그런 감정들이 내가 원하는 것을 얻기 위해 지불해야 하는 대가일까? 그렇지 않다. 지금 불안은 실재하는 위험이 아니라 나의 상상일 뿐이다.

- 상대가 나에게 접근해 신호를 보내도 나는 제대로 반응하지 못한다.

  ⇨ 내 감정과 생각에만 너무 집중하느라 대화에 빠져들지 못하고 길을 잃었다. 내 감정과 생각에 탈중심화를 적용해 상대의 말에 더 집중할 것이다.

감정

- 너무 불안해서 자신이 바보같이 느껴진다.

  ⇨ 내가 아닌 뇌가 존재하지 않는 위험을 감지하는 것이다. 나만큼 사교적인 사람도 또 없다. 감정 수용을 실행한다.

사고

- 상대가 왜 나 같은 사람에게 관심을 보이겠어?

  ⇨ 이렇게 말하는 것 또한 뇌다. 내가 형편없는 사람이라면 이렇게 친구

가 많지 않을 것이다. 어찌 됐든 나는 항상 이성을 피했기에, 이런 뇌의 주장은 어떠한 객관적 증거도 없다.

- **나는 바보같이 행동하고 말하기 때문에 상대가 곧 자리를 뜰 것이다.**

  ⇨ 안타깝지만 노력해 볼 수는 있다. 내가 남의 마음을 사는 일에 익숙하지 않을 순 있다. 하지만 평생 이런 위험을 피할 수는 없다. 나는 앞으로 나아가지 못하는 데 지쳤다.

- **노력했는데 상대가 거절한다면 나 자신이 바보처럼 느껴질 것이다.**

  ⇨ 불쾌하겠지만 일어날 수 있는 일이다. 고통받고 싶시 않은 마음이 연인이 되고 싶은 마음보다 더 커졌다. 우선순위를 바꾸어야 한다. 연인이 되고자 하는 내 마음이 퇴짜 맞는 불쾌감을 감수할 만큼 가치가 있을까? 이런 생각을 바로잡기 위해 명확한 목표가 무엇인지 떠올려 본다.

행동

- **자리에서 도망친다.**

  ⇨ 자리를 피하면 목적을 달성할 기회를 놓치게 된다. 내가 원하는 것이 무엇인지 다시 떠올려 본다.

- **끊임없이 유머 감각을 동원한다.**

  ⇨ 과도한 유머는 좋은 인상을 주지 못한다. 흥미로운 사람이 아니라 가벼운 사람이라는 인상만 심어 주기 때문이다. 최선을 다해보고 그래도 잘 풀리지 않으면 감정에 맡긴다. 최악의 상황이 벌어지면 집으로 돌아가 마음챙김을 연습한다.

무력감

- 환심을 사는 데 자신감을 완전히 잃었다. 그래서 술을 진탕 마시면서 계속 혼자 살게 될 것이라고 생각한다.

  ⇨ 환심을 사는 능력도 훈련이 가능하다. 마음에 드는 이성에게 접근하기 전에 상점에서 불안에 노출되는 연습을 해볼 수도 있다. 상점 계산원을 웃게 만드는 방법을 알게 된다면, 술집에서 이성을 유혹하는 것도 가능할 것이다.

지속되는 경우

- 사회 불안과 같은 불안장애

  ⇨ 주요 증상: 타인에 대한 두려움. 타인을 만나고 대화를 나눠야 하는 것과 그의 마음에 들어야 한다는 것에 대한 불안감.

- 자존감 문제

  ⇨ 주요 증상: 자신을 신뢰하지 못하고 타인과 끊임없이 비교하며 매사에 부정적으로 됨.

27장

실존적 불안

사람은 누구나 실존적 질문을 마주해 본 적이 있다. '부모님이 돌아가시면 나는 어떡하지?', '갑자기 직장과 집을 잃으면 어떡하지?', '내가 심각한 병에 걸리면 어떡하지?' 이런 식의 우려 섞인 질문들은 차고 넘친다.

가끔 떠오르는 이런 생각은 몇 분간 이어진다. 침대에서 혹은 열차에서 지루한 시간을 보내고 있을 때 일상에서 자주 떠오르는 생각이라 막기 어렵다.

실재하고 불가항력적인 생각이니 당연하다고 여길 수 있다. 무엇보다 중요한 주제다. 그러나 뇌는 이런 주제가 아니라 긴박한 위험을 다룬다. 당신에게 달려드는 자동차, 옆에서 피를 흘리고 있는 친구, 팔이 타는 듯한 느낌 같은 것들이다. 따라서 뇌가 20년 안에 일어날 가능성이 있는 일에 미리 당황해하며 강박적으로 반응하게 해서는 안 된다.

실존적인 질문이 떠오르는 것은 머릿속을 스치는 수많은 생각 중 일부다. 문제는 이런 생각이 강렬한 불안을 동반한다는 점이다. 이런 불안은 때로 삶의 질을 떨어뜨리기까지 한다.

누구나 가끔씩 이런 종류의 생각을 할 때가 있다. 그러나 대부분은 잠깐 생각하다가 금세 하던 일로 되돌아간다. 반대로 이러한 생각에 빠져드는 것은 뇌 때문이다. 일어나고 있거나 일어날 수 있는 어떤 위험에 관한 생각 자체보다, 그로 인해 뇌가 폭주하고 휩쓸리기 때문에 생각에 빠져드는 것이다.

생각을 반추할수록 더욱 몰입하게 된다. 실존적 불안을 일으키는 생각이 자주 떠오르고 그로 인해 불안이 커지는 이유는 당신 스스로 그런 생각에 관심을 쏟을 만하다고 여기기 때문이다. 그래서 그 생각에 대응하고 분석하며 하나하나 뜯어보고 안심하려고 자세히 살피다 보면, 결국 그 생각을 더 강화하고 불안을 가중시키게 된다. 그럴수록 당신은 현실과 동떨어진다. 따라서 이 모든 것은 생물학적인 현상일 뿐이고, 당신의 뇌가 폭주하며 무의미한 일을 벌이고 있다는 사실을 알아야 한다.

사실 이런 종류의 반추는 별 의미가 없다. 오늘 우리가 마음을 다잡고 불안을 진정시키기 위해 계획을 세워 실행에 옮긴 것들이 몇 달 후에는 전혀 맞지 않게 될 수 있기 때문이다. 뇌가 굳이 앞으로 쓸모없어질지도 모를 계획을 세워야 할 필요가 있을까? 이러한 생각들이 대부분 전혀 고민할 필요가 없는 일이라는 것을 인정해야 한다.

뇌의 생리로 돌아가 보자. 뇌는 당장에 일어나는 위험을 처리해야 한다. 뇌는 상상으로 떠올리는 미래의 위험을 다루지 않는다. 먼 미래에 관한 실존적 불안이 느껴진다면 뇌에게 이렇게 말해보자. "네가 날뛰어봤자 아무 소용없어. 멀찌감치 떨어져서 보는 게 이로울 거야."

앞에서 다루었듯이 불안에 대해 명명 기법을 사용할 수 있다. "자, 불안한 뇌가 폭주하면서 미래에 대해 떠들고 있어. 편도체가 지켜워할 정도야."라고 말한 후에 불안한 생각에 '날뛰는 뇌'라는 이름을 붙여 보는 것이다.

생각에 이름을 붙인 후에는 '흘려보내기'로 넘어갈 수 있다. 비가 오는 것을 확인한 후 하던 일로 되돌아가는 것처럼 말이다. 탈중심화를 다룬 17장 〈반추와 탈중심화〉를 다시 읽어 보면 이 기법을 심화할 수 있다.

반추에서 헤어 나오지 못할 때는 마지막으로 시차 기법을 사용한다. 반추하면서 모든 사안을 면밀히 살피며 이렇게 말해야 한다. "친애하는 뇌야. 중요한 사안이라는 건 알아. 하지만 나는 한두 시간 후에 다시 생각할 거야. 네게 들은 이야기는 나중에 전부 분석해 볼게." 논리적으로 따져가며 자신을 달래는 것은 나중으로 미루자. 그사이에 뇌는 진정하게 되고, 신기할 정도로 몰두하던 주제에 대한 관심이 줄어들 것이다.

실존적 불안은 대부분 머릿속에서 그리는 끔찍한 이미지와 관련된다. 상상 속 노출을 다룬 25장 〈노출〉을 다시 읽은 후에 미래에 대한 두려움을 담은 시나리오에서 당신에게 문제가 되는 부분이 있는지 분석해 보자. 불쾌해서 피하고 싶은 이미지나 문장이 있다면 눈을 감고 감정에 노출되어 보자. 그 시나리오에서 극적인 요소가 없어지고, 그와 관련된 부정적인 감정도 잠잠해질 것이다.[1]

몇 주 동안 온갖 노력을 들였는데도 실존적 불안이 끝도 없이 밀려오거나 몇 분이 지나도 감정이 잠잠해지기는커녕 격해진다면, 정신과의사나 심리치료사와 상담해야 한다. 우울증에 걸린 것일 수도 있다. 이런 경우 과거는 실패의 결과이고 미래도 그와 다르지 않을 것이라고 생각하는 경향이 있다. 이때는 49장 〈노력하는데도 문제들이 해결되지 않는 경우〉를 참고하자. 떠오르는 생각에 골몰하다가 공황장애가 발생해 세상이 무너질 것 같은 불안감에 소파나 침대에 주야장천 틀어박혀 있을 때도 49장을 읽어 본다. 이도 아니면 초기 부적응 도식을 겪는 것일 수도 있다. 이런 경우 트라우마를 기억하는 뇌가 미래에 일어날지 모를 일을 통제하지 못해 불안을 느끼는 것이므로 12장 〈심리 도식의 힘〉과 48장 〈초기 부적응 도식 치료〉를 참고하자.

28장

슬픔

슬픔은 많은 사람이 흔히 겪는 괴로운 감정이다. 이 감정을 되새기며 때로는 자연스레 눈물도 흘린다. 그러다 시간이 지나면 이내 감정이 가라앉으며, 우리는 다시 일상생활로 돌아간다.

슬픔은 감정의 뇌와 관련되어 있다. 감정의 뇌가 슬픔을 느끼면 전전두피질과 그에 따른 논리적 사고 능력까지 감정에 휩쓸린다.[1] 그래서 슬플 때는 주의력이 떨어지고, 이해하고 배우기가 어려워진다.[2] 그런 만큼 뇌는 반추하려 하고, 부정적 감정이 배인 혼잣말을 내뱉으며 인지 편향에 휘말린다.

슬픔은 숙면과 섭식을 방해하고, 술이나 불법 약물에 의존하게 할 수 있으며, 이는 감정의 뇌와 전전두피질을 엉망으로 만든다.[3] 그렇게 뇌와 행동은 악순환에 빠진다. 즉, 슬픔은 수면 및 섭식 문제와 피로 그리고 반추로 이어지며, 이는 다시 감정의 뇌와 전전두피질을 자극하여 더 많은 부정적인 감정과 추론 및 인지 문제를 만들어낸다. 그래서 '나는 쓸모없다. 아무것도 해내지 못한다.'라는 생각이 들게 한다. 우리는 대부분의 경우 이런 악순환을 재빨리 끊고 평정을 되찾는다. 그러나 때로는 그 악순환이 승기를 잡아 온종일 혹은 며칠간 우리를 우울하게 만들 수도 있다.

슬플 때 무조건 그 감정에서 벗어나려고 해서는 안 된다. 슬픔은 간혹 느끼게 되는 정상적인 감정이다. 뇌가 슬픔에 알레르기 반응을 보이게 해서는 안 된다. 뇌는 학습할 수 있고, 우리가 슬픔을 피하지 않는 경우에만 그 감정을 배울 수 있음을 기억하자. 따라서 슬픈 감정이 들자마자 쫓아내려고 해서는 안 된다. 슬픔과 공존하는 방법을 배우면, (불쾌감 때문이든 부정적인 생각 때문이든) 슬픔을 느낄 때 '아, 지금 슬픈 생각이 드는구나.'라고 인지하게 된다. 바로 26장 〈불안〉과 27장 〈실존적 불안〉에서 설명한 명명 기법이다. 슬픔을 배가 고플 때 꼬르륵 소리가 나는 것처럼 자연스러운 일이라고 받아들이면 슬픔을 느꼈다가도 이내 일상으로 돌아갈 수 있다. 이는 17장 〈반추와 탈중심화〉 및 27장 〈실존적 불안〉에서 설명한 탈중심화 기법이다. 슬픔이라는 감정의 진정한 문제는 끊임없이 반추하게 만들어 집중을 방해하는 것이다. 따라서 슬플 때면 몇 번이고 하던 일로 다시 돌아가려고 해야 한다. 서둘러 빠져나오면 되새기는 것은 몇 초뿐이다. 과몰입에서 벗어나지 않으면 몇 시간이고 되새기게 된다.

악순환이 승리해 슬픔에 압도당하면 어떻게 해야 할까?

먼저 뇌의 기능에 대해 생각해 보자. 감정의 뇌가 날뛰고 있지만 심각한 문제는 아니며, 당신에게 잘못은 없다. 이미 14장 〈심리 교육〉에서 설명한 내용이기도 하다. 따라서 다시 궤도에 오르도록 필요한 훈련을 단계별로 진행해 본다.

슬픔을 가중시키는 인지 편향을 감지할 줄도 알아야 한다. 11장 〈도덕적 원칙의 힘〉과 12장 〈심리 도식의 힘〉을 참고하자. 뇌를 돕기 위해 34장 〈행복 추구〉를 보면서 행복을 느끼게 해 주는 기법들을 이용하고, 17장 〈반추와 탈중심화〉 내용을 참고해 하던 일에 다시 집중해 보자.

결국, 슬픔의 악순환에서 벗어나기 위한 핵심은 움직이는 것이다! 꼼짝하기 싫더라도 집에서 나가야 한다. 피곤하다고 집 안에만 틀어박혀 있지 마라. 이는 곧 슬픔이 뒤따른다는 신호이기도 하다. 가까운 사람들과의 관계를 끊지 말고, 종일 텔레비전 앞에 앉아 있어서도 안 된다. 마라톤에 참가하거나, 상점들을 죄다 돌아다니거나, 저녁 모임에 나가라는 말이 아니다. 짧게라도 외출하는 것이 중요하다. 걸어서 동네 한 바퀴를 돌거나, 장을 보거나, 친구와 점심을 먹는 것이다. 평소에 즐겼던 일들을 하면 된다. 슬픔이 며칠 동안 사라지지 않는다면 매일 이 조언을 반복해서 실천해 보자. 외출해서 어떤 행동을 할 때 바로 그 순간에 집중해서 유쾌하고 기분 좋은 일을 찾아보는 것이다.[4] 부정적인 생각에 집중하지 않음으로써 현재에 충실해지자.

이렇게 뇌의 경로를 바꾸면 정상적인 뇌 활동으로 돌아갈 수 있다.[5] 그러면 뇌는 예전처럼 작동할 것이다.

슬픔이 온종일, 그것도 2주 이상 지속된다면 우울증일 수 있으므로 병원을 방문해야 한다.

생애 초기 불안정 애착과 자존감 결여, 해결되지 않는 만성적 갈등과 반추로 슬픔이 반복될 수 있다. 과거의 갈등, 이별, 배신으로 인해 간헐적으로 슬픔을 느끼는 특수한 경우에는 24장 〈편지로 감정 비우기〉에서 설명한 것처럼 편지를 써서 마음에 담아 둔 것을 비운다. 아니면 25장 〈노출〉에 나온 상상 속 노출을 이용해 뇌가 습관적으로 감정을 소화하도록 도울 수 있다.

두 가지 사례를 들어 보겠다.

편지 쓰기

"나는 10년 전에 돌아가신 아버지에게 할 수 없었던 말을 이제 편지로 전할 수 있다. 그것이 비난이든, 사랑한다는 말이든 모두 전할 수 있다. 그래서 마음이 편하다."

상상 속 노출 훈련

"병원에서 돌아가신 할머니 생각이 자주 난다. 스치듯 떠오르는 할머니 모습이 나를 사로잡고 괴롭게 한다. 그럴 때면 의자에 앉아서 마음챙김을 훈련한다. 심호흡하면서 병원에서 본 끔찍한 기억을 시각화한다. 힘들면 쉬었다가 다시 한다. 시간이 지날수록 이미지는 그 힘을 잃는다. 나중에는 이미지가 더는 떠오르지 않으므로 감정이 가라앉는다. 억지로 떠올리려고 해도 노출 기법으로 더욱 평안해진다."

29장

자존감과 자신감

심리학 관련 잡지나 서적에서 자주 사용하는 일부 용어를 정의하는 것부터 시작해 보자.

자존감은 나의 가치에 관한 생각이다.

자신감은 무언가를 해낼 수 있는 내 능력에 관한 생각이다.

자존감과 자신감은 부모, 조부모, 친척, 형제와 자매, 친구, 선생님과의 관계 속에서 유년 시절에 형성된다. 그들이 우리를 보호하고, 평가하고, 사랑하는 방식을 통해서 이루어진다. 우리는 이 두 개념이 동전의 양면임을 안다. 둘 중 하나라도 없어서는 안 되며, 하나 없이는 다른 하나도 존재하지 않는다.

하지만 자존감과 자신감에 영향을 미치는 것이 주변 사람들과의 관계만은 아니다. 다음 요소들도 우리의 자존감과 자신감에 영향을 미친다.

- 기분 상태: 우울하거나 비관적인 사람은 긍정적이고 만족감 높은 사람보다 자존감과 자신감이 낮을 수밖에 없다. 우리 주변에 우울증으로 고통받고 있는 사람이 생각 외로 많다는 점을 고려할 때, 자존감이나 자신감을 향상하려 하면서 우울증의 영향을 고려하지 않는 것은 무의미할 것이다. 따라서 치료의 첫 번째 목표는 정신과의사와 함께 기분을 안정시키는 것이다.

- 회피: 도전이나 목표, 민감한 일상적 상황을 피하기만 하면 자신감을 가질 수 없고, 자신을 부정적으로만 생각하게 된다. 피하기만 하면 성공 여부조차 예상할 수 없게 되고, 그러면 자존감과 자신감의 버팀목인 성공에 다다르기란 불가능하다. 치료의 목표는 회피 목록을 만들어 하나씩 대면해 보는 것이다.

- 독립심 부족: 독립심이 부족한 사람들은 대부분 가족의 지나친 사랑이나 그들에 대한 두려움에 억눌린 경우가 많아 일상을 관리하는 방법을 모른다. 그래서 자신을 둘러싼 세상에 맞서지 못한다고 느끼며, 세상 안에서 자존감과 자신감을 키울 경험과 능력을 쌓지 못한다. 치료의 목표는 관리하지 못하는 것들의 목록을 만들어 몇 주에 걸쳐 그 관리 방법을 배우는 것이다. 혼자서도 할 수 있고, 친구나 가족과 함께 연습할 수도 있다.

- 불안: 불안한 사람은 사방에서 위험을 느끼면서 이를 막거나 통제하는 자신의 능력을 의심한다. 그런 만큼 높은 자존감이나 자신감을 가지는 경우는 드물다. 치료의 목표는 머릿속에서 만

든 수많은 시나리오가 진실인지 거짓인지 확인하는 것이다. 이 책에서 제시하는 일부 훈련법들이 도움이 될 것이다. 생활이 방해받을 정도로 불안을 느끼는 경우라면 정신과의사나 심리치료사의 도움을 받아야 한다.

- 유년 시절의 애착과 트라우마: 유년 시절에 부모에게서 애정과 관심을 받지 못했거나, 학업 성적 및 성과에 대한 비난을 들으며 순종을 강요당하거나, 교사나 친구, 형제들에게서 괴롭힘을 당한 사람은 (48장 〈초기 부적응 도식 치료〉 참고) 자신과 자신의 능력을 부정적으로 본다. 성폭행, 폭력, 사고, 학대 등의 트라우마를 경험하면 뇌와 신체 그리고 정체성에 깊은 상처를 입는다. 그래서 자신을 쇠약하고 취약한 사람으로 느낀다. 트라우마로 인해 자존감과 자신감에 결함이 생긴 것이다. 치료의 목표는 기억과 트라우마를 되짚어 그에 대처하는 것이다. 이 방법은 혼자 하기 어려우므로 정신과의사나 심리치료사와 함께 수행해야 한다. 49장 〈노력하는데도 문제들이 해결되지 않는 경우〉에 이 방법이 설명되어 있다.

- 다름: 과체중, 성적 취향, 장애, 안경 착용, 머리 색, 피부색, 종교, 때로는 단지 여자라는 점 등 기타 여러 요인이 조롱과 배척을 낳을 수 있다. 직접적인 비판만이 아니라 주변의 끈질긴 시선, 암시, 불편한 표정, 석연치 않은 농담도 영향을 끼친다. 과체중인 사람은 종일 온몸으로 타인의 시선을 받아낸다. 성소수

자인 사람은 오늘날에도 여전히 배척당하고, 조롱받고, 폭행당할 위험이 크다는 것을 안다.[1] 인종 차별과 사회적 차별은 자존 감을 짓밟아 차별받는 사람이 열등하고 멸시당할 정체성을 가졌다는 인상을 심어 준다. 이에 따른 감정이 뇌에 각인되어 우울증의 원인이 될 수 있고, 심한 경우 자살로 이어질 수 있다.[2] 이런 문제에 관한 연구 사례가 늘고 있으며, 법이 제정되어 차별에 맞서고 있지만, 소수자나 장애인에 대한 사회의 시선은 여전히 폭력적이다. 따라서 인생 초기의 평가 절하와 배척 경험(48장 〈초기 부적응 도식 치료〉 참고)에 관한 연구뿐만 아니라 역량 증진empowerment(자존감을 증진하고 동일한 대우를 받을 권리를 의심하지 않는 것)에 관한 연구도 중요하게 고려되어야 한다. 또한 나와 비슷한 사람들과 관계망을 만들어 소통함으로써 안정감을 느끼고 세상에 나 혼자 있는 게 아니라는 점을 깨닫는 것도 중요하다.

- 이 모든 요소들이 얽힌 경우: **다양한 이론과 그에 따른 다양한 기법이 혼합된 치료가 필요하다.**

이렇듯 원인이 다양하므로 자존감과 자신감을 개선하기란 쉽지 않다. 관련 책들은 대체로 독립심 부족, 회피, 불안에 주목해서 자가 치료에 중점을 두고 여러 방법을 제안한다. 이에 따르면 개선 가능성이 꽤 있다.

하지만 원인이 기분 상태, 초기 부적응 도식, 트라우마라면 이내 난관에 부딪힐 것이다. 자가 치료는 한계가 있는 데다, 이런 경우라면 아예 불가능하기 때문이다. "해봐. 넌 할 수 있어!" 또는 "왜 그렇게 자신을 의심하는지 모르겠어."라며 가족이 용기를 북돋아 주는 경우도 생각해 볼 수 있다. 하지만 그런다 해도 당신의 삶이 급격히 바뀌지는 않을 것이다. 긍정적인 말들이 어떻게 행동할지를 구체적으로 알려주는 것은 아니기 때문이다. 책 한 권 읽는 것이 우울증을 유발하는 신경전달물질이나 편도체에 저장된 내용에 영향을 미치지는 않는다. 하지만 관련 치료법을 소개하는 좋은 책들은 존재한다. 다만 강렬한 감정이 발생할 수 있으므로 혼자서 치료법을 훈련하는 것은 권하지 않는다.

자존감과 자신감은 수십 년 전부터 수많은 자기계발서의 주제였던 만큼 쉽고 효과 빠른 해결책이 있을 거라 여길 수도 있다. 하지만 심리학에서는 그 무엇도 간단하지 않다. 트라우마나 우울증에 대한 어떤 기법도 올바른 지도 없이 자율적으로 실행해서는 효과를 보기가 어렵다. 49장 〈노력하는데도 문제들이 해결되지 않는 경우〉에서 혼자서 마음대로 실행하면 안 되는 이유를 알게 될 것이다.

이처럼 특수하고 고통스러운 주제인 자존감과 자신감에 적용할 수 있는 마법 같은 해결책은 없다. 전문가로서 애정을 담아 진지하게 조언하자면, 정신과의사나 심리치료사 같은 전문가를 찾으라는 것이다. 이 책에서 자가 치료를 만류하는 유일한 주제가 바로 자존감과 자신감이다. 이 두 가지를 제외하면 이 책의 각 항목은 자율적인 행동을 장려하며, 스스로 뇌의 방향을 잡을 것을 권장한다.

사례: 나는 모든 마찰을 피하려고 모두에게 '네'라고 말한다.

상황

- 가까운 사람과 외출 여부를 결정할 때, 회사에서 어떤 결정을 내릴 때, 대화를 나눌 때, 상점에서 물건을 교환할 때…. 상대방과 의견이 다르면 나는 항상 상대방의 의견을 따른다.

  ⇨ 편지 쓰기나 역할극을 통해 자기주장을 훈련한다.

감정

- 불안과 실망시킬지 모른다는 두려움

  ⇨ 보편적이고 이해할 만한 이런 감정을 스스로 받아들이기를 거부하는 것이 불만스럽다. 내 삶이 불완전하고 실망스럽다는 생각이 든다. 사람들이 나를 마음대로 대해서 내 정체성이 상처받고 약해진다. 이때 느끼는 불쾌한 감정을 받아들이는 것이 나아지기 위해 치러야 할 대가다. 또한 자기주장을 발전하는 데도 도움이 될 것이다.

사고

- 덜 사랑받을 것이다.

⇨ 나를 진짜 좋아하는 사람이라면 내가 나아졌다는 사실에 기뻐할 것이다. 반면 내게 호의적이지 않은 사람들은 못마땅할 것이다. 그런 사람들은 배려할 필요가 없다. 내게는 타인을 기쁘게 할 의무가 없다. 어찌됐든 몇 년 전부터 계속된 이런 생각은 내게 이로울 것이 하나도 없다. 타인을 실망시키지 않겠다는 핑계로 나를 위해 살지 않는 것에 불과하다.

- 사람들이 나를 성격상 문제가 있고 사귀기 어려운 유형으로 볼 것이다.

⇨ 존중받는 것은 필요한 일이지만, 성격파탄자들은 이를 빌미로 타인의 영역을 침범하려 할 것이다. 나는 그저 나를 거칠게 대하지 않기만을 바란다. 내 요구가 합당하고 말투가 부드러우면, 사람들은 나를 사귀기 어려운 사람으로 여기지 않을 것이다.

행동

- 나는 아무 말도 하지 않고 고개를 끄덕이면서 바보처럼 웃는다.

⇨ 내 주장을 펼친다.

무력감

- 여하튼 나는 카리스마가 없기 때문에 어떤 것도 변하지 않을 것이다. 주목받지 않는 편이 낫다.

⇨ 이런 생각은 방해가 되므로 문제를 해결하지 못한다. 자기주장을 훈련한다.

지속되는 경우

- 우울한 상태가 지속되어 힘도, 변하려는 의지도 없는 경우

  ⇨ 주요 증상: 슬픔, 반추, 헤쳐 나가고자 하는 의지 결여.

- 사회 불안 유형의 불안장애

  ⇨ 주요 증상: 타인에 대한 두려움, 타인과 마주치면 대화를 나눠야 한다는 불안, 자기 확인에 대한 불안.

- 완벽주의

  ⇨ 주요 증상: 기준이 높은 개인직 욕망, 계속 일헤야 한다는 욕구, 자기 잘못에 대한 병적인 죄의식, 타인에게 인정받지 못할 것이라는 두려움.

- 버림받았으므로 사랑받지 못하고 결국 혼자가 될 것이라는 두려움을 지속적으로 일으키는 인격장애

  ⇨ 주요 증상: 혼자서는 충분히 해낼 수 없다는 감정에서 시작되는 정서적 의존.

사례: 카리스마 있고 나보다 성공한 듯한 남자들을 길에서 마주칠 때마다 나와 비교한다.

상황

- 잘생기고 건장하며 능력 있어 보이는 남자가 멋지게 차려입고 아름다운 여성과 팔짱을 끼고 가는 모습을 볼 때, 또는 소셜 미디어에서 성공한 듯 보이는 남자들을 발견할 때면 속절없이 부러워진다. 수영장이나

체육관 탈의실에서 나보다 근육질인 남자를 보면 질투를 느낀다.

⇨ 탈중심화 기법을 훈련한다.

감정

- 그럴 때면 슬프고 죄책감이 느껴져서 나와 내 삶에 화가 난다.

  ⇨ 탈중심화 기법을 훈련한다.

사고

- 나는 그들과 비교할 수도 없는 무가치한 존재이며, 무엇도 성취할 수 없을 것이다.

  ⇨ 저절로 과잉 일반화하는 사고가 문제다.

- 뭐라도 했더라면!

  ⇨ 죄책감을 일으키는 사고는 나를 고무시키기는커녕 아무 도움도 되지 않는다.

- 어찌 됐든 저 남자는 머저리 같고, 저 여자는 돈이 목적이다.

  ⇨ 타인을 비난하는 공격적 사고는 일시적으로 도움이 되더라도, 내 문제를 해결하진 못한다.

행동

- 과거의 실패를 곱씹는다.

  ⇨ 기분만 상하기 때문에 탈중심화 기법을 훈련해야 한다.

- 언젠가 그들보다 내가 더 강해져서 복수하는 상상을 한다.

  ⇨ 공격적이고 해로운 감정을 키우므로 탈중심화 기법을 훈련해야
  한다.

- 종일 신경질이 나서 친구에게 성질을 부린다.

  ⇨ 타인에게 불쾌감을 주어 인간관계를 망치는 일이다. 탈중심화 기법
  을 훈련하여 잘못된 행동을 예방하자.

- 할 수 있다는 것을 보여 주려고 팔굽혀펴기를 스무 번 한다.

  ⇨ 근육을 단련한다고 문제가 해결되는 것은 아니다. 근육의 문제가 아니
  라 자존감의 문제다. 탈중심화 기법을 훈련하자.

무력감

- 세상이 고달프다. 나는 팔자가 사납다.

  ⇨ 이런 생각이 들면 더욱 칩거하게 된다. 탈중심화 기법을 훈련해야
  한다.

- 잘생기고 성공한 남자들에게도 언젠가 불행이 닥칠 것이다.

  ⇨ 이런 생각을 좋아하지 않고, 나답지도 않다. 탈중심화 기법을 훈련
  한다.

지속되는 경우

- 우울한 상태가 지속되면서 반복적으로 자신을 저평가하는 경우

  ⇨ 주요 증상: 슬픔, 반추.

- 자존감 문제

  ⇨ 주요 증상: 자신감이 없어 자신과 타인을 끊임없이 비교하며 부정적
  인 기분을 느낀다.

30장

스트레스

스트레스[1]는 흔히 불안과 혼동된다. 불안은 상상 속 위험에 대한 두려움이다. 반면 스트레스는 압박, 강요, 과부하를 느낄 때 신체가 보여 주는 반응이다. 매일 더 일하라고 요구하는 사장은 불안이 아니라 스트레스 요인이다. 스트레스는 죽음, 사고, 재난과 같은 위험에 관한 개념이 아니다. '누군가 혹은 무언가가 나를 압박하고 강요하는 것'에 관한 개념이다. 스트레스를 받으면 기력이 없고 어찌할 바를 모른 채 빠르게 흘러가는 시간 속에서 결국 실패할 것이라는 생각에 사로잡힌다. 《이상한 나라의 앨리스》에 나오는 토끼가 좋은 예시다. 마음을 졸이며 항상 뛰어다니고 압박받는다. 이런 사람은 이중으로 고통받는다. 스트레스에 불안까지 더해지기 때문이다. 스트레스는 그 자체로 불안을 심화하는 경향이 있다.

스트레스는 심리치료사가 상담할 때 가장 자주 언급하는 단어다.

스트레스가 반복되어 만성이 되면 대체로 번아웃 증후군으로 이어진다. 수십 년 전부터 미디어와 대화에 스트레스가 자주 등장하는 이유는 무엇일까?

다양한 이유가 있다.[2] 우선 우리 사회가 50년 전보다 덜 위험하고, 물질적 환경도 향상됐으며, 의료 기술도 좋아졌지만, 우리에게 요구하는 것이 더 많아졌기 때문이다. 이전 세대는 휴대전화나 이메일이 없어서 24시간 내내 접촉할 수 없었다. 실업률도 낮고, 그만큼 파업도 적었으며, 일자리를 다시 찾기도 쉬웠다. 게다가 학위가 필요 없는 일자리도 넘쳐서 직장을 금세 찾을 수 있었다. 그런데 지금은 자격이 차고 넘치는 사람마저도 대체 가능한 인력으로 여겨진다. 기업은 널린 게 구직자라며 가차 없는 해고를 단행한다. 결국, 세계 무역의 발전은 전 세계를 상대로 펼치는 피 튀기는 경쟁을 야기했다. 그에 따라 우리는 점점 더 경제적으로 위협받고 있으며, 위험을 감수하고 혁신을 요구받는 시대에 살고 있다. 더 빨리, 더 잘해야 한다. 현대 사회는 이렇듯 갈수록 우리의 정체성과 기력을 좀먹고, 일자리와 생존은 계속 위협받는다. 정규직이나 안정적인 일자리 없이 요구받기만 하는 사회 속에서 우리는 불확실성에 휩싸인다.

이는 우리가 예전보다 스트레스를 더 많이 받는다는 가설을 일부 설명해 준다. 그러나 같은 상황이라고 해서 서로 다른 두 사람이 같은 방식으로 스트레스를 경험하지는 않는다. 일단 스트레스를 유발하는 원인에 따라 달라지며, 다음으로 스트레스 요인을 대하는 방식[3]에 따라 달라진다. 그리고 스트레스를 어떻게 '생각'하느냐(스트레스 요인이 야기하는 위험을 걱정하느냐, 그리고 그에 대처할 수 있는 능력이 있다고 믿느냐)에 따라 달라진다.

- 스트레스의 원인이 (동료나 사장 등) 상대방의 행동이나 요구 혹은 변덕이라면 자기주장을 펼쳐야 한다. 많은 경우 스트레스는 인간관계에서 의사소통에 문제가 있거나 자신의 영역을 존중받지 못하는 경우에 발생한다. 자기주장으로도 기대한 효과를 얻지 못한다면 즉시 변호사나 노동조합의 도움을 받아야 한다. 그러지 않으면 상황이 지속되어 몸까지 상하게 된다. 직장 내 스트레스에 대해서는 43장 〈직장생활〉에서 자세히 다룰 것이다.

- 문제에 대한 실질적인 해결책을 찾기 어려워 스트레스를 받는다면 21장 〈인지 재구조화〉와 22장 〈의사결정 기법〉을 참고하자. 지붕이 무너졌든, 아이가 아프든, 이혼 위기에 처했든, 돈 문제든 스트레스 요인을 통제하기 위한 행동 계획이 없다면 스트레스를 줄일 수 없다.

- 엄격한 도덕적 원칙이나 인지 편향 등 세상을 보는 방식 때문에 스트레스를 받는다면 10장 〈인지 편향의 힘〉과 11장 〈도덕적 원칙의 힘〉 그리고 21장 〈인지 재구조화〉를 참고해서 시각을 유연하게 만들어야 한다. "좋은 어머니는 그렇게 행동하면

안 된다.", "이혼은 약점이 된다." 등의 말은 스트레스를 높이는 엄격한 잣대 중 하나다. 그래서 가까운 사이나 가족, 연인 관계뿐 아니라 직장생활에도 영향을 끼친다. 이런 종류의 스트레스는 43장 〈직장생활〉, 44장 〈가족〉, 45장 〈우정〉, 46장 〈사랑〉에서 다룰 것이다. 또한 스트레스 요인을 관리하고 대처할 능력이 없다고 생각하는 사람은 스트레스를 느끼는 감정이 커질 것이다. 이런 경우는 자존감 결핍(29장 〈자존감과 자신감〉 참고)과 문제 해결에 대한 걱정(21장 〈인지 재구조화〉와 22장 〈의사결정 기법〉 참고)이 뒤얽힌 상태다.

• 불안을 조절하지 못해서 전보다 스트레스를 받는다면 20장 〈마음챙김〉을 실천하여 감정을 조절하는 법을 배워야 한다. 여기서 주목해야 할 문제는 돋보기 역할을 하는 불안이다.

마음챙김은 스트레스로 인한 신체적 감각에 직접 맞닥뜨리지 않도록 도와주는 매우 좋은 방법이다. 하지만 환경과 같은 스트레스 요인과 엄격한 도덕적 원칙 문제를 해결하기 전에는 훈련하더라도 효과가 나타나지 않을 수 있다. 어느 시점에는 자기주장과 문제 해결 기법을 이용해야 한다는 의미다.

31장

번아웃 증후군

번아웃('내면 소진'을 뜻하는 영어 표현) 또는 직업적 피로 증후군은 2019년, 세계보건기구WHO에 의해 질병으로 인정되어 국제 질병 표준 분류 기준에 포함되었다.[1]

스트레스가 미치는 영향은 1936년부터 쥐 실험을 통해 알려졌고,[2] 1974년에 보다 명확하고 과학적인 이론으로 정립되었다.[3] 이는 우리 사회가 직접적 피로와 손상을 인식하는 데 얼마나 오랜 시간이 걸렸는지를 보여 준다.

치료를 진행하려면 먼저 증상을 인지하는 것이 중요하다.[4] 번아웃 증후군은 벅찬 느낌, 만성 피로, 정신적·감정적 고갈, 스트레스와 소음에 대한 내성 감소를 초래한다. 동기를 잃고, 두통과 요통에 시달리며, 아침에 일어나기 힘들 때도 있다. 여기에 하루가 어떻게 지나갈지에 대한 불안과 두려움도 더해진다. 번아웃 증후군이 시작되거나 시작되기 직전인 사람은 아무런 성과 없이 일하고 있다는 느낌을 받고, 집중이 안 되어 번번이 잊어버리거나 예민해지며, 불면증이나 수면 장애에 시달리기도 한다. 그래서 비관적이 되어 자신이 무능하고 쓸모없으며 직장생활이 허무하다고 여기게 된다.

번아웃 증후군은 어떻게 발생하는 것일까? 뇌와 신체는 진척에 대한 압박, 달성할 수 없는 목표, 부정확한 명령, 자원 부족 등에 시달릴 때 심리적으로 극한까지 내몰려 녹초가 된다. 끊임없이 바뀌거나 모순되는 명령으로 괴로움을 느끼거나, 관리가 부실하다고 토로하는 이도 있다. 경제 위기로 일자리를 다시 구하지 못할 수 있다고 걱정하는 사람들도 대체로 번아웃 증후군을 경험한다. 동료와의 불화, 회사의 요구와 개인 윤리 사이의 내적 갈등, 개인적 성취감의 부재도 문제를 악화시킨다. 열악한 근무 환경(소음, 추위, 더위 등), 업무와 사생활 사이의 경계 상실, 감정 노동에 시달리는 경우, 견디기 힘들 정도로 책임이 막중한 경우, 계약 사항을 무시한 초과 근무 등 근무 여건도 문제다.

번아웃 증후군을 경험하기 쉬운 몇 가지 전형적인 직업은 다음과 같다. 보조금 예산이 부족해 빈곤층을 도울 방도가 없는 사회복지사, 대부분의 환자가 고통 속에서 사망하는 것을 지켜보는 완화 치료 담당 간호사, 당장 내일이라도 100여 명이 지원할 수 있는 불안정한 일자리의 근로자, 노력하지 않으면 일자리를 다시 찾기 힘든 나이임을 잘 알고 있는 50대 자영업자, 엑셀 파일 앞에서만 하루를 보내는 근로자, 소음이 끊임없이 들리는 개방된 공간에서 일하는 근로자, 남의 등을 처먹는다고 느끼는 보험설계사, 종일 고객에게 욕을 먹는 수리 기사 등이다.

번아웃 증후군의 또 다른 요인은 지루함이다. 새로운 능력이 필요 없고, 도전적이지 않으며, 반복적이고 단조로워서 재미도 자율성도 없는 업무를 담당하는 경우다. 이를 권태 증후군bore-out[5]이라고 한다.

과중하지만 보람 없는 업무, 지칠 대로 지친 연예 혹은 가족 관계, 중병을 앓고 있어 지속적인 관심이 필요한 자녀도 번아웃의 원인이 된다. 부모, 부부, 가족, 직업 등 원인에 따라 번아웃 증후군의 양상은 다르다.

이처럼 번아웃 증후군은 업무 환경이나 복잡한 일상 관련 문제로 인해 발생하지만, 쉽게 불안해지거나, 타인을 실망시키지 않으려는 욕구가 강하거나, 완벽주의 성향 등 개인의 성격과도 관련이 있다. 이런 성격의 사람들은 꽤 건강한 환경에서도 쉽게 번아웃에 빠질 수 있다. 물론 성격과 환경이라는 두 가지 요소가 합해져 증상이 발생할 수도 있다.

번아웃 증후군을 예방하거나 벗어나기 위한 효과적인 방법들을 소개한다.

- 병가를 내고 몸과 뇌를 쉬게 한다. 번아웃 증후군의 심각함과 휴식의 중요성을 인식하는 의사들이 늘고 있다.
- 몸과 뇌를 회복하는 시간을 갖는다. 느리게 작동하는 뉴런과 함께 일하는 것은 비효율적인 일이다. 집중력이 부족한 상태를 더 많은 시간으로 보충하려 하면 악순환이 시작될 뿐이다.
- 자신과 개인적 열망에 다시 집중한다.
- 위임, 일정 변경, 달성 가능한 목표로 변경하는 것을 허용한다.
- 동료, 상사, 가족에게 자기주장을 펼치고, 필요한 경우 노동조합이나 변호사에게 지체 없이 도움을 청한다.
- 일과 사생활을 엄격히 구분한다.
- 완벽주의, 타인을 기쁘게 하여 인정받고 싶은 욕구, 불완전함을 검증하려는 욕구에 대해 깊고 진지하게 성찰해 본다. 앞서 설명한 조언들을 실행했더라도 몇 해가 지나면 번아웃 증후군을 촉발하는 원인이 되는 것들이기 때문이다. 완벽주의자들은 휴식하거나, 동료에게 업무를 위임하거나, 자기주장을 펼쳐 봐도 죄책감이 밀려오면 또다시 번아웃 상태로 되돌아간다. 어린 시절에 부정적 감정을 경험한 후 부모를 기쁘게 하려 했던 욕구가 완벽주의의 핵심을 이룬다. 여기서 편도체가 주요한 역할을 한다. 전전두피질로 보낼 긍정적인 생각을 단절시키는 것이다. 트라우마에 시달리는 편도체를 살피고 치료해야 한다. 이에 대해서는 49장 〈노력하는데도 문제들이 해결되지 않는 경

우>에서 다룰 것이다.

사례: 주말이나 휴가를 보낼 때도 계속 일하게 된다. 자유시간을 즐기지
못하고, 자기 전에 이메일을 확인하는 등 계속 일해서 피곤하다.

상황

- 텔레비전을 보고 있다.

  ⇨ 아무것도 하지 않아서 죄책감을 느낀다면, 탈중심화와 감정 수용을
  훈련하면서 쉬어야 한다.

- 아이들과 함께 있다.

  ⇨ 뇌는 아직 일이 남았다는 사실을 상기시키며, 아이들이 내가 함께 놀
  아주지 않더라도 이해할 것이라고 속삭인다. 하지만 아이들은 내게
  무엇보다 소중하기에, 나는 지금 이 순간 아이들에게 집중하고자 한
  다. 탈중심화와 감정 수용을 훈련한다.

- 공원에 있다.

  ⇨ "지금 업무 중에 밖에 나와 공원에서 허송세월하는 거야."라는 생각
  이 든다. 뇌는 나를 번아웃 증후군에 걸리게 하려는 걸까? 나는 쉬는
  시간을 가질 자격이 있다. 탈중심화나 마음챙김 그리고 감정 수용을
  적용한다.

- **침대에 누워 있다.**

  ⇨ 잠은 중요하다. 타협할 거리가 아니다. 마음챙김을 훈련해 죄책감이

들게 하는 수백 가지 생각에서 벗어나 숙면을 취한다.

- **친구와 함께 있다.**

  ⇨ 내게 친구는 중요하다. 탈중심화와 감정 수용을 적용한다.

감정

- **죄책감**

  ⇨ 뇌가 감정을 이용해 나를 엄하게 다루고 있다. 장기적으로 효과가 있다면 단기적인 죄책감을 받아들여야 한다. 탈중심화와 감정 수용을 훈련한다.

- **잘해내고 싶다는 욕망**

  ⇨ 나에 대한 개인적 평가는 업무 능력에 달려 있다. 문제는 프로젝트가 끝날 때마다 만족감을 느끼지 못한다는 것이다. 뇌는 툭하면 부정적인 감정을 일으킨다. 과하지 않고 절도 있게 일을 해내면서 탈중심화와 감정 수용을 훈련한다.

사고

- **모두가 내게 위기가 오는 순간을 기다린다.**

  ⇨ 동료들이 나보다 업무량이 적은데도 사장은 개입하지 않는 것 같다. 하지만 이런 주장을 하는 것은 바로 뇌이고, 그런 뇌가 나를 지치고 힘들게 만든다.

- 나에게 실망할 것이다.

  ⇨ 아니다. 설사 그렇다 하더라도 나 자신이 아니라 나의 생산성에 대한 평가다. 고맙지만 나에 대한 과도한 관심은 사양한다.

- 일을 잘 해내지 않으면 아무것도 남지 않는다.

  ⇨ 중간이 없는 양극단적 논리는 나를 곤경에 빠뜨릴 것이다. 나는 제대로 일하려고 노력할 테지만, 더 이상 속도를 내는 건 무리다. '완벽하지 않으면 아무것도 아니다.'라는 생각은 잘못되었다. 친구의 일 처리가 완벽하지 않더라도 내가 그에게 '아무것도 못 했네.'라고 감히 말할 수 없는 이유를 생각해 보자.

행동

- 자신을 아끼지 않기 때문에 쉴 시간을 갖지 않는다.

  ⇨ 나는 지쳤으므로 방식을 바꿔야 한다. 죄책감은 나아지기 위한 대가로 받아들인다.

무력감

- 늘 뇌가 제멋대로 결정해서 나를 힘들게 한다. 지칠 때까지 일하느라 피곤하고, 쉴 때는 죄책감이 들어서 제대로 쉬지 못한다. 무엇을 하든 벽에 부딪히는 느낌이다.

  ⇨ 이를 인지했으니 죄책감에 직면하면서 일을 줄여 나간다. 원하는 만큼 일할 수 없다는 것을 뇌가 인지하면 몰아붙이는 일을 멈출 것이다.

그때까지 나는 죄책감이라는 감정을 수용한다.

지속되는 경우

- 사회 불안 유형의 불안장애가 있는 사람은 결국 압도된 채 자기주장을 펼칠 수 없어 제대로 대응하지 못한다.

  ⇨ 주요 증상: 타인에 대한 두려움, 마주치면 대화를 나눠야 한다는 불안, 자기 확인에 대한 불안.

- 완벽주의

  ⇨ 주요 증상: 기준이 높은 개인적 욕망, 계속 일해야 한다는 욕구, 자기 잘못에 대한 병적인 죄책감, 타인의 잘못에 대한 인내 부족.

32장

완벽주의

완벽주의는 잘못에 대한 죄책감을 느끼지 않으려고 일에 현실적인 제한을 두지 못하는 것을 말한다. 완벽주의자는 일을 완벽하게 진행하지 못하면 자기 존재를 부정당할지 모른다는 두려움 속에서 산다. 그래서 타인의 평가를 통해 자신의 가치를 증명하려고 끊임없이 노력한다.

완벽주의자는 항상 타인을 실망시킬까 봐 걱정한다. 불완전성에 대한 깊은 불안을 상쇄하기 위해 타인의 인정을 필요로 한다. 이렇게 완벽에 집착하면 건강보다 일을 우선시하게 된다.

다음과 같은 사람이 완벽주의자다.

- 한 가지 일에 지나치게 많은 시간을 쏟는다.
- 단기간에 달성하기 어려운 높은 목표를 설정한다.
- 꼼꼼함 때문에 생산성을 저해하고, 세세한 사항을 포기하지 못한다.
- 중요한 업무일수록 엄두가 나지 않아 차일피일 미룬다.
- 극도로 책임감이 강해서 무언가 하나라도 빠뜨리면 해고당할 것 같은 마음이 든다.
- "나의 가치는 결과에 달려 있다. 실패한다면 내가 형편없다는 증거다."라고 생각한다.
- 타인에게 평가받는 것이 두렵다.
- 성공이 아니면 실패라는 생각으로 죽도록 일하거나, 아예 일하지 않는다.
- 최선을 다하지 않거나 쉬는 것에 만성적으로 죄책감을 느낀다.
- 일이 끝날 때마다 만족스럽지 않다.
- "나는 항상 실패했기 때문에 계속 실패할 것이다."라고 느낀다.
- 성공하더라도 가짜라는 생각이 든다.
- 자신감이 없고, 거절하기가 어렵다.
- 번아웃 증후군을 반복적으로 경험하거나 우울증에 걸릴 위험이 있다.

완벽주의자들이 말하는 가정 환경은 대개 비슷하다.[1]

- **부모가 큰 기대를 걸고 있다면** 아이는 이에 부응해 부모를 실망시키지 않고 바른 아이가 되기 위해 최선을 다한다. 아이는 잘 해낼 때만 존재감을 느끼며, 성공으로만 자신을 구축한다.
- **아이가 성공하지 못할까 봐 부모가 항상 모든 것을 대신해 왔다.** 아이는 자신에 대한 부모의 걱정이 병적인 수준임을 알지 못하므로 문제가 자신에게 있고, 삶에서 문제가 생겼을 때 대처할 능력이 없다고 생각한다.
- **아이가 (가난, 장애 문화적 차이 등으로 인해) 자신이 남과 다르다고 느껴서** 어떻게든 이런 결함을 학업 성적으로 상쇄하려 한다. 아니면 희생한 부모님에게 존경을 표하거나, 자신과 다르다고 느끼는 친구들에게서 인정받고 싶어 한다.
- **크게 성공한 부모가 있는 아이는** 자신의 부모를 따라잡을 수 없는 표본이라고 느낀다.

이는 12장 〈심리 도식의 힘〉에서 다룬 초기 부적응 도식을 보여주는 대표적인 사례들이다.

완벽주의자들은 모두 일과 학습 방법을 걱정하고, 자기주장을 펼치지 못하는 초기 부적응 도식을 보이며, 어떤 일에나 죄책감을 느낀다. 따라서 두 가지에 초점을 맞춰야 한다. 다음에 소개하는 열한 가지 기법에 따라 방식을 바꾸는 것, 그리고 열두 번째 기법으로 내면의 아이를 살피는 것이다. 변화에는 시간이 걸리므로 단번에 고치려 하지 말고 인내심을 들여 하나하나 기법을 실행하는 것이 중요하다.

이제부터 완벽주의에서 벗어나기 위한 열두 가지 기법을 살펴보자.

1. **일정을 줄인다.** 열두 달을 열세 달처럼 살면 안 된다. 한 주에 50시간 이상 일하지 않도록 하자. 우선 집에서는 일하지 않는다. 이른 저녁에는 외출하거나 다른 사람과 함께 쉬어야 하고, 점심 시간을 업무 시간과 명확하게 분리하며, 규칙적으로 휴식을 취해야 한다. 휴식이 뇌가 은퇴할 때까지 버틸 수 있도록 생물학적으로 도움을 준다는 사실을 인식하는 것 자체가 완벽주의자에게는 도전이다. 그들은 자신이 쌓아둔 것을 몇 년 만에 모두 불태우는 경향이 있기 때문이다.

2. **여가를 되찾고 죄책감을 이겨낸다.** 한가한 시간은 숨 쉴 틈을 주어 긴장을 풀고 머리를 쉬게 해 업무로 복귀할 수 있도록 해준다. 쉴 새 없이 일하는 것은 고역과 같아서 결국 일을 차일피일 미루게 된다. 휴식하는 순간에 죄책감이 느껴진다면 15장 〈심적 고통의 수용〉과 20장 〈마음챙김〉을 참고하자.

3. **롤 모델이 그 자리에 오르기까지 수많은 실패가 있었음을 알아야 한다.** 누구도 완벽하게 태어나지 않았고, 선천적으로 능숙하

지 않았다. 성공에 이르러 이름을 널리 알리기까지 도전과 실패를 수천 번 반복했다. 초반에 설명한 것처럼 뉴런을 통해 학습하려면 정보를 저장해야 한다. 뉴런이 저장하고 이해하려면 20~30번 반복해야 한다. 뇌가 제 할 일을 다하도록 방해하지 말고 본래의 기능을 받아들여야 한다. 그 과정은 성가시고 따분할 수 있지만, 분명 효과가 있다. 이에 대해서는 23장 〈학습 방법〉을 참고하자.

4. **일을 세분화한다.** 능력보다 욕심이 커서는 안 된다. 뉴런은 많은 양의 정보를 한 번에 처리할 수 없다. 23장 〈학습 방법〉을 읽었다면 뉴런이 단순한 정보만을 처리하고 있음을 알 것이다. 누구도 단번에 꼭대기까지 오를 수는 없다.

5. **실행 계획을 세운다.** 방법이 잘못되어 문제가 발생하는 경우가 많다. 완벽주의자는 모든 것을 총체적으로 받아들이고, 전체적으로만 바라보다 결국 무엇부터 손을 대야 할지 몰라서 불안해한다. 전체를 각 요소, 하위 요소, 단계별로 구분하여 실행 계획을 세우고, 현실적이고 정확한 일정을 작성한다. 이에 대해서는 23장 〈학습 방법〉에서 다룬 바 있다. 이때 어느 정도 진행되고 있는지 파악하려면 일정표가 있어야 한다.

6. **불필요한 활동을 제외한다.** 완벽주의자는 다림질, 책상 먼지 털기, 서류 제출 등을 한다고 일 진척이 더디다. 세세한 일을 모두 기억하려고 하면 뇌에 불필요한 과부하를 주므로, 자잘한 일거리는 달력이나 휴대전화에 기록하도록 하자.

7. **중간이 없는 양극단적 사고를 피한다.** 완벽주의자는 한 달에 책 열 권을 읽지 못할 바에야 아예 독서 자체를 시작하지 않는다. 한 달에 세 권 정도만 읽어도 충분히 많다. 완벽주의자는 글을 50쪽 정도 쓰지 못한다면 아예 시작도 하지 않는다. 20쪽만 쓸 수 있어도 충분하다. 운동이든, 식이 요법이든 목표를 달성 가능한 수준으로 낮춰 설정해야 한다. 때로는 일탈을 허용하는 것도 좋다. 완벽하지 않으면 아무것도 아니라는 접근 방식은 일을 시작하기 전부터 우리를 짓눌러서, 결국 아무것도 하지 않는 상황을 만들게 한다.

8. **도움을 청하고 위임한다.** 도움이 필요할 때는 부탁하고, 필요하다면 일을 위임한다. 죄책감이 생기더라도 참는다. 우리의 롤모델은 타인의 도움이나 조언 없이 혼자서 일을 완벽하게 해내는 존재가 아니다. 그렇게 여기는 것은 허상에 불과하다.

9. **동기를 중시한다.** "오늘 이력서와 자기소개서를 쓰고, 지원할

회사를 찾고, 필요한 모든 서류를 제출할 거야." 이러면 의욕이 꺾이고 의기소침할 수밖에 없다. 해야 할 과업이 너무 막중하기 때문이다. 일정표를 돌아보며 원하는 목표들을 간추려 현실적으로 다시 작성해 보자. 일정표가 거의 비워진 것 같더라도 괜찮다. 최소한 오늘 안으로 무언가를 완수할 것이고, 이후에도 차근차근 진행할 수 있을 것이다. 한 달 내내 해야 할 일을 하루 만에 해결하려는 고집은 다음 달도 성과 없이 보낼 위험을 키우는 일이다. 뇌의 동기부여 능력을 존중해야 한다. 이에 관해서는 23장 〈학습 방법〉을 참고하자.

10. **자기주장을 펼치고, '아니오'라고 말하는 법을 배운다.** 이렇게 하면 업무 부담을 줄이고, 현실적으로 실현 가능한 기한을 확보할 수 있다. 그러면 정당성이 확보되고, 죄책감도 조절할 수 있다. 타인을 실망시킬지 모른다는 두려움 때문에 거절하지 못해서 평생 '네'라고 말하며 모든 짐을 짊어질 수는 없는 노릇이다. 19장 〈자기주장〉을 참고하자.

11. **성공을 자축한다.** 이렇게 해야 뇌가 성공이 중요하고 축하받을 일이라고 여기게 된다. 그러면 유년 시절에 비난만 받았더라도 뇌가 재편성될 수 있다.

12. 불완전한 내면의 아이를 자유롭게 한다. 지나치게 까다로운 환경이나 사람에게 고통받았다면 편지를 쓰자. 이 편지는 절대 발송되지 않겠지만, 그 과정에서 마음을 정리할 수 있다. 이에 대해서는 24장 〈편지로 감정 비우기〉에서 다뤘다. 이 방법으로 필요한 만큼 감정을 비울 수 있지만, 완벽하게 비우기에는 충분하지 않다. 편도체 기능을 바꾸고 싶다면 48장 〈초기 부적응 도식 치료〉를 참고하자.

완벽주의에서 벗어나는 것은 '불완전이라는 트라우마에서 벗어나는 것'을 의미하며, 이때 뇌의 기본적인 작동 원리를 되새기는 것이 필요하다. 뇌는 전진을 이루기 위해 반복과 오류가 필요하다. 뇌는 이 방식으로만 작동한다는 것을 유념해야 한다.

사례: 친구들이 나를 더는 참을 수 없다고 한다. 친구들과 주말이나 휴가를 함께 보내면 나중에 후회하지 않기 위해 모든 곳을 빠짐없이 방문하고 경험하려고 모두를 재촉하기 때문이다.

상황

- 친구들과 함께 여행을 계획 중인데 내가 앞장서고 싶다.
  - ⇨ 시간을 효율적으로 쓰면서 많은 곳을 구경할 수 있는 최고의 여행을 만들고 싶다. 하지만 이는 다른 사람들을 배려하지 않는 처사다. 여러

사람이 함께 여행을 떠난다면 모두가 일정 부분 타협해야 함을 받아들여야 한다. 이미 정해진 것은 협상할 수 없다. 휴가는 모두에게 휴식이 되어야 한다. 다른 사람의 속도를 따르면 나의 초조함과 과민함도 거기에 익숙해질 것이다. 감정 수용을 통해 흘러가는 대로 내버려둔다.

- 우리는 여행 중이다. 나는 아침 8시부터 발을 동동 구르고 있다.

  ⇨ 다른 사람의 속도에 맞춘다. 감정 수용을 통해 떠오르는 감정을 내버려둔다.

- 나는 목적지에 도착하자마자 기대한 일에 달려든다.

  ⇨ 속도를 늦추고 초조함과 과민함이 사라질 때까지 내버려둔다.

- 쉬는 시간이나 테라스에서 술을 마실 때 우리가 할 수 있는 다른 일들을 생각하며 다른 사람을 압박한다.

  ⇨ 내 속도를 다른 사람에게 맞춘다. 반복하면 뇌는 익숙해질 것이다.

감정

- 신경과민

  ⇨ 나의 뇌는 독재자 같아서 불쾌한 감정을 유발하므로 천천히 나아가도록 한다. 감정 수용을 적용한다.

- 분노

  ⇨ 분노는 여행을 준비하는 데 아무 소용이 없다. 내 계획이 다른 사람의 계획보다 좋다는 근거는 어디에도 없다. 감정 수용을 적용한다.

- 초조함

  ⇨ 휴가의 원칙은 모두 여유 있게 유유자적 보내는 것이다. 시간을 잊고 감정 수용을 적용한다.

- '필요하다' 혹은 '해야 한다'라는 느낌

  ⇨ 뇌가 휴가와 업무를 혼동하고 있다는 증거다. 비정상적인 일이다. 감정 수용을 적용한다.

- 기회를 놓치면 노력한 보람이 없다는 느낌

  ⇨ 어떤 계획도 완벽하지 않다. 나와 똑같은 사람과 여행을 떠나도 불화가 생기고 다툴 수 있다. 여행의 목적은 유람과 휴식이다. 다른 사람을 본보기로 삼고 감정 수용을 적용한다.

사고

- 전부 놓쳐버릴 것 같다!

  ⇨ 전부 놓치지 않는다. 여유 있게 짠 계획만 따르면 된다.

- 내가 바라던 휴가는 이런 것이 아니다.

  ⇨ 지금 생각하는 것이 내가 바라던 휴가일까, 아니면 독재자 같은 뇌가 원하던 휴가일까? 여기저기 분주히 다니느라 아무것도 즐기지 못하고 중요한 것이 무엇인지도 잊었다. 여유를 가져야 한다. 후회하지 않으려고 쉼 없이 여행하느라 지금 이 순간을 즐기는 기쁨을 잊었다.

- 이렇게 할 일이 많은데 사람들은 왜 늦게 일어나는가?

  ⇨ 그들은 나처럼 완고하지 않기 때문이다. 나처럼 좌절감을 몰아내기

위해서가 아니라 즐기고 휴식하기 위해 여행하는 것이다.

- 사람들이 내 지시를 따른다면 다른 여행보다 더 만족스러울 거라고 장 담한다.

  ⇨ 그렇지 않다. 나 자신조차 제대로 쉬지 못하고 행복하지도 않기 때문 이다. 테라스에서 늑장 부리는 꼴을 보니 화가 난다거나 시간을 확인 할 때마다 초조하다는 것은 뇌가 나를 지배하고 있다는 증거다. 이는 여행을 즐기는 데 어울리지 않는다.

- 사람들 때문에 지체된다.

  ⇨ 언제부터 여행이 경주가 된 것인가?

행동

- 화가 난다.

  ⇨ 감정 수용을 훈련한다. 문제는 나와 뇌 사이에 있는 것이지, 나와 친 구 사이에 있는 것이 아니다.

- 사람들을 설득해 본다.

  ⇨ 아니다. 문제는 내 뇌에 있지, 그들 때문이 아니다.

- 안절부절못한다.

  ⇨ 문제는 지금 일어나고 있는 일들이 아니라 독재자 같은 나의 뇌다.

- 모든 것을 재빨리 해치우고자 제대로 즐기지 못하고, 내게 주어진 것을 여유 있게 감상하지도 못한다.

  ⇨ 이런 식의 휴가는 지겹다. 속도를 늦추고 감정을 수용해서 좌절과 긴

장을 이겨낸다.

무력감

- 나는 사람들과 다투거나 휴가를 혼자 갈 운명이다. 내가 조금 강요하는 편이긴 하지만, 사람들은 한가롭게 시간을 버리고 있다. 방문할 수 있는 곳을 모두 가 보지 않는다.

  ⇨ 엄격한 뇌가 어떤 역할을 하는지 확인한다. 뇌를 재편성하고 감정 수용을 통해 뇌가 나를 좌지우지하려고 일으키는 감정을 인내한다.

지속되는 경우

- 병적인 완벽주의

  ⇨ 주요 증상: 기준이 높은 개인적 욕망, 계속 일해야 한다는 욕구, 자기 잘못에 대한 병적인 죄책감, 타인의 잘못에 대한 인내 부족.

- 타인이 나와 같은 가치관을 갖지 않아서 갈등을 반복적으로 일으키는 인격장애

  ⇨ 주요 증상: 갈등, 엄격한 가치관, 난데없는 분노, 마음을 가라앉히고 타협점을 찾기가 힘듦.

33장

동기부여와 지연 행동

바로 해야 할 일을 나중으로 미루는 지연 행동은 모든 사람이 경험하는 자연스러운 일이다. 재밌지도 않은 일을 억지로 해야 한다면 누가 좋아할까? 쉬거나 혼자만의 시간을 즐겨야 할 때 지루한 일을 해야 한다면 이를 반길 사람은 없을 것이다.

지연 행동이 반복되어 직장에서 위태로워지거나 타인과의 관계에서 큰 문제가 발생할 정도라면, 정신 의학 교재에 등재된 질병은 아니지만, 병적인 행동으로 본다. 그렇게 되는 여러 가지 원인을 살펴보고자 한다.

지연 행동은 피곤할 때 나타날 수 있는 지극히 정상적인 행동이다. 고된 하루를 보낸 후에는 뉴런과 근육이 완전히 지치고 에너지 저장고가 바닥난다. 지구력과 집중력이 일정 부분 필요하고, 인지 능력과 신체 능력을 동원해야 하는 새로운 활동을 심리적으로나 육체적으로 꺼리게 된다.

지연 행동은 우리를 골탕 먹일 수 있다. 불리한 감정뿐 아니라 불리한 생각까지 일으킬 수 있기 때문이다.[1]

- 이 일이 지금뿐 아니라 나중에도 무슨 의미가 있는지 모르겠다. 이 일은 나의 어떤 목표도 실현하지 않는다. (생각)
- 더 재밌는 일을 염두에 두고 있다. 지금은 억지로 해야 할 때가 아니라 쉴 때다. (감정)
- 들인 노력에 비해 얻는 것이 전혀 혹은 거의 없다. (생각)
- 할 일이 이미 산더미다. 중요하고 시급하며 스트레스가 쌓이는 많은 일을 처리하느라 바빠서 정신이 없다. (감정)
- 다른 사람이 나를 대신해서 해 주는 것에 익숙하다. 수단도 능력도 없으므로 다른 사람이 나보다 잘해낼 것이다. (감정)

제시된 다양한 사례들의 공통점을 살펴보자.[2] 지루함, 스트레스, 당장 집중해야 하는 상황을 견딜 수 없어 조급해진 상태다. 그러다 결국 '다 무슨 소용인가?' 하며 미래에 대한 전망마저 잃어버린다.

38장에서 살펴보겠지만, 이는 충동성과 매우 흡사한 메커니즘이다. 즉시성, 좌절감 거부, 장기적 성찰 부족 등이다. 이를 결정하는 것은 바로 감정의 뇌이고, 이성의 뇌는 그 뒤를 따른다.

다음은 지연 행동과 충동성의 공통 원인들이다

- **교육 관련 원인**: 부모가 지나치게 방임하고 권위가 없었다. 아이는 자제하지 못했고, 해야 할 일은 반드시 해야 한다는 사실을 배우지 못했다. 아니면 어떻게 하는지 아무도 방법을 보여주지 않은 것일 수 있다. 또는 보상이 선혀 없는 교육이 문제였을 수도 있다. 아이는 보상이 없어서 동기부여가 전혀 안 돼 칭찬받겠다는 욕구가 없었다. 충동성의 경우와 마찬가지로 여기서도 상반된 두 가지 함정이 있다. 바로 제한이 없거나, 지나치게 많은 것이다.
- **질병 관련 원인**: 우울증에 걸린 사람은 에너지와 동기가 부족하다. 불안한 사람은 실패나 재난에 대한 공포가 커서 감히 뛰어들 엄두도 내지 못한다. 완벽주의자는 기준을 높게 설정해서 시작하기도 전에 중압감을 느낀다. 주의력 결핍 및 과잉행동장애ADHD를 앓는 사람은 항상 불안하고 집중하지 못한다. 지능이 뛰어난 사람은 적은 노력으로도 성공하는 것에 익숙하기 때문에 끈기를 가지거나 다시 도전하는 법을 배우지 못한다. 수많은 과학 연구가 보여주듯이 도파민이라는 신경전달물질이 중요하다.[3] 갑상샘[4]에 문제가 있어도 영향을 줄 수 있다.

- **실존 관련 원인**: 가치관에 반하는 삶을 살아왔다. 그다지 바라지 않았던 직업에 종사하며, 급여는 근로 조건에 비해 터무니없고, 일은 반복적이고 지루하다.
- **실용 관련 원인**: 어떤 일을 수행하는 방법에 대해 누구에게도 배우지 못했다. 어떤 조언이나 정보도 얻지 못하면 동기도 상실되므로 과업을 포기하고 만다.

심리학에서는 동기와 의욕을 구별한다. 두 용어가 의미하는 것은 각각 무엇일까?

- 동기는 목표 선택과 관련 있다.

  나는 무엇을 결정하고 어떤 목표에 도달하고 싶은가? 동기는 중요하게 여기는 것을 따르는 의사결정에 속한다.
- 의욕은 행동으로 이어진다.

  결정한 것을 어떻게 실현하고, 장애가 발생해도 계속 나아가려면 어떻게 해야 하는가? 의욕은 실행과 유지의 문제다.

지연 행동은 의욕뿐 아니라 동기에도 악영향을 미친다. 동기와 관련해서는 '왜 하는가?' 혹은 '무엇을 하는가?' 그리고 의욕과 관련해서는 '어떻게 하는가?' 혹은 '어떻게 끈기 있게 해낼 것인가?'라는 문제에 영향을 끼친다.

동기와 의욕은 무너지기 쉽다. 지루함과 제약 그리고 단기적 즐거움에 취약하다. 따라서 할 일을 시작하고 완수하는 데 필요한 욕구나 기력을 한데 모을 전략이 필요하다.

심리학 연구들과 학습 전문가들이 말하고자 하는 것은 무엇일까? 동기와 의욕을 높이기 위해[5] 다음과 같은 조치를 취할 수 있다.

- 집중할 수 있는 환경 선택하기

  주의가 산만해지는 집보다는 도서관에서 일한다. 여럿이 함께 일하면 무료하지 않아 혼자일 때보다 어렵게 느껴지지 않는다.
- 번번이 방해하는 교란 요소 제거하기

  귀마개를 사용해서 주변 소음과 전화벨 소리를 차단한다. 과거에 집중을 방해한 요인이 무엇이었는지 생각해 제거한다.
- 과업 완수 후의 보상 정하기

  할 일을 완수하면 나에게는 어떤 이익이 돌아올까? 과업에 단계별로 보상을 정할 수 있을까? 잘했을 때 혹은 실패했을 때는 어떤 감정이 들까?
- 과업 인지하기(어떻게 볼 것인가?)

  나에게 해가 될 수 있는 일인가, 아니면 자존감에 도움이 될 수 있는 도전인가? 제약인가, 놓쳐서는 안 될 기회인가? 피하면 문제를 해결할 수 있는가? 나에게 중요한 일에 가까워지는가?

- 난이도 조절하기

  완수하기 쉬운 과업은 동기부여가 되지 않는다. 반면에 너무 어려운 과업은 의욕을 잃게 만든다. 어떻게 하면 부족하지도 않고 넘치지도 않게 도전할 수 있을까? 과업 완수에 필요한 특정 방법이나 능력이 부족하다면 주저하지 말고 조언을 구한다.

- 분량 정하기

  과업의 분량이 많으면 시작하기도 전에 의욕을 잃는다. 가벼운 마음으로 시작할 수 있도록 과업을 단계별로 세분화할 수 있는가?

- 과업으로 인한 불안 다스리기

  휴식을 취하고 마음챙김을 훈련해서 불안을 잠재운다. 자신감을 잃게 만든 과거의 실패를 절대적인 것으로 여겨서는 안 된다. 결국 실패했거나 부분적 성공만 했다면 나쁜 결과일까? 실패와 부분적 성공 모두 인지 재구조화를 적용할 수 있다. 상상 속 노출 훈련을 통해 과거의 실패에 대한 감정의 강도나 예상되는 미래에 대한 불안을 줄일 수 있다.

- 일을 미루라는 유혹에 빠지지 않기

  '오늘 완수하지 못한 일은 내일 천천히 처리해도 된다.'라는 생각의 함정을 다룬 것이 바로 '방치된 쓰레기봉투' 이론이다. 지연 행동은 좋은 친구인 척하며 인생을 즐기라고 충고한다. 하지만 실제로는 문제를 더 악화할 뿐이다.

'방치된 쓰레기봉투' 이론

벽을 쌓을 때 처음에 1cm가 어긋나면 끝에서는 1m 이상 차이가 난다고 한다. 마찬가지로 오늘 해야 할 일을 내일로 미루면 거기에 더 많은 시간을 들여야 한다. 오늘 5분 걸리는 일이, 내일은 10분이 소요되는 것이다.

TV에서 재밌는 프로그램을 할 시간이라 쓰레기를 버리러 나가고 싶지 않다. 프로그램이 끝나고 보니 게임을 할 시간이다. 게임을 끝내니 피곤이 몰려오고 슬슬 잘 시간이다. 쓰레기는 내일 버려도 될 것이다.

다음 날에도 당신은 수천 가지 이유로 쓰레기 버리기를 미룬다. 급할 것이 하나 없다. 이미 충분한 압박을 견디고 있기에 한숨 돌릴 자격이 있다.

다다음 날 부엌에서 고약한 냄새가 난다. 쓰레기통 주변으로 벌레들이 먼지 덩이처럼 뭉쳐 있다. 뚜껑을 열고 쓰레기봉투를 꺼내니, 쓰레기통 바닥에 오물이 흘러나와 있고, 냉장고 밑에까지 새어 나갔다. 빌어먹을! 오물이 뚝뚝 떨어지는 쓰레기봉투를 옮기고 모두 닦아야 한다. 냉장고를 밀어낸 후 바닥에 엎드려 세제로 모두 닦아낸다. 끈적이고 악취가 난다. 쓰레기통 안도 닦아야 한다. 고역이 따로 없다! 짜증이 치민다. 모두 치우는 데 15분이나 걸렸다. 어제 쓰레기통을 비우는 데 5분도 할애하지 않은 자신이 원망스럽다.

자신에게 너그러워지자. 자책감을 더하지 말고, 진정한 의미의 쾌락주의자가 되어 보자. 아직 소소한 불편함에 머물렀을 때 문제를 해결하는 습관을 들여야 한다. 그것이 인생을 똑똑하게 사는 '현명한 게으름'이다.

충동성 문제가 있거나 좌절을 받아들일 수 없는 경우 18장 〈시차 기법〉, 21장 〈인지 재구조화〉, 22장 〈의사결정 기법〉에 나오는 문제 해결법을 참고하자.

동기부여를 위해 공포나 위협을 사용하는 것은 그리 좋은 생각이 아닌데도 널리 퍼져있다. 안전벨트 착용 및 속도 제한 공익 광고에는 효과가 좋겠지만, 금연을 위한 공익 광고에는 효과적이지 않다. 담뱃갑에 끔찍한 사진을 붙인다고 해도 사람들이 금연하는 데 도움이 되지 않는다. 뇌는 그리 먼 미래를 가정하지 않는 데다가, 매일 사진을 보면서 익숙해져서 충격 효과가 떨어지기 때문이다.

앞서 제안한 기법들이 효과가 없을 때도 있다. 가령 우울증이나 병적인 완벽주의에 시달리거나, 또 그로 인해 동기를 되찾을 수 없을 정도로 자존감이 하락한 경우다. 따라서 문제의 원인을 자세히 살피는 것이 중요하다. 우울증에 걸린 경우 전문의와 상담해야 한다. 완벽주의로 인해 자신이 쓸모없다는 감정이 들면 12장 〈심리 도식의 힘〉을 참고하자. 또한 심리치료사와 상담하며 49장 〈노력하는데도 문제들이 해결되지 않는 경우〉에서 다루는 치료법을 시작하는 것도 좋다.

사례: 운동하거나 친구와 영화를 보러 가면 기분이 훨씬 좋아진다는 것을 알지만, 컴퓨터 앞에서 오랜 시간을 보낸다.

상황

• 집에 있는데 나오라는 메시지를 받았다.

  ⇨ 왜 승낙하지 않는가? 나가면 무슨 일인지 알게 될 것이다. 친구와의 만남이 지루하면 일찍 돌아오면 된다. 감정 수용을 적용해 보자. 단기적으로 다른 결정을 내렸을 때 어떤 감정이 느껴지는지 파악한다. 반복하면 뇌는 기능을 변경할 것이다.

• 아침에 일어나면 운동하러 갈 시간이라고 생각하면서도 나가지 않는다.

  ⇨ 전날 가방을 싸두고, 최소한 씻은 후에 운동하러 갈지 말지 정하는 것이 좋다. 침대에서 결정하려고 하면 뇌는 곧장 싫다고 말한다.

감정

• 벌써 피곤하다.

  ⇨ 내 계획에 도움이 된다면 감정 수용을 적용할 수 있는가?

• 운동은 지루하다.

  ⇨ 더 즐겁게 운동할 방법은 무엇인가? 친구와 함께하는 것? 아니면 음악을 들으면서 운동하는 것? 그런데 이런 지루함이 인생 계획을 실현하는 데 치러야 할 대가라면 어떻게 하겠는가?

사고

• 힘든 한 주를 보내서 꼼짝도 하기 싫다.

  ⇨ 그럴 만하지만, 이런 상태가 지겹고 만족스럽지 않다면 움직여야 할 때인지도 모른다. 그러는 편이 결국 이로울 것이다.

- 중요하지 않으니까, 다음에 갈 것이다.

  ⇨ 아무런 도움이 되지 않는 변명이다. 당신에게 진정 중요한 것은 무엇
    인가?

행동

- 집에 있다가 나중에 후회한다.

  ⇨ 적어도 샤워하고 나면 정신이 맑아지면서 무언가를 결정할 수 있다.
    또 금세 나갈 채비를 하는 데 전념할 수 있다.

- 메시지로 거절하고, 나중에 후회한다.

  ⇨ 권유에 승낙하고 약속 장소로 한번 가 본다. 그러면 더는 죄책감을 느
    끼지 않게 된다.

무력감

- 결국 친구들은 싫증을 낼 것이다.

  ⇨ 그럴 수도 있지만, 이런 생각은 도움이 되지 않는다. 이 관계를 유지
    할 마음이 있는가? 이 관계는 중요한가?

- 어찌 됐든 이 모든 것은 그리 중요하지 않다.

  ⇨ 이런 생각은 문제를 회피하게 만들고, 결국 해결하지 못하게 한다. 나
    의 발전에 중요한 것은 무엇인가? 이를 위해 해야 할 일은 무엇인가?

지속되는 경우

- 우울감이 진정한 삶과 나를 떼어 놓는다.

  ⇨ 주요 증상: 슬픔, 반추.

- 사회 불안 유형의 불안장애

  ⇨ 주요 증상: 타인에 대한 두려움, 마주치면 대화를 나눠야 한다는 불안.

- 공황장애 및 광장 공포증 유형의 불안장애

  ⇨ 주요 증상: 외출하면 발작을 일으킬지 모른다는 불안.

34장

행복 추구

심리학은 주로 정신 질환을 이해하고, 그 치료법에 관해 연구하는 학문이다. 연구는 대개 질병의 원인과 환자의 경험 그리고 장애의 작용 및 그 치료 과정에 초점을 맞춘다.

긍정심리학은 일부 사람들이 행복을 느끼는 이유와 어려움에 처했을 때 그들이 사용하는 수단이 무엇인지를 연구한다. 난관이 닥쳐도 건강한 정신을 유지하게 만드는 것은 무엇인가? 어떤 사람이 장애 앞에서 무너지지 않고 빠르게 회복하는가?

긍정심리학은 지난 20년 동안 비약적인 발전을 이뤘다. 세계보건기구와 캐나다 공중보건국[1]은 뇌가 적응할 수 있고 우리를 성숙하게 만드는 긍정심리학 기법들을 개발해 목록으로 만들었다.

- **자신을 의식한다.** 당신의 강점과 재능 그리고 잠재력은 무엇인가? 어떤 자원을 활용하여 행동으로 옮기는가? 결정을 내리고, 문제를 해결하며, 비판적으로 사고하는 방법을 알아보라. 이는 인지 재구조화와 의사결정 기법을 통해 개발된 아이디어다.

- **감정과 스트레스를 조절한다.** 이런 능력은 마음챙김, 감정 수용, 시차 기법뿐 아니라 문제 해결과도 관련이 있다.

- **효과적으로 소통한다.** 갈등을 참거나 침묵하지 않는다. 소통은 자기주장과 연관이 있다.

- **삶에 의미를 부여한다.** 삶의 목표와 가치관에 대해 고찰하고, 그 의미에 대해 고민한다.

- **영양가 있는 사회적 관계를 만들고 유지한다.** 이에 대해서는 뒤에서 더 살펴볼 것이다.

- **창의적으로 생각하고 새로운 능력을 갖춘다.** 취미나 열정이 결정적인 역할을 한다는 것은 경험을 통해 알 수 있다. 악기 배우기, 목공과 같은 수작업, 외국어 혹은 소프트웨어 학습, 정원 가꾸기 등 어떤 활동이라도 상관없다. 스스로 선택한 기호에 맞는 개인 활동은 모두 기쁨을 주고, 능력과 노하우가 쌓인다는 느낌이 들게 한다. 그에 따라 자존감과 뉴런도 성장한다. 이 부분은 뒤에서 다시 다룰 예정이다.

다수의 심리학자[2]에 따르면 불행을 피하고 기쁨만 추구하려고 할

수록 안정적이지도 않고 행복도 지속되지 않는다고 한다. 더욱이 행복한 순간을 멈추지 않고 지속하려는 욕구는 불안, 좌절, 분노, 그리고 행복해 보이는 사람들을 향한 질투를 유발한다. 기쁨만을 광적으로 좇으면 기대가 충족되지 않거나 무언가가 일상화될 때 만성적인 불만을 갖게 된다. 그래서 새로운 것들을 계속 찾으려고 한다.

행복 추구의 이러한 역효과를 방지할 수 있는 첫 번째 훈련은 정말 좋아하는 활동을 때로는 잠시 미뤄두는 것이다. 그러면 습관화 효과가 없어져, 그 활동을 할 때 새롭게 기쁨을 느낄 수 있다. 뇌는 반복되는 모든 것에 익숙해진다. 일부 활동이나 음식을 지나치게 만끽하면, 그 즐거움을 잃게 된다. 희소할수록 특별해진다![3] 좋아하는 시리즈물의 새로운 시즌이 시작됐다면, 보고 싶은 마음이 커도 한 번에 전부 보지 않는 법을 배우는 것이 좋다.

앞서 설명한 현재 순간이라는 개념과 연결하고 싶다면, 좋아하는 시리즈물을 보면서 동시에 휴대전화로 무언가를 하는 것은 피하도록 노력해 보자. 좋아하는 일들을 동시에 하지 말고 한 번에 한 가지씩 하자. 동시에 함으로써 즐거움을 낭비하지 말자.

소비와 오락은 일시적인 즐거움을 제공하는 반면, 타인과 함께하는 활동, 자신의 성장을 느끼는 순간, 의미를 찾을 수 있는 상황 등은 더 깊고 지속적인 행복을 가져다준다.[4] 앞서 언급한 창의적인 활동과 기술 습득이 이에 해당한다. 실제로 악기를 배우는 과정은 지속적인 즐거움을 주며, 학습과 진보의 과정에서 성취감과 자아실현을 증진하고 자존감도 높인다.[5] 중요한 것은 명문 대학 학위나 자격증을 모으는 것이 아니라, 자신에게 의미 있고 성취감을 주며 즐거움을 주는 영역에서 능력을 개발하는 것이다.[6] 이러한 열정을 찾고 그곳에 에너지를 쏟는 것이 삶의 목표가 될 수 있다. 따라서 두 번째로 해야 할 훈련은 차분히 자신의 열정을 탐구하고, 그 열정에 시간을 투자할 계획을 세우는 것이다. 이는 정보를 습득하고 자신의 재능을 향상하는 데 도움이 된다.

긍정심리학은 긍정이란 표현이 더해졌는데도 영원한 행복을 추구하라고 하지 않는다. 영원한 행복은 자신을 가두는 함정일 수 있다. 삶을 더 나아지게 하는 마법의 주문은 세상에 존재하지 않지만, 꾸준히 노력하고 유지하면 뇌에 도움이 되는 일상적인 활동은 존재한다. 이는 특히 뇌가 재편성되는 데 효과적이다.

실제로 뇌는 위험에 민감하게 반응하도록 설계되어 있다.[7] 반면에 '즐거운 것들을 고려하는' 프로그램은 탑재되어 있지 않다. 뇌는 긍정적인 사건을 무시하고, 그 중요성도 고려하지 않는다. 그래서 삶이 부정적인 상황 혹은 최소한 중립적인 상황의 연속이라는 인상을 쌓아 간다. 그런데 뇌가 건강하게 작동하려면 긍정적인 사고가 필요하므로 이런 생각은 해롭다. 긍정적인 기억을 떠올릴 때 뇌는 행복감을 만드는 것으로 나타났다.[8] 최근 연구에 따르면 세 가지 긍정적인 감정이 한 가지 부정적인 감정을 상쇄한다고 한다.[9] 따라서 뇌가 균형 있게 작동하기 위해서는 훈련이 필요하다. 현재 삶에서 일어나고 있거나 과거에 일어났던 긍정적인 사건에 집중하는 것이다.

세 번째 훈련은 최근 24시간 동안 일어났던 긍정적인 일 다섯 가지를 하루에 한 번씩 천천히 떠올려 보는 것이다. 예를 들면 전날 있었던 사건을 다음 날 아침에 생각해 보거나, 당일의 일을 밤에 상기해 보는 것이다.[10]

사례: 나는 끔찍한 하루를 보냈다. 늦게 일어난 데다 바지와 양말을 신기 어려울 정도로 요통이 심했다. 지긋지긋한 교통 체증을 겪는 동안에는 어떤 멍청한 놈이 끼어들기도 했다. 회사에서는 단 1분도 쉴 틈이 없었다. 한 동료는 아내에 대해 끝도 없이 불평을 쏟아냈고, 다른 동료는 기르는 두 고양이에 관한 이야기만 해댔다. 상사는 불만이 가득한 표정이다. 내가 원하던 삶은 이런 것이 아니다.

다음의 긍정적인 측면들 위주로 단 5분만 하루를 되짚어 보자.

• 아침에 아내가 허리 통증에 시달리는 나를 보고 옷장에서 옷을 꺼내줬다. 아내가 나를 사랑한다고 느꼈다.
• 부탁하지도 않았는데 동료가 커피를 가져다줘서 기분이 좋아졌다.
• 점심에 내가 좋아하는 감자크로켓을 먹었다. 사소한 일이지만 맛있는 음식으로 배를 채우는 것은 중요한 행복의 원천이다.

- 저녁에 집에 도착하자마자 아이들이 뽀뽀하며 나를 반겨 주었다. 내게는 중요한 일과다.
- 예약에 성공해서 내일 바로 물리 치료를 받을 수 있게 됐다.

훈련이 단순하고 어렵지 않아 보이겠지만, 실상은 그렇지 않다. 모든 것이 그렇듯 인내가 필요하다. 몇 주 동안 매일 훈련해야 효과가 나타난다. 그리고 훈련을 시작하면 꾸준히 노력해야 한다. 휴대전화 알람을 적극적으로 활용하면서 훈련을 습관으로 만들어야 한다.

네 번째 훈련은 매일 5분씩 행복하고 재밌으며 기뻤던 기억을 회상하는 것이다. 아름다운 기억을 영화처럼 머릿속으로 떠올리며 다시 한번 만끽한다.[11] 그런 기억은 아주 많을 것이고, 기억일 뿐이니 돈도 들지 않는다. 기분도 즐겁고, 뇌에도 좋은 훈련이다. 침대에서 일어나 하루를 시작하는 것이 어렵다고 느낀다면 몇 분간 이 훈련을 시도해 보자. 스트레스 상황이 닥치거나 자신의 역량과 재능에 의구심이 드는 경우에도 이런 회상법이 도움이 될 수 있다. 평소보다 뛰어났고, 최선을 다했으며, 성공했던 기억을 떠올리는 것이다.

가족, 친구, 동료, 연인 등 애정 어린 관계는 뇌를 활발하게 한다. 정서적 관계는 우리를 함양하며, 관계를 키워 갈수록 더욱 이득이 되어 돌아온다. 애정과 사회적 관계, 정서적 관계를 키우면 긍정적인 감정이 커지고, 그에 따라 뇌에 이로운 영향을 미친다. 가까운 사람을 돕거나 자원봉사와 기부를 통해 애정과 감사를 표시하는 관계를

발전시키자.[12]

다섯 번째 훈련은 당신에게 항상 좋은 말을 해 주는 사람에 대해서 생각하는 것이다. 그 사람의 웃는 얼굴을 떠올리는 것만으로도 좋다. 스트레스, 우울, 불안, 슬픔, 자기 회의 때문에 어려운 순간이 오면 눈을 감고 그 사람과 포옹하는 상상을 해 보자. 그 사람이 어려운 현재 상황이나 자기 회의의 순간을 이겨내도록 당신에게 어떤 말을 하고 어떤 조언을 해 줄지 생각해 본다.[13]

더불어 사랑하는 사람을 꼭 껴안는 상상을 해 보자. 말보다 촉감이 더욱 강렬하므로 껴안는 행위는 영유아 때부터 뉴런에 자양분이 된다.[14] 매일 조금씩이라도 다른 사람을 돌보고, 그들의 삶을 편안하게 만들며, 그들이 중요한 사람임을 알리도록 노력하라. 주변 사람들을 이롭게 함으로써 당신도 이익을 얻을 수 있다. 타인이 만족하는 것을 보면서 당신 역시 강렬한 만족감을 느끼게 된다.

일부 연구자들이 40개 국가에서 15만 명의 응답을 분석하여 행복을 증진하는 데 도움이 되는 가치들을 정리했다.[15] 보편적으로 높은 평가를 받은 가치는 친절, 정직, 감사, 열린 마음이었고, 행복과 연관성이 높은 가치는 희망, 활력, 감사, 호기심인 것으로 나타났다.

이제 여섯 번째 훈련을 살펴보자.[16] 인정받았다는 감정이 들었던 다섯 가지 사건들을 매주 한 번씩 적어 본다. 행동이든, 도움이든, 친절함이든 상관없다. 자신을 위해 써 보는 것이다. 관련된 사람에게 쪽지를 보내는 것도 좋다.

우리를 둘러싼 채 끊임없이 영향을 미치는 부정성을 없애는 것 또한 고려해 볼 수 있다.[17] 남을 비판하고 욕하거나 비아냥거리고, 악랄한 농담으로 친구를 놀리거나, 독설을 내뱉거나, 악의로 타인을 비판하여 자존감을 높이는 것 등은 모두 뇌에 이롭지 않을뿐더러 우리의 성장을 방해한다. 텔레비전에는 우리가 가진 관음증적이고 악의적인 면에 기대어 남을 비하하며 웃기는 장면이 종종 나온다.[18] 이런 부정적인 것에 순응하는 분위기에서 벗어나야 한다.

사례: 회사에서 또는 친구와 있을 때 남을 자주 흉본다.

상황

- 누가 찾아와 타인을 욕하는 것을 들으면, 나의 독설가다운 면모가 드러나 버려 자신에게 화가 난다.
  - ⇨ 나의 목표와 가치에 집중한다. 나는 이런 사람이 되고 싶지 않다. 가고 싶지 않은 길로 가게 만드는 성향에 대해 감정 수용을 실천한다. 부정적으로 말하고 싶은 마음을 억누르고 15분 정도 기다리면, 욕구는 잠잠해질 것이다. 아니면 대화 주제를 다른 것으로 돌릴 수도 있다.

감정

- 동요된 후의 불편함
  - ⇨ 감정 수용을 시도한다.

- 언급된 사람에 대한 분노

  ⇨ 친구와 건전한 대화를 나누기 위해서라면 괜찮지만, 악의나 냉소를 품고 있다면 감정 수용을 이용하여 다른 주제로 대화의 방향을 바꾸도록 노력해야 한다.

사고

- 같이 욕하면 상대방이 나를 좋아할 것이다.

  ⇨ 존재감을 확인하려는 이러한 욕구는 이해하지만, 상대가 이런 종류의 대화를 좋아하는 것 같아도 험담으로 호감을 사지는 못한다. 나뿐 아니라 상대방을 위해서라도 스스로 납득할 수 있는 다른 대화 주제를 선택한다.

- 바르지 못한 행동의 경우, 그에 대한 내 생각을 말할 권리가 있다.

  ⇨ 그렇긴 해도 당사자들끼리 개인적으로 나눌 이야기다. 왈가왈부해봤자 쓸데없이 남을 험담하는 것에 불과하다. 나는 이보다 가치 있는 주제의 대화를 하는 사람이다.

행동

- 나는 비꼬기를 잘하고 비판적이며 냉소적이기까지 하다.

  ⇨ 내 삶의 목표와 가치는 무엇인가? 한 사람으로서 어떤 말을 듣고 싶은가? 적어도 신랄하고 냉소적이라는 말은 듣고 싶지 않다.

무력감

- 대화가 끝날 때마다 나는 험담이나 잘하는 나쁜 사람이고, 나중에 이런 일이 또 반복될 수 있다고 생각한다.

  ⇨ 삶의 긍정적 목표에 다가가고자 다음번에는 의식적으로 대화 주제를 다른 것으로 돌린다.

지속되는 경우

- 병적인 존재 욕구 때문에 인정받고 싶어서 상대방이 듣고 싶은 말을 하려고 한다.

  ⇨ 주요 증상: 타인을 기쁘게 만들어 인정받고 싶은 욕구.

35장

일상의 불확실성

우리가 사는 방식은 순간에 맞서는 방식에 따라 달라진다. 어느 저녁 식사 자리에서 모든 사람이 즐거울 때 나만 몇 시간 전의 짜증 나는 일을 생각한다면, 당연히 그 시간을 즐기지 못할 것이다. 좋아하는 친구와 함께 있을 때 각자의 근심과 일상의 골칫거리에 대해서만 이야기한다면, 친구와 함께한다는 즐거움을 놓치게 될 것이다.

유쾌하고 행복한 순간을 즐기려면, 마음을 열고 주의를 기울여 우리가 본 것이 무엇이고 어떻게 바라보는지를 살펴야 한다. 그리고 유쾌한 것인지 아닌지를 판별하고 해석해야 한다.[1] 그런 후 머릿속에 들이닥쳐 우리를 불쾌하게 만드는 것들을 제쳐 놓아야 한다.

몇 년 전 친구들과 함께 뉴욕으로 여행을 갔을 때 우리 자동차가 사라져 버린 재밌는 경험을 했다. 자정에 가까운 시간에 막 식당에서 나온 참이었다. 그런데 차가 보이지 않았다. 우리 앞에 차가 아닌

소화전만 덩그러니 서 있는 광경을 보고 무슨 일이 벌어졌는지 단번에 파악했다. 차가 견인된 것이다. 다음 날 아침 우리는 소화전 앞에서 하염없이 기다렸다. 그때 친구들 각자는 이렇게 했다.

친구 1: "빌어먹을! 휴가를 망쳤어. 신경 썼어야 했는데! 이런 소리나 하려고 비행기까지 타고 온 게 아닌데. 게다가 너무 어둡고 거리도 지저분해!"

친구 2: 독서 중이다.

친구 3: 주변에 있는 모든 것을 휴대전화로 사진 찍는다. "너무 웃겨, 이런 일까지 당할 줄이야!"

여기에는 세 가지 접근법이 있다. 친구 1은 실망하여 부정적인 생각에 가득 차 상황을 더 불쾌하게 만들었다. 친구 2는 별수 없다는 듯이 책을 읽었다. 친구 3은 이런 엉뚱한 경험을 하는 것이 멋지다고 생각했다. 친구 1은 어둡고 지저분한 거리에 집중하느라 부정적인 경험만 추가한 꼴이다. 책에 빠져 있던 친구 2는 책장을 넘길수록 상상의 세계에 완전히 몰입해서 견인 같은 것에 신경 쓰지 않았다. 사진을 찍던 친구 3은 뜻밖의 상황이 벌어져서 더 재밌어했다.

친구들과 함께 해변의 한 술집에 있다고 상상해 보자. 칵테일 한 잔을 골랐는데 맛이 너무 형편없었다. 이때 당신에게는 두 가지 길이 있다. 잘못 고른 칵테일을 밤새 되새기느냐 아니면 친구들과 함께하는 이 순간과 대화, 아름다운 해변 그리고 감미로운 음악에 집중하느냐다. 어디에 집중하느냐는 당신에게 달려 있다. 즉, 중요성을 어디에 부여하느냐에 달린 것이다.

식당에서 불친절한 종업원을 만나는 일은 누구에게나 일어날 수 있다. 그런 경험을 했을 때, 그 일을 떠올리며 저녁 시간을 허비해야 할까? 음식도 맛이 없었다며 다른 사람 귀에 못이 박히도록 계속 불평하면서? 세상에 완벽한 것은 없다. 우리를 행복하게 하는 것은 주변 환경이 아니다. 주의를 기울이고 어떻게 바라볼지 결정하는 것은 바로 우리 자신이다. 불친절한 종업원을 떠올릴수록 기분만 상하고, 다른 사람에게 주야장천 이야기하면 결국 남의 기분까지 망친다. 우리의 집중 방식은 TV 리모컨과 비슷하다. 버튼을 누르면(주의를 집중하면) 볼륨이 커진다.

이 주제를 연구하는 과학자들이 긍정적인 감정을 증진할 열다섯 가지 전략을 개발했다.[2] 상황이 벌어지는 순간과 그 전후가 중요하다.

일상에서 여러모로 다음 표(224페이지)를 적용해 볼 수 있다. 부정적인 감정을 잠재우는 것만큼 긍정적인 감정을 북돋는 것도 가능하다. 표를 보면 탈중심화와 마음챙김뿐 아니라 감정 수용 및 삶의 목표와 가치관을 기반으로 한 기법도 적용했음을 알 수 있다.

이 책을 읽고 있는 독자 중에는 기쁨을 얻기 전에 불쾌한 것에서 벗어나기 위해 더 많은 것을 해야 할 사람도 있을 것이다. 그중에서도 인지 편향이나 엄격한 도덕적 원칙이 방해가 된다면 더욱 그렇

	상황 선택	상황 개선	선택 후 집중	생각 수정	감정 확인
상황 전	즐거운 상황을 선택한다. 친구들과 술 한잔하러 가야겠다.	좋은 환경에 신경 쓴다. 그래서 우리 모두 좋아하는 술집을 선택한다.	무엇을 하며 즐겁게 보낼지 생각한다.	예정된 외출의 부정적인 면보다 긍정적인 면을 생각한다. 가령 '레미는 항상 늦어'라고 생각하기보다는 '거기서 우리는 항상 즐거운 시간을 보내지' 라고 생각한다.	오늘 밤 나를 위한 칵테일파티를 연다고 SNS에 게시한다!
상황 중	소파에서 아무것도 하지 않는 것보다 결정한 것을 실행하려고 한다. 단기적인 것보다 중기적 인 것을 목표로 삼는다.	대화를 방해하는 음악 소리가 크게 들리지 않도록 스피커에서 먼 자리에 앉는다.	이 순간을 충분히 만끽한다. 대화를 나누며 음악을 즐기고 분위기에 빠진다.	유쾌한 것에 집중하고 실패한 것에 중요성을 부여하지 않는다.	대화하고 춤추고 노래하면서 순간을 즐긴다. 주뼛거리지 말고 파티에 집중한다.
상황 후	다음 날, 어제 찍은 사진을 보면서 회상한다.	좋았던 일들만 생각하려고 한다.	기분 좋은 순간들을 떠올린다.	기억에 남는 순간이라고 생각한다.	친구에게 파티에 대해 이야기하거나 SNS에 게시물을 올린다.

다. 그 두 가지를 다룬 10장과 11장을 다시 읽고 여기서 서술한 기법을 적극적으로 접목해 보자.

사례: 나는 실패를 자주 되새기는 경향이 있고, 주변의 긍정적인 것들을 잘 즐기지 못한다.

상황

- 빈둥거리거나 지하철을 타고 있을 때
- 친구들이 일상 이야기를 할 때
- 영화를 보는 데 전혀 집중하지 못할 때
- 거리를 걷거나 아무 생각 없이 운전할 때
- 비판하는 소리를 들었거나 상사가 칭찬이 아닌 중립적인 말을 건넬 때

  ⇨ 탈중심화를 실행해야 한다.

감정

- 죄책감
- 우울
- 자신에 대한 분노

  ⇨ 감정이 강렬한 경우 탈중심화나 마음챙김을 실행한다.

사고

- 나는 비보라서 잘하는 것이 하나도 없다.

  ⇨ 이런 생각은 아무 소용이 없고 나를 향상시키지 못하므로 해가 된다.
  내 뇌가 간과한 성공도 있다. 탈중심화 기법을 적용하고 나에게 필요
  한 조치를 취한다.

- 사람들이 내 실체를 알게 되면 멀어질 것이다.

  ⇨ 이런 생각은 부정적이고 쓸모없다. 나는 좋은 일을 하기도 하고, 단연
  코 범죄를 저지르지도 않았다. 뇌가 일부러 과민 반응한 것이다. 탈중
  심화를 적용하고 나에게 필요한 조치를 취한다.

- 나는 위선자다.

  ⇨ 아니다. 나는 부정행위 없이 학위를 받았고, 불공정한 도움을 받은 적
  도 없다. 뇌가 선동하는 것이다. 탈중심화를 적용하고 나에게 필요한
  조치를 취한다.

행동

- 도전 회피

  ⇨ 도전하지 않는다면 자존감이 없다는 것을 인정하는 셈이다. 도전하고
  다른 사람들처럼 인생을 즐기면서 무슨 일이 벌어지는지 보자. 아무
  것도 안 하느니 실패하는 것이 낫다. 더구나 성공할지, 실패할지는 아
  무도 모르는 일이다.

- 지연 행동

  ⇨ 이보다 더 자신을 원망하려고 미루는 것인가? 나는 내 뇌의 편에 서지 않을 것이다. 적극적으로 살면서, 적어도 구속받지는 않을 것이다.

- 침대나 소파에서 많은 시간을 생각하는 데 보낸다.

  ⇨ 탈중심화를 적용하고, 내가 중요하게 여기는 일을 한다.

- 다른 사람의 결정에 상당 부분 의지한다.

  ⇨ 내가 좋은 선택을 할 수 있음을 인정하지 않으므로 좋지 못한 생각이다.

무력감

- 나는 능력이 없어서 절대 발전하지 못할 것이다.

  ⇨ 문제는 내가 아니라 낮은 자존감이 내게 건네는 말이다. 나는 내가 소중히 여기는 일을 할 것이고, 뇌는 혼잣말을 하게 내버려둘 것이다.

지속되는 경우

- 자신과 삶이 슬프게 느껴지고, 모든 것이 검게 물드는 우울하고 단절된 상태

  ⇨ 주요 증상: 슬픔, 반추.

- 사회 불안 유형의 불안장애

  ⇨ 주요 증상: 타인에 대한 두려움, 마주치면 대화를 나눠야 한다는 불안, 자기 확인에 대한 불안.

- 자신이 거둔 성공은 평범하게 여기고, 실패는 부풀려서 생각하는 완벽
주의

  ⇨ 주요 증상: 기준이 높은 개인적 욕망, 계속 일해야 한다는 욕구, 자기
  잘못에 대한 병적인 죄책감.

- **자신을 무능력하고 실패한 사람으로 보게 하는 인격장애**

  ⇨ 주요 증상: 무력감, 불완정성에 대한 매우 강한 집착.

36장

우울

여기서 다루려는 우울은 침대에서 일어나기 힘들거나, 와락 눈물이 쏟아지거나, 자살하고 싶은 욕구를 일으키는 우울증이 아니다. 이런 증상을 느낀다면 정신과의사나 심리치료사와 상담해야 한다.

여기서 말하려는 우울은 심리적 동요, 불쾌감, 공허함, 지루함을 느끼며 매사에 의미를 잃은 상태다. 회사에 나가고 일상을 살기는 하지만, 활력은 없다. 뇌는 즐거움을 전보다 덜 느끼고 일상적인 활동만 한다. 슬픔이나 짜증이 심해지며 불면증이나 반대로 수면으로 도피하는 과면증이 동반된다. 때로는 자신감이나 능력이 없다고 생각하며 자기 회의에 빠지기도 한다.[1]

우울할 때 주로 나타나는 대표적인 생각들은 다음과 같다.

- 나는 이것을 왜 하는가?
- 이 모든 것이 무슨 의미가 있는가?
- 나는 어디로 가고 있는가?

우울한 사람은 대개 활기와 열의 그리고 에너지를 잃는다. 모든 것이 복잡하고 어렵게 느껴지기 시작한다. 이제는 타오를 불씨가 남지 않은 것이다.

우울의 가장 흔한 원인들은 다음과 같다.[2]

- 갈등: 우리는 대부분 타인과 소통하고 상호작용하면서 살아간다. 자신에게 중요한 사람에게 말하지 않는 것이 많아지고 배신감과 실망감이 들면, 삶의 의미를 잃고 소외감을 느끼며 자신을 가치 없다고 여기게 된다. 이때 상대방에게 자기주장을 하거나, 실제로는 보내지 않을 편지를 쓰는 등 상황에 맞는 문제 해결로 넘어가는 것이 중요하다. 또한 감정을 수용하면서 지나치게 신경 쓰지 않는 법을 실천할 수도 있다.
- 의미 상실: 자신의 성격과 가치관이 더는 자신의 행동과 일맥상통하지 않는다. 자신이 하는 일이나 자주 만나는 사람들과의 관계에서 더는 자신을 발견할 수 없다. 이런 경우 16장 〈삶의 명확한 목표〉를 다시 읽고 자기 가치관에 걸맞은 행동을 검토

해 실행으로 옮기는 것이 중요하다. 집-회사-집과 같은 루틴은 의미를 찾을 수 없다는 감정을 강화할 수 있으므로, 새로운 활동을 시작하거나 열정을 쏟을 수 있는 일에 더 많은 시간을 들이는 것이 중요하다.

- 비활동 기간: 실업 등의 외부적 요인이나 동기 부족 등의 내적인 침체로 인해 활동하지 않는 기간에는 공허감이나 반추를 느끼기 쉽다. 절대로 가만히 있어서는 안 된다. 활동하지 않으면 우울감이 깊어져서 욕구는 멈추고, 동기는 사라진다. 아침에 일어나야 할 이유가 없다면 당연히 활기도 사라진다. 욕구가 생길 때까지 기다리지 마라! 자발적으로 무언가를 계획하여 전투적으로 실행해서 겨울잠을 자는 뇌를 다시 가동해야 한다. 이때 부담이 없을 정도의 활동 계획을 세워야 한다. 이익이 되는 일이 아니더라도 움직여야 한다. 그러면 뇌가 저절로 다시 가동되어 욕구와 동기가 되살아날 것이다.

- 능력 또는 노하우 부족: 업무에 능통하지 못하고 실행 방법이나 해결 방법을 모를 때 자존감이 타격받고 우울해질 수 있다. 50대 이상에서 이런 경우가 많다. 직장에서 뒤처지고 구식이 됐다는 느낌을 받는다. 하지만 신기술을 다룰 줄 모르는 데도 정보를 얻어 능력을 갖추려 하지 않는다. 그런 와중에 젊은 신입이 들어오는 것을 지켜본다. 가만히 있으면 안 된다. 지금이 바로 부족한 능력을 채워야 할 때다.

- 정서적, 사회적 결핍: 소심함 때문에 온갖 이유를 들며 혼자 있는 것은 정신 건강에 악영향을 미친다. 고독을 좋아하고 혼자 있는 것에 만족하는 사람은 흔하지 않다. 사람은 대부분 접촉과 애정의 욕구를 느낀다. 이런 경우에는 다음의 문제 해결 단계로 넘어가자! 소심함이나 불안이 문제라면 26장 〈불안〉을 참고하여 문제를 공략한다. 외딴곳에 살거나 삶에 갑작스러운 변화(이사, 질병, 이혼 등)가 생겼다면 곧바로 새로운 사회적 관계를 만드는 데 힘을 쏟아야 한다. 더불어 34장 〈행복 추구〉를 반드시 읽어 보자. 기억 훈련을 중심으로 사기를 증진하는 다양한 방법이 설명되어 있다.

- 반추: 우울증은 종종 해결되지 않은 갈등, 실망, 직업상 문제로 인한 반추 때문에 발생한다. 시발점인 사건이 중요한 것은 아니지만, 뇌는 그것을 자주 되새긴다. 17장 〈반추와 탈중심화〉를 다시 읽고 도돌이표처럼 반복되는 생각에서 벗어나 현재로 돌아와야 한다.

- 수면 또는 음주 문제: 수면 장애나 지나친 음주로 일상의 균형이 깨지면 뇌는 저절로 우울감에 빠진다. 그러니 일찍 일어나야 하고, 과도한 낮잠을 자면 안 된다. 우울할 때는 아침에 계속 침대에 있고 싶고, 오후에도 다시 침대로 향하고 싶은 마음이 든다. 그러면 수면 패턴이 깨져서 뇌가 계속 겨울잠을 자게 된다. 아침에 늦게 일어나면 의욕은 점점 약해지고, 과도한 낮잠

까지 자면 완전히 사라져 버린다. 39장 〈수면〉 및 40장 〈음주와 정신자극제〉를 읽고 삶의 질서를 되찾아야 한다.

- 인지 편향 또는 엄격한 도덕적 원칙: 흑 아니면 백이라는 식의 생각, 지나치게 일반화하는 경향, 엄격한 도덕적 원칙을 가지고 있다면 실제로 우울증을 겪기 쉽다. 10장 〈인지 편향의 힘〉과 11장 〈도덕적 원칙의 힘〉을 다시 읽고 자신이 이에 해당하는지 확인한다.

- 점점 더 개입하는 초기 부적응 도식: 이런 경우 치료 전문가와 함께 조사하는 것이 필요하다. 무의미함, 불완전함, 내면의 외로움, 자존감 결여 같은 감정이 느껴지지 않고, 이로 인해 우울감이 발생한다고 설명할 수 없다면, 지금까지 제시한 우울 관련 대응법이 적합하지 않거나 불완전할 수 있다. 이때는 48장 〈초기 부적응 도식 치료〉를 참고하거나, 24장 〈편지로 감정 비우기〉를 다시 읽으면서 문제의 핵심과 장애물을 찾아야 한다.

우울의 원인이 무엇인지도 분석해야 한다. 아래와 같은 방법을 이용하자.

- **상황:** 어떤 상황에서 우울하다고 느끼는가?
- **감정:** 어떤 감정이 드는가?
- **사고:** 어떤 생각이 드는가?

- **행동:** 어떤 행동을 하는가?
- **무력감:** 같은 일이 반복되면 문제를 피할 수 없다는 믿음이 생겨 저항을 포기하게 된다. 무력감이나 불가피하다는 느낌과 관련되는 믿음은 무엇인가?

이 질문들에 대답하면서 바로 앞에 나온 우울의 원인 목록을 살펴보면, 당신 안에서 무슨 일이 일어나고 있는지 알 수 있을 것이다. 그런 다음 인지 재구조화, 의사결정 기법 등 여러 기법을 사용해 보자.

28장 〈슬픔〉과 34장 〈행복 추구〉를 바로 다시 읽어 보자. 우울에서 벗어나는 방법 및 적절한 훈련법을 소개했다.

불현듯 우울한 감정이 다시 덮쳐 아침에 일어나기 힘들고 종일 대처하기 어렵다면, 정신과의사나 심리치료사와 상담해야 한다. 우울감이 우울증으로 바뀌는 중일지도 모른다.

37장

분노와 불의

분노 및 불의에 대한 감정은 민감하다. 무언가 또는 누군가가 우리 안의 가장 근본적인 것, 즉 정당성을 해친다. 그래서 배신감, 버림받았다는 마음, 모욕감을 느끼면서 분노와 슬픔이 폭발한다. 분노와 불의에 대한 감정은 서로 얽혀 있으므로, 이 책에서는 둘을 분리하지 않고 함께 다루기로 했다.

어떻게 불의를 넘길 수 있을까? 불의를 용서한다는 것은 우리의 힘을 넘어서는 일로 보인다. 우리는 용납하기 어려워 다음과 같이 생각한다. '이런 일을 용서해서는 안 돼! 용서하면 아무 일도 없었던 것처럼 될 거야! 상대가 나에게 상처 준 적이 없는 것처럼 굴게 될 거라고! 사람에게는 지켜야 할 도덕과 원칙이 있어! 하지만 사람들은 더는 도덕적이지 않아! 교육을 받지 못했기 때문이야!'

물론 우리는 때때로 사람들로 인해 상처를 받는다. 하지만 그들은 존중, 도덕, 교육 같은 것에 관심이 없다. 이때 상처받은 감정에 계속 시달리고 반추하는 이는 누구인가? 누가 계속 일을 그르치는가? 존중과 도덕에 사로잡혀 내면을 소진하는 이는 누구인가? 바로 소파에 덩그러니 앉아 있는 나다. 나는 머릿속에서 사건들을 필름처럼 반복 재생한다. 마치 날카로운 칼날이 열 번이나 같은 상처를 찌르는 것과 같다. 나의 뇌는 내게 시나리오를 재현하면서, 매번 그때의 감정을 다시 불러일으킨다.

따라서 감정의 강도를 낮추고, 반추의 소용돌이에서 빠져나와야 한다. 과거에 나를 괴롭게 만든 사건이 있었던 것은 맞지만, 현재의 나를 괴롭히는 것은 스스로 사건을 계속 반추하는 행위다. 바꿀 수 있는 것은 과거가 아닌 현재이므로, 반추에서 벗어나는 데에 초점을 맞추자.

반추에서 벗어나기

당신의 감정이 정당하다고 해도 지금의 반추가 행복에 도움이 되는가? 공허함 속에서 되새기는 것이 당신에게 불리하지 않은가? 과거에 부당한 일이 있었다고 해도 지금 중요한 일에 집중해야 한다는 것을 받아들여야 한다.

모든 사람이 당신과 똑같은 존중과 도덕적 원칙을 가지고 있다면 세상은 나아질 것이다. 그런데 당신이 책임지고 모든 사람을 교육할 수 있는가? 다른 것에 에너지를 쏟는 것이 더 낫지 않겠는가?

자기주장은 잘못을 저지르는 사람에 맞서는 데 도움이 될 수 있다. 하지만 그래도 소용이 없다면, 그보다 이로운 일이 있을 것이라고 지금 바로 판단하는 것이 상책일 수도 있다.

불의에 대한 감정이 가라앉도록 내버려두는 것에 동의하는가? 당신의 반추가 문제를 해결하려고 하는 한, 그 문제에서 결코 벗어날 수 없을 것이다. 불의는 누차 반복하지 않아도 이미 충분히 불쾌하다. 그것을 끊임없이 되새김질할 필요는 없다.

현명한 조언자라면 당신에게 뭐라고 조언할까? 상대방에게 복수하거나, 사과를 받아내라고 할까? 아니면 이제 그만 생각할 때도 되었다고 할까?

특히 최근에 일어난 사건에 대한 분노를 가라앉히는 데는 마음챙김만 한 기법이 없다. 대화를 시도하거나 전략을 고심하기 전에 흥분을 잠재우는 것이 중요하다. "집에 불이 났다면 당장 할 일은 원인을 밝히는 것이 아니라 불을 끄는 것이다."라고 틱낫한 승려는 말했다.[1] 감정의 뇌가 일단 잠잠해지면 이성의 뇌가 영리하게 사고하게 된다. 반추에 근거한 해묵은 불의를 상대하려면, 17장 〈반추와 탈중심화〉에 나오는 기법을 중심으로 실행하면서 반추에서 벗어나 보자. 문제를 키우는 요인이 무엇이냐에 따라 자기주장 또는 문제 해결 등의 기법을 선택할 수 있다.

분노와 불의에 대한 감정은 일반적으로 반추와 같은 방식으로 작동하며, 동일한 요인들(자기주장 부족, 감정 수용 부족, 문제 해결 능력 부족)에 의해 발생한다.

다양한 접근 방식이 필요한 문제도 있는데, 가령 부당하게 해고당한 경우다.

- 자기주장: 책임자를 찾아가 화를 내며 변호사를 선임하거나 노동조합에 이의를 제기할 것이라 주지한다. 말하지 못한 내용은 편지를 써서 털어낸다.
- 문제 해결: 노동조합에 연락하고, 변호사와 함께 법원에 제출할 서류를 갖춘다.
- 마음챙김: 변호사나 가족이 보낸 우편물 또는 전화 때문에 감정이 강렬해지면 마음챙김을 실천한다. 그러면 감정이 진정될 것이다. 다음으로는 상상 속 노출을 적용해 볼 수도 있다. 당신에게 해고를 알리는 상사 면전에서 당신이 화를 내는 모습을 그린다. 이때 마음챙김을 실천하면 뇌는 이에 익숙해지고 견딜 수 있게 된다.
- 감정 수용: 감정을 추스르느라 친구와 오랜 시간 통화하거나 잊으려고 술을 마시기보다는 감정이 아직 끝나지 않았음을 받아들인다. 이 모든 감정은 이제 막 일어났으므로 강렬하게 느

껴지겠지만, 몇 주 후에는 가라앉을 것이다. 이 작업은 다음에 나오는 기법들과 함께 병행한다.

- 탈중심화: 부당 해고는 변호사나 노동조합 담당자를 만나서 해결할 일이지, 반추할 일이 아니다. 따라서 반추에서 벗어나야 한다.
- 인지 재구조화: 자신의 가치를 낮게 평가하거나 상사에 대한 비판을 모든 회사로 일반화하기보다는 당신의 이력을 돌아보는 시간을 가져 보자. 보다시피 당신은 유능한 사람이고, 일 잘하는 상사와 함께 근무했던 경험도 있다.

마음챙김을 다룬 일부 책에서 주장하는 바와 달리, 분노는 마음챙김만으로 조절되지 않는다. 그도 그럴 것이 분노를 일으키는 것은 감정이기도 하고, 상황이기도 하기 때문이다. 마음챙김은 마음의 힘을 유도할 수 있지만, 분노를 촉발한 상황에 영향을 미치지는 못한다. 우리는 우주를 떠다니는 순수한 영혼이 아니라 우리를 둘러싼 현실의 일부이며, 그 현실에 맞서 고군분투하고 있다. 현실은 우리에게 영향을 미치지만, 이제는 우리가 현실에 영향을 줄 차례다. 감정을 가라앉히기 위해 마음챙김을 활용할 수 있지만, 동시에 그 감정을 촉발하는 원인을 어떻게 다룰 것인지 한번 고심해 보자. 19장 〈자기주장〉에서 설명했듯이, 우리 영역의 경계를 다시 설정할 때까지 타인은 그 경계를 계속 침범할 것이다. 이때 어떤 싸움을 할 것인지 선택할 줄 알아야 한다. 무엇이 당신에게 도움이 되고, 무엇이 시간 낭비가 될까? 특정한 사람과 반복되는 문제가 발생할 때와 거리에서 누군가와 부딪혔을 때, 당신의 대응은 달라져야 한다.

강렬한 분노는 마음챙김으로 다스려야 한다. 마음챙김으로 조절하기 어려운 충동적인 분노에는 시차 기법을 적용한다. 분노를 일으킨 원인을 해소하려면 문제 해결과 자기주장이 반드시 동반되어야 한다.[2] 분노는 때로 휘발되므로, 이때는 그냥 흘러가게 두거나 다른 중요한 것에 집중하는 것이 바람직하다.

38장

충동성

충동적인 사람들이 격분하면 지나친 행동을 하고, 물건을 부수며, 술을 마시거나, 사람들에게 욕을 할 수도 있다. 그들에게는 자신이 결정권을 가지고 타인을 굴복시켜 자신이 옳다고 여기게 하는 것이 중요하다. 또한 누가 자신에게 화를 내는 것을 절대 견디지 못한다.

충동을 느낄 때는 뒷일을 생각하지 않고 대담하게 행동하게 된다. 행동이 생각을 앞서는 것이다. 충동적인 이들은 모든 것이 즉시 이루어져서 불편이 해소되고 바로 즐거워지기를 원한다. 이처럼 충동성의 중심에는 고통을 회피하려는 본능이 자리하고 있다.

충동성은 왜 일어나는가? 반복적으로 감정이 격렬해져서 뇌의 인내력을 넘어서거나, 원래부터 뇌의 인내력이 낮아서 발생한다.

즉, 충동적인 사람은 뇌의 감정 영역에 필터나 울타리가 없어서 자극을 거의 여과 없이 겪게 된다. 이로 인해 그들의 '뇌 에어백'이 충분히 단련되지 않아 감정의 폭발을 견디지 못하는 상태에 이르게 된다.

일상에서 충동적 행동의 결과는 여러 양상으로 나타난다. 좌절을 견디지 못하고, 타인의 욕구를 고려하지 않으며, 규칙적인 업무에 대한 지속력이 부족하다. 집중력, 인내심, 계획성이 부족할 뿐만 아니라 객관적인 시각도 갖추지 못한다. 충동적인 사람의 목표는 그저 당장의 불편을 해소하는 것뿐이다.

충동성이 발생하는 이유에 대한 몇 가지 설명이 있다.

- 한계 경험에 대한 교육 부족: 부모가 자녀에게 감정 조절이나, 특히 인내심을 교육하지 않았다. 아이는 한계를 경험한 적이 거의 없으므로 좌절을 배우지 못한다. 아이의 뇌는 즉시성과 즐거움에 익숙해진다. 아이가 좌절을 맛보는 경우 난폭하게 반응하거나 참을 수 없어 한다. 어른이 되어서도 이와 같은 도식이 저절로 재생산되어 실망하는 순간 감정을 억누를 줄 모르게 된다. 따라서 이 경우에는 인내의 창window of tolerance(외부 자극이나 스트레스를 견딜 수 있는 범위-편집자)을 보강해야 한다. 빠르게 행동할수록 충동성은 자동화된다. 여유를 가질수록 충동성은 줄어들며, 점차 차분하게 행동할 수 있게 된다. 18장 〈시차 기법〉이 인내의 창을 보강해 줄 것이다.

- 감정 과잉: 벌을 자주 받거나, 지나치게 엄한 분위기에서 자라거나, 심지어 자존감이 손상될 정도로 무시당한 경험을 겪은 아이는 인내의 창이 막히게 된다. 이들에게 과잉된 감정이 빠져나갈 틈은 어디에도 없다. 어른이 되면 소소한 좌절에도 폭발하게 된다. 이들은 19장 〈자기주장〉을 참고해 갈등이 발생했을 때 자신의 의사를 표현하는 법을 배워야 한다. 자기주장은 침묵이 아니라 의사를 표현함으로써 감정 축적과 폭발을 막는다. 24장 〈편지로 감정 비우기〉도 뇌 속에 꽉 찬 감정 주머니를 비우는 데 도움이 된다. 글쓰기를 통해 감정을 정화하고, 이를 통해 인내의 창을 조절할 수 있기 때문이다. 이는 해소되지 않은 과거의 사건이나, 직장 내 갈등처럼 자기주장 표현이 위험할 수 있는 상황에서 특히 유용하다. 48장 〈초기 부적응 도식 치료〉를 참고하면 어릴 때 형성된 분노, 버림받은 느낌, 복종에 대한 강렬한 감정을 다스릴 수 있다. 엄격한 도덕적 원칙은 충동성을 초래하므로 11장 〈도덕적 원칙의 힘〉을 통해 자신만의 원칙을 재설정해 보자. 마지막으로 20장 〈마음챙김〉을 실천하면 감정이 고조될 때 즉각적인 충동적 행동을 예방하는 데 큰 도움이 될 것이다.

- 생물학적으로 작은 인내의 창: 과잉행동장애ADHD나 조울증을 앓는 사람의 뇌는 매우 민감하게 반응한다. 따라서 충동성이 문제라면 이런 증상이 있는 것은 아닌지 전문가와 상담할 것을

권한다.

- 정신자극제, 수면 부족, 스트레스: 술, 불법 약물, 커피는 뇌를 자극하고 인내의 창을 작아지게 한다. 이처럼 뇌를 유난히 예민하고 반사적으로 만드는 것들을 섭취할 때는 주의해야 한다. 수면이 부족해 뉴런이 쉬지 못하면 뇌가 조급해지므로 충분히 자야 한다. 극도로 스트레스를 받은 사람은 뉴런이 한계에 이른 것이므로 충분한 휴식과 명상이 필요하다.

사례: 나는 충동적으로 물건을 사고 집에 돌아와 매번 후회한다. 항상 통장을 보면서 자신에게 경고한다.

상황

- 상점에서 눈에 띄는 물건을 발견했다.
  ⇨ 잠시 시간을 지연시킨다. 구매를 제외하고 모든 것이 허용되므로 다른 물건도 둘러본다. 구매를 미루고 고민해 보자. 며칠 뒤에 다시 방문하는 방법도 있다. 매우 희귀한 물건이 아니면 급할 이유가 없다. 이런 경우 24시간 정도 기다릴 수 있을지 자문해 본다. 할인 상품이면 시차 기법을 최소 몇 시간만이라도 시험해 본다. 시차 기법을 적용할 수 없다면 감정 수용을 적용한다. 지금은 구매하고 싶은 마음이 강하지만, 내일이면 어떻게 될지 생각해 본다. 상점에서 나간다고 문제가 해결되는 것은 아니다. 반응 방식을 바꿔야 한다.

- 인터넷에서 사고 싶은 물건을 발견했다.

  ⇨ 일단 장바구니에 담아 놓고 며칠 후에 다시 사이트에 방문한다. 할
  인 상품이라면 구매를 몇 시간 미뤄 본다. 시차 기법을 적용할 수 없
  다면 감정 수용을 활용한다. 감정이 잦아들어 내일이면 구매하지 않
  은 것을 후회하지 않게 될 것이다.

감정

- 흥분

  ⇨ 흥분하면 뇌는 불법 약물을 복용한 것처럼 활동한다. 하지만 그런 도
  취 상태는 본마음이 아니다. 흥분은 몇 분 정도만 유지되고, 이후에는
  며칠 동안 흥분해서 일을 저지른 자신을 원망하게 된다. 흥분은 선택
  의 길잡이가 되지 못한다. 흥분한 상태로는 정확하게 사고할 수 없다.
  따라서 구매를 미룬다.

- 좌절 거부

  ⇨ 몇 분 혹은 몇 시간 동안의 좌절을 받아들이지 못하면 만족스럽지 않
  은 삶에 갇히게 된다. 어려운 순간이 있다 해도 받아들일 수 있어야
  한다. 감정 수용을 적용하여 목표와 가치관에 집중하면 자신에게 중
  요하고 오래도록 기쁨을 주는 것에 투자하는 것이 바람직하다는 사
  실을 알 수 있다.

사고

- **희귀한 물건이라고 생각한다.**

  ⇨ 그렇게 생각할 수 있는 물건은 이것 외에도 수천 개나 있다. 끝이 없는 갈망과 다름없다. 시차 기법을 적용해 보자. 진정 희귀한 물건이라면 이삼일 후에도 마음에 들 것이다.

- **할인 중이라 지금 사야 한다.**

  ⇨ 합리적 소비인지 객관적으로 따져 본다. '없어서는 안 될 물건인가? 비슷한 물건을 이미 가지고 있지는 않은가? 어디에 사용할 것인가? 할인하지 않아도 샀을 것인가?' 필요 없는 물건은 아닌지 생각해 보자.

- **실용적인 물건이라고 생각한다.**

  ⇨ 어디에 사용할 것인가? 일상에서 필요한 물건인가? 실제로는 그렇지 않을 것이다.

- **이 책을 읽고 싶고, 이 영화가 보고 싶다.**

  ⇨ 책장에 모아둔 것은 죄다 무엇인가? 1년 후에도 그 책들은 그대로 있을 것이다. 이미 가지고 있는 책과 영화부터 보기 시작하자.

- **이 골동품이 마음에 쏙 들고, 거실에 두면 보기 좋을 것이다.**

  ⇨ 지금 구매하지 않아도 된다. 골동품은 사흘이 지나도 그 자리에 있을 것이다. 집에 진열해 둘 만한 특별한 장소가 있는가? 없다. 나중에는 서랍 구석을 차지하는 신세가 될 것이다.

행동

- 바로 구매한다.

  ⇨ 충동적인 행동이다. 시차 기법을 적용하여 구매 욕구가 어떻게 변화
  하는지 살핀다. 시차 기법은 기호나 욕구가 아닌 충동성에 영향을 미
  친다. 내일이나 모래에는 명확하게 판단할 수 있을 것이다. 원하는 물
  건이 희귀한 경우 판매자에게 따로 보관해 달라고 부탁하면 된다.

- 사 버릴까 봐 상점에 갈 엄두가 나지 않는다.

  ⇨ 이렇게 피한다고 해서 문제가 해결되지는 않는다. 여러 상점을 다니
  며 객관적으로 숙고하여 시차를 둔다.

무력감

- 항상 그렇지만 나는 자제할 줄을 모른다. 그래서 일부 상점은 일부러 피
  해 다닌다. 사고 나서 매번 후회하며 처박아두면서도 또 사고 싶어진다.

  ⇨ 문제의 원인을 파악했다. 충동성과 안 사면 손해라는 생각이 작용하
  는 것이다. 시차 기법을 적용한다.

지속되는 경우

- 우울해서 비관적인 생각을 하게 된다. 물건을 사면 좀 나아진다.

  ⇨ 주요 증상: 슬픔, 반추.

- 충동구매

  ⇨ 주요 증상: 구매하고자 하는 충동, 신용과 채무 등 가족 및 은행과 관

련된 문제(예: 채무 증가, 대출 문제 등).

- **충동구매와 관련된 지장 강박**

  ⇨ 주요 증상: 물건을 버리면 불안하고, 여러 곳에 물건을 어지럽게 쌓아 두는 데 익숙하다. 분류하는 것이 어렵다. 중요한 것과 그렇지 않은 것을 구별하지 못한다.

- **병적 충동**

  ⇨ 주요 증상: 구매할 때뿐만 아니라 여러 영역에서 충동적 행동을 지속적으로 보임.

- **조울증**

  ⇨ 주요 증상: 행복감, 과잉 행동, 금전 소비, 조증과 우울, 슬픔, 무기력, 비관적 반추가 번갈아 나타난다. 매년 혹은 매달 이런 증상이 여러 차례 반복된다. 며칠 혹은 몇 주에 한 번씩 연이어 증상이 나타나는 사람도 있다.

사례: 나는 참을성이 없고 조급해서 주변 사람을 힘들게 한다.

상황

- **잘못된 것에 관해 이야기할 때**

  ⇨ 내가 보기에는 잘못된 것일 수 있으나, 타인이 자신의 경험과 근거를 토대로 제시한 의견을 부정할 수는 없다. 타인이 자신의 의견을 객관적 판단에 따라 결정할 때까지 기다려야 한다. 정의의 사도나 심판자

역할을 자처해서는 안 된다. 단지 대화이고 의견 교환일 뿐이다.

- **불의에 관해 이야기할 때**

  ⇨ 누구나 화가 나겠지만, 얼마나 화를 낼지는 조절할 수 있다. 감정 수용과 마음챙김을 적용한다.

- **공격받는다고 느낄 때**

  ⇨ 사람들이 나를 공격하기에 나도 공격한다면 인내심이 약한 것이다. 감정 수용을 적용해서 내 감정이 잦아들 수 있는지 파악해야 한다.

- **무시당한다고 느낄 때**

  ⇨ 무시당한다고 느낄 때마다 소리를 지른다면, 그 감정에서 계속 벗어나지 못할 것이다. 감정 수용을 적용해 본다.

- **내 말을 끊을 때**

  ⇨ 내가 먼저 타인의 말을 끊은 적은 없는가? 더는 이런 일 때문에 소리 지르는 사람이 되고 싶진 않을 것이다. 감정 수용을 실천해 본다.

- **내 의견에 계속 동의하지 않을 때**

  ⇨ 누구도 절대 진리를 얻을 수 없다. 내 개인적 의견은 유일하며 보편타당한 것이 아니다. 시차 기법을 이용해 분노의 감정이 약해지도록 한다.

감정

- **분노 및 불의에 대한 감정**

  ⇨ 모든 사람이 겪을 수 있는 감정이다. 이런 감정이 심해지면 충동성이

일어날 수 있다. 감정 수용을 적용한다. 크게 심호흡하며 충동성이 잦
아들 때까지 기다린다. 그러면 진정한 분노만 남게 된다.

사고

- **존중받지 못한다.**

  ⇨ 내 의견에 동의하지 않는다고 해서 나를 존중하지 않는 것은 아니다.
  각자 의견이 다양할 뿐이다. 친구들이 나를 존중하지 않을 이유가 있
  는가? 딱히 불순한 의도는 없을 것이다.

- **나를 바보 취급한다.**

  ⇨ 상대방은 의견을 제시했을 뿐이다. 나를 바보 취급한다는 것은 나의
  잘못된 생각일 뿐이다.

- **친구라면 내 말을 들어줘야 한다.**

  ⇨ 내가 사랑하고 나를 사랑하는 가장 친한 친구가 "네가 법을 만드는
  사람이라도 돼? 너는 대화할 때마다 자존심을 걸어. 제발 별개로 생
  각해!"라고 말했다. 친구 말이 맞다. 그저 대화를 나누는 것이지 재판
  이나 유엔 정상 회의가 아니다. 핵폭탄을 쓸지 말지를 결정하는 것도
  아니다.

- **친구는 자신이 모르는 것이 없다고 믿지만, 잘못된 생각이다.**

  ⇨ 내 생각이 더 옳다는 증거도 당연히 없다.

행동

- 화가 머리끝까지 치밀어 공격한다.

    ⇨ 시차 기법과 감정 수용을 적용한다. 또한 집에 혼자 있을 때 감정을
    유발하는 상황들을 시각화하면서 동시에 마음챙김을 실천한다.

무력감

- 어떤 사람들과의 만남이나 특정한 약속을 피한다. 식사 때 분위기를 깨
  지 않으려고 아무 말도 하지 않는 버릇이 있다. 내가 욱할 때가 있다는
  것을 알기 때문이다. 자신을 통제하지 못한다고 생각한다.

    ⇨ 모든 난관을 거부하고 있다. 마음챙김을 실천하면서 시차 기법, 감정
    수용, 노출 기법을 적용해 본다.

지속되는 경우

- 우울하거나 번아웃 증후군이 발생하면 더 예민해지고 즉각적으로 반
  응한다.

    ⇨ 주요 증상: 슬픔, 반추, 일반적인 피로.

- 고질적인 부당함, 엄격한 가치관, 원인에 상관없이 강렬한 감정을 일으
  키는 인격장애

    ⇨ 주요 증상: 타인과의 반복적인 갈등, 엄격한 가치관, 타협을 어려워함.

39장

수면

잠을 자야 몸과 마음이 회복된다. 잠을 자야 뇌도 휴식하면서 하루 동안 쌓인 정보를 정리한다.[1] 잠이 부족하면 뉴런은 지쳐서 점차 죽게 된다.[2] 숙면하지 못하면 뉴런이 포함된 회백질(척추동물의 중추 신경계에 신경 세포가 모인 회백색 부분-편집자)이 감소해 당뇨병과 심장병에 걸릴 위험이 커진다.[3]

따라서 수면은 감정을 조절하는 데도 중요하다. 수면 부족은 과민성, 충동성, 분노, 슬픔, 자살 충동을 유발하고 지연 행동을 일으킨다.[4] 더불어 기억력, 집중력, 억제력을 떨어뜨리며, 사고 능력과 전전두피질에 영향을 끼친다. 잠이 부족하면 부정적 감정이나 논리적 사고를 처리하는 뇌의 능력이 떨어지는 것이다.

성인의 50퍼센트가 수면 부족, 20퍼센트가 수면 장애 상태를 경험한다.[5]

당신도 숙면하지 못하거나 불면증에 시달리고 있을지 모른다. 어떻게 하면 양질의 수면을 취할 수 있을까?[6]

- 규칙적인 수면: 잠을 자는 습관을 갑자기 바꾸면 뇌는 이를 반기지 않는다. 규칙적인 회복이 중요하다. 자는 시간과 일어나는 시간을 정해 한 시간 범위 안에서 매일 지키자. 밤을 새우거나 아침에 늦잠을 자는 일은 피한다.
- 일찍 자고 일찍 일어나기: 자정 전에 잠자리에 들어야 한다. 그러지 않으면 수면 시간이 부족해 다음 날 출근에 문제가 생길 수 있고, 수면의 질이 떨어져 몸이 회복하지 못할 수 있다. 신체 리듬에도 변화가 생긴다.
- 자극적 요소 피하기: 술, 커피, 당분을 과다 섭취하거나, 텔레비전 시청, 휴대전화 사용, 운동 등은 뇌에 자극제가 된다. 아침이나 낮에 커피를 마시거나 달리기하는 것은 괜찮지만, 자기 전에 이런 행동을 하는 것은 수면에 좋지 않다. 마찬가지로 담배도 뇌를 흥분시킨다.
- 주변 정리하기: 침대를 청결하고 쾌적하게 유지하며, 편안한 분위기의 침실을 만들어야 한다. 침실의 온도, 채광, 소음도 숙면을 방해할 수 있다.
- 수면을 위한 침대: 침대에서 일하거나, 음식을 먹거나, 텔레비전을 보며 오래 머무르지 않도록 해야 한다. 뇌가 침대를 수면,

휴식, 성관계를 위한 장소로 인지하게 해야 한다.

- 잠들지 못하게 만드는 불안과 반추 조절하기: 26장 〈불안〉, 27장 〈실존적 불안〉, 17장 〈반추와 탈중심화〉, 20장 〈마음챙김〉을 다시 읽는다. 이러한 고민은 종종 실제로 해결이 필요한 문제가 있을 때 발생하므로, 문제 해결을 위해 21장 〈인지 재구조화〉와 22장 〈의사결정 기법〉을 참고하자.
- 잠이 오지 않더라도 침대에서 벗어나지 않기: 잠이 오지 않으면 은은한 조명 아래서 책을 읽거나 물을 한 잔 마신다. 강한 조명이나 휴대전화 액정 화면은 피한다.

잘 알다시피 뇌는 루틴과 반복을 좋아하고, 변화와 불안은 싫어한다.

수면 장애가 나아지지 않는다면 의사나 수면 전문가와 상담해야 한다. 불안장애나 우울증, 수면 무호흡증, 갑상샘 문제가 있을 수 있다. 수면의 질이 떨어져 역류성 식도염을 앓는 경우도 있다.

40장

음주와 정신자극제

일상에서 소비하는 술, 커피, 불법 약물은 뇌를 자극해 당신의 감정 및 행동에 거짓 친구 역할을 한다. 당신을 무감각하게 만들어 더욱 충동적으로 행동하게 하고, 의사결정 능력도 방해한다. 더 나은 삶에 악영향을 미치는 걸림돌이다.

음주는 뉴런 간 소통을 방해해 뇌의 기능에 빠르게 영향을 미친다. 술을 몇 잔씩 매일 마시면 그 영향으로 인한 뉴런 감소를 관찰할 수 있다.[1] 약물도 마찬가지다.

음주는 단숨에 전전두피질에 영향을 미쳐 논리적 사고에 문제를 일으킨다.[2] 그로 인해 우리는 때로 충동적이고 폭력적이 된다. 결국 자신을 통제하지 못하는 부정적인 결과를 낳는다. 전전두피질은 25세쯤에 발달이 완료된다. 즉, 가장 늦게 성숙해지는 뇌 영역이다. 따라서 25세 전에 술을 마시면 전전두피질이 제대로 발달하지 못할 수 있다는 점도 명심해야 한다.

술은 감정의 뇌에도 영향을 미쳐 감정을 더욱 강렬하게 만들고 보상 체계(3장 〈감정의 뇌〉 참고)를 활성화한다.[3] 그리하여 별것 아닌 일에도 웃게 되지만, 반대로 슬퍼지거나 화를 잘 내게 되기도 한다. 대뇌변연계가 기억과 관련 있는 만큼 술은 기억을 잃게 만드는 블랙아웃 현상을 초래할 수도 있다. 즐거움을 주거나 불쾌감을 줄여주는 물질을 찾으려는 욕구는 전전두피질, 대뇌변연계, 기저핵에서 관리하는 보상 체계를 자극하게 된다. 중독이란 뇌가 이런 쾌감을 반복해서 찾으려는 작용으로 생겨나게 된다.

슬픔

술은 전전두피질과 감정의 뇌를 방해해서 슬픔을 유발할 수 있다. 과음하거나 알코올 의존증에 걸리면 우울증이 발생하기도 한다.[4] 무료하거나 슬플 때 가볍게 한두 잔 정도 마시면 기분이 좋아진다고 여기는 경우가 많다. 이는 잘못된 생각이다. 술이 당장에는 자유롭거나 진정되는 느낌을 주지만, 시간이 지나면 슬픔이나 분노, 심지어 비정상적인 반응을 증가시킬 수 있다. 보통 처음 몇 시간은 기분이 좋아지고 마취된 듯한 느낌을 주지만, 혈중 알코올 농도가 떨어지면 우울감이나 슬픔을 유발하는 경향이 있다.

장기적으로 봤을 때도 음주는 피로를 증가시켜 저녁 시간을 방해한다. 음주 직후에는 쉽게 잠들어도, 밤중에 깨거나 수면 무호흡증이 생겨 결국 밤새 기력을 회복하지 못하게 막는다. 그러면 39장 〈수면〉에서 설명했듯이 부정적인 감정을 조절하기 어렵게 된다.

충동

술은 충동적인 사람에게도 덫이다. 이미 행동 과잉 상태인 뇌를 더 활성화하여 분노나 공격성 같은 감정을 증가시킨다. 그리하여 모욕적이거나 무례한 말, 싸움을 유발한다. 불법 약물 복용, 안전장치 없는 성관계, 교통사고 등의 위험을 일으키기도 한다.

이보다는 약하지만, 커피도 정신자극제이기에 섭취하면 충동적이고 예민해진다.

불안

불안한 사람은 때로 걱정을 잊거나 긴장을 늦추려고 혹은 빨리 잠들려고 술을 마신다. 이 또한 잘못된 방법이다. 앞서 말했듯이 술은 오히려 숙면을 방해한다. 술에 의지하면 불안을 없애는 것은 영원히 희망 사항으로만 남을 것이다. 감정의 뇌가 마비되어 불안에 익숙해질 수 없기 때문이다.

음주는 논리적 사고를 방해하고 불안을 가중시켜 부정적인 감정을 만들 수 있음을 명심해야 한다.

함정들

가장 흔한 것은 사회적 함정이다. 음주는 조직 생활의 한 요소일 수 있다. 술자리에서 "왜 안 마셔요?"라는 질문을 받게 되면, 타인의 시선을 걱정할 수밖에 없다. 하지만 굳이 다른 사람들과 똑같이 마시지 않아도 좋은 시간을 보내고 친구들과의 만남을 즐길 수 있다. 누군가가 계속 술을 권한다면 다른 설명을 덧붙일 필요 없이 "술을 잘 못 마십니다."라고 말하면 된다. 물론 한 잔을 천천히 나눠 마시면서 다른 사람을 속일 수도 있다. 하지만 이는 타인이 불쾌해할까 봐 두려워서 펼치는 회피 전략일 뿐이다.

사회적 함정은 다음과 같은 일종의 현실 부정으로 이어질 수 있다. "저는 밤에만 마셔요.", "혼자서는 절대 안 마셔요.", "매일 마시지는 않아요.", "원하는 만큼만 마셔요." 하지만 말은 이렇게 하면서 일주일에 세 번씩 술자리를 가진다면, 이런 주장은 설득력이 떨어질 것이다. 당신이 알코올 중독자까지는 아닐지라도, 이미 과음을 하고 있을 가능성이 크다. 따라서 매주 몇 잔의 술을 마시는지 정확한 횟수를 파악하는 것이 중요하다.

불법 약물과 마찬가지로 음주는 시간이 흐를수록 마시는 양이 증가하고 습관이 된다는 점이 위험하다. 술을 처음 마셨을 때는 적은 양으로도 효과가 나타나지만, 시간이 지나면서 같은 느낌을 얻기 위해 점점 더 많은 양을 마셔야 한다. 그러면 결국 중독에 이르러 문제가 시작된다. 이런 지경에 이를 때까지 방치해서는 절대 안 된다.

잊지 말아야 할 중요한 함정이 있다. 술은 거짓 친구라는 점이다. 술은 불쾌한 감정을 조금도 없애지 못한다. 물론 순간적으로 잠재울 수는 있지만, 장기적으로는 오히려 불쾌한 감정을 고착하는 역할을 한다.

사례: 저녁 모임에서 술을 꽤 마셨다. 다음 날 숙취로 고생한다. 술을 마시느라 돈을 많이 써서 고민이고, 술에 취해 무례하게 행동한 점도 후회된다.

상황

- 술집에서는 분위기에 젖어 마음껏 즐기고 싶은 기분이 든다.
  - ⇨ 특히 분위기에 예민할 경우 시차 기법을 적용한다. 45분마다 한 잔씩만 마시며 술을 천천히 즐긴다.
- 저녁 모임을 즐기고 싶다.
  - ⇨ 즐기면서 통제하고 절주해야 한다. 시차 기법을 적용하면 도움이 될 것이다.

- 상대를 유혹하려면 취기가 필요하다.

    ⇨ 술이 긴장을 풀어줘서 도움이 되긴 하지만, 술 없이도 가능하다는 점을 잊지 말자. 문제는 소심함과 불안이다. 감정 수용과 노출 기법을 적용하자.

- 술을 마실 때 연거푸 단숨에 들이켜는 경향이 있어 도리어 술을 즐기지 못한다.

    ⇨ 충동적이므로 시차 기법을 적용한다.

- 친구가 술을 따라 줄 때 거절하지 못한다.

    ⇨ 자기주장을 실천한다.

감정

- 행복감

    ⇨ 이런 감정을 즐기되, 충동성에 빠져서는 안 된다. 시차 기법을 활용한다.

- 술 때문에 좌절하고 싶지 않아서 조급함을 느낀다.

    ⇨ 감정 수용을 적용한다.

- 소심함

    ⇨ 소심하다고 느껴질 때는 감정 수용을 적용한다. 불안해하며 자기를 비하하는 생각에서 벗어난다.

사고

- 괴로운 한 주를 보냈다. 오늘 밤에는 나에게 보상할 것이다.

  ⇨ 술을 마시는 흔한 이유지만, 모두가 그렇게 행동하지는 않는다. 시간이 지나면 후회할 것이다. 술을 천천히 마시면서 절제한다.

- 다음 주부터는 열심히 할 것이다.

  ⇨ 매주 같은 생각이 반복될 뿐이다. 이번에는 시차 기법을 적용해 본다.

- 좋아, 이런다고 죽진 않아!

  ⇨ 물론 그렇지만 과음하면 틀림없이 후회할 것이다. 시차 기법을 적용한다.

- 술 없이는 상대를 유혹할 수 없다.

  ⇨ 불안을 다스릴 줄 알아야 한다. 그렇지 않으면 살면서 겪는 모든 시련을 술로 달랠 것이다.

- 한 잔 더 거절하면 상대가 불쾌해할 것이다.

  ⇨ 친구들은 절주하려는 내 마음을 누구보다 잘 알아줄 수 있는 위치에 있다. 자기주장을 하고, 필요하다면 그들에게 더 설명한다. 그런 나를 비판하는 사람들과는 거리를 둔다. 나에게 건네는 말에는 감정 수용을 적용한다.

- 술 없는 모임은 재미없다.

  ⇨ 중간이 없는 양극단적 생각이다! 무엇보다 자신을 챙기고 음주를 조절해야 한다. 평소보다 덜 즐겁다면 이에 대해 감정 수용을 실천한다.

- 어찌 됐든 모든 사람이 술을 마신다.

    ⇨ 이런 말을 핑계로 삼지만, 결국 다음 날이면 항상 후회한다. 나에게
    이로운 것을 실행으로 옮긴다.

행동

- 술을 절제하지 못한다.

    ⇨ 시차 기법을 활용한다.

- 술이 없으면 상대를 유혹하지 못한다.

    ⇨ 불안에 노출되어 불쾌한 감정을 기꺼이 느껴 본다.

- 아니라고 생각하지만, 긍정적으로 대답한다.

    ⇨ 자기주장을 펼친다.

- 마시지 않을 거라면 술자리에 가지 말아야 했다. 그러나 술자리에 나왔
  으니 그냥 마신다.

    ⇨ 중간이 없는 양극단적 사고이다. 나아지고자 하는 나의 노력은 술에
    의한 행복감에 의지하지 않고도 즐거운 시간을 보내는 데 있다. 술이
    주는 행복감은 진정한 삶의 행복과 거리가 있음을 알아야 한다.

무력감

- 기분이 나아지는 다른 방법을 알지 못하고, 그럴 여력도 없다.

    ⇨ 자신을 비관하는 것은 도움이 되지 않는다. 계속 여러 기법을 시도
    한다.

- 안타깝지만 삶이란 그런 것이다.

    ⇨ 핑계다. 여러 기법을 시도해 보고 결과가 어떤지 지켜본다.

지속되는 경우

- 술로 보상받는 우울한 상태

    ⇨ 주요 증상: 슬픔, 반추.

- 사회 불안 유형의 불안장애

    ⇨ 주요 증상: 타인에 대한 두려움, 누군가를 마주치면 대화를 나누며 상

    대를 즐겁게 만들어야 한다는 불안감.

- 술을 마시자마자 통제력을 잃는 중독 증상

    ⇨ 주요 증상: 음주를 조절하지 못하는 어려움, 술을 손에서 놓지 못하는

    문제.

41장

신체 활동

오랫동안 정신과 신체는 별개로 생각되어왔다. 그런데 왜 건강한 신체에 건강한 정신이 깃든다고 말하는 것일까? 오늘날 신체 활동과 건강의 관계는 명확해졌다. 신체 활동은 당뇨병, 고혈압, 비만, 변비, 수면 장애 등의 위험성을 감소하는 효능이 있다. 한마디로 운동은 신체에 유익하다. 그렇다면 뇌에는 어떨까?

규칙적인 신체 활동이 새로운 뉴런을 생성하고, 신경 퇴행성 질환을 예방하는 데 도움이 된다는 사실은 널리 알려져 있다.[1] 미국에서 100만 명 이상을 대상으로 실시한 한 연구에 따르면, 운동은 기분을 개선하는 데도 도움이 된다고 한다.[2] 운동 자체도 좋지만, 반복하는 것이 중요하다. 새로운 뉴런이 자라나 새로운 도로망을 만들기까지 뇌에게는 시간과 반복이 필요하기 때문에 규칙적인 운동이 필요한 것이다. 한 달에 한 번 고강도의 근력 운동을 하는 것보다 가벼운 운동을 한 주에 여러 번 반복하는 것이 좋다. 어쩌다 한 번 무리해서 근력 운동을 하면 심한 근육통을 느끼거나 다칠 수도 있다. 게다가 규칙적으로 가볍게 운동하면 즐거움과 안녕감을 느끼게 된다.

규칙적인 신체 활동은 감정 조절 및 통제에 유용하다. 몸을 움직이고 실외에서 활동하면, 감정의 악순환이 끊어지고 뇌 가소성이 촉진된다. 즉, 운동은 불안, 분노, 충동성을 조절한다.

42장

식생활

식생활과 정신은 어떤 관계일까? 신체와 뇌에 영양분을 공급하기 위해 우리는 매일 음식을 먹는다. 따라서 소화 과정은 당연히 우리의 행동에 영향을 미친다.

설탕과 커피는 잠자리에 들기 전에 섭취하면 안 된다. 둘 다 정신 자극제로, 뇌를 흥분시켜 숙면을 방해할 수 있다. 이런 현상은 과잉 행동을 보이는 아이들에게서 주로 관찰되며, 특히 설탕이 극도의 흥분을 유발한다. 물론 뇌에는 당분이 필요하지만, 잠들기 전에는 사탕처럼 많은 양이 필요하지 않다.

건강하고 균형 잡힌 식단은 몇 년 전부터 프랑스 보건복지부의 계획 중 하나가 될 만큼 중요해졌다. 균형 잡힌 식단이란 무엇일까? 먹는 즐거움이 없는 식단을 의미하는 것일까? 많은 부정적인 감정과 마찬가지로, 특정 음식에 대한 갈망을 억제하면서 느끼는 좌절감은 시간이 지나면서 점차 줄어들 수 있다. 하지만 갑작스럽고 극단적으로 특정 음식을 제한하게 되면 뇌가 거부감을 느낄 수 있으므로 서서히 접근하는 것이 좋다. 예를 들어 균형 잡힌 식단을 위해 특정 음식을 배제해야 한다면 양이나 빈도를 줄이는 것부터 시작해 보자. 가령 일주일에 한 번만 감자튀김을 먹는 것이다.

균형 잡힌 식생활은 뇌 활동에 중요하다. 연구에 따르면, 장내 미생물군이 정신 건강에 영향을 끼친다는 사실이 밝혀졌다.[1] 편식하면 피로, 수면 장애, 집중력 저하, 심지어 슬픔이나 불안까지 유발할 수 있다. 또한 장내 미생물은 복용하는 약물의 흡수 과정에도 영향을 미치기 때문에, 신체와 정신 건강을 위해 건강한 장내 미생물군을 유지하는 것이 중요하다.

따라서 균형 있게 먹도록 신경 써야 한다. 그러지 않으면 수면과 정신에 부정적인 영향을 미쳐 뇌 활동을 방해할 수 있다.

음식이 감정에 진정제처럼 작용하는 것은 흔한 일이다. 강렬한 충동에 이끌려 기름지거나 단 음식에 손이 가는 경향이 있는데, 이는 뇌에게 일종의 보상 역할을 하며 즉각적으로 긍정적인 감정을 일으킨다. 단순히 머리를 식히거나 허전함을 달래기 위해 먹는 사람도 있다. 이런 경우 대개 먹은 후에 죄책감과 불쾌한 감정을 느끼게 된다. 28장 〈슬픔〉을 다시 읽고, 이런 행동을 통제해 보자.

사례: 회사에서 집으로 돌아와 밥을 먹기 전에 습관적으로 과자를 한 봉지 먹는다. 건강에 좋지 않고, 몸무게도 는다는 것을 안다. 게다가 과자를 먹으면 저녁밥을 먹을 생각이 없어진다. 이 모든 것에 죄책감이 든다.

상황

- 지하철역에서 집까지 오는 길에 꼭 과자를 사러 가게에 들른다.
  - ⇨ 이 경우 곧장 집으로 오는 것보다 시간이 약 15분 더 걸린다면, 일단 그냥 귀가해 본다. 15분이 지난 후에도 여전히 과자를 사러 가게에 가고 싶은지, 아니면 그런 마음이 가라앉는지 살핀다.
- 집에 도착해서 신발을 벗자마자 과자가 있는 곳으로 향한다.
  - ⇨ 15분 정도 참아 보거나, 마음챙김을 실천해서 행동이 자동화하지 않게 한다.

감정

- 단 음식을 먹는 생각만 해도 즐겁다.
  - ⇨ 단 음식을 먹지 못할 때 느끼는 좌절감이 줄어들도록 마음챙김을 실천한다.
- 온종일 우울하거나 스트레스를 받아서 과자를 먹어 불쾌함을 진정하려고 한다.
  - ⇨ 마음챙김을 실천해 불쾌함을 잠재운다. 문제 해결 기법을 통해 불쾌

하게 하는 생각들을 확인해서 해결하거나, 43장 〈직장생활〉을 읽으며 스트레스 유발 요소를 파악해 변화시킨다.

사고

- 힘든 하루를 보냈다.

  ⇨ 과자 한 봉지를 다 먹어 죄책감까지 더해서는 안 된다.

- 내일부터 노력할 것이다.

  ⇨ 이런 생각이 변명임을 이미 알고 있고, 내일도 실천하지 않을 거라는 것도 안다. 이런 상황이 지겹지 않은가?

- 과자를 한 번에 여러 개 사지 않는다.

  ⇨ 문제를 심각하지 않은 일로 여기고 있다. 자신을 향상시키고 자랑스럽게 만드는 것에 우선순위를 둔다.

- 나는 담배도 피우지 않고, 술도 마시지 않으니까 괜찮다.

  ⇨ 역시 문제를 하찮게 여기고 있다. 이런 생각은 나에게 도움이 되지 않고, 아무것도 해결하지 못한다.

- 모두 그렇게 산다.

  ⇨ 이 또한 문제를 하찮게 여기는 것이다.

- 딱 두 개만 먹고 그만 먹는다.

  ⇨ 일단 먹기 시작하면 멈추지 못한다는 것을 알아야 한다. 뇌가 더 많이 원하기 때문이다. 결국 죄책감만 늘게 될 것이다.

- 괜찮다. 당뇨병이 생긴 것은 아니다!

  ⇨ 역시 문제를 하찮게 여기는 것이다.

- 심각한 정도는 아니다. 오늘 저녁에는 채소를 더 많이 먹을 것이다.

  ⇨ 채소를 먹는다는 생각은 바람직하다! 하지만 그것으로 문제가 해결
  되는 것은 아니다. 이런 식으로 계속 실수를 만회하기보다는 애초에
  실수하지 않도록 노력해 본다.

행동

- 과자를 음미하지도 않고 미친 듯이 먹어 치우기만 한다. 그래서 자책한다.

  ⇨ 충동성이 내 행동을 결정하지 않도록, 두 과자 사이에 5분 정도의 간
  격을 두고 먹는다.

무력감

- 나는 형편없다.

  ⇨ 자신을 무시하는 생각은 도움이 되지 않는다. 잘못된 생각을 받아들
  이기 전에 다른 방법을 시도해 본다.

- 나를 통제하지 못한다.

  ⇨ 통제할 수 있다. 단, 몸에 밴 습관을 없애야 한다.

- 단 음식 앞에서 주체할 수 없다.

  ⇨ 잘못된 생각이고 자동화된 생각이다. 몇 년 전에는 이렇게 행동하지
  않았다.

- 뚱뚱해질 것이다.
    - ⇨ 이는 쉽게 포기하는 태도일 뿐이다. 문제를 해결하는 데 도움이 되지 않는다.
- 별도리가 없다.
    - ⇨ 이런 생각은 자신에게 해롭다. 응용력과 인내심이 있으면, 당신도 할 수 있다.

지속되는 경우

- 음식으로 진정시키는 우울증
    - ⇨ 주요 증상: 슬픔, 반추.
- 허기증과 비슷한 섭식 장애
    - ⇨ 주요 증상: 포만감에 집착.

43장

직장생활

일은 우리 일상에서 큰 부분을 차지하며 많은 시간을 소비한다. 대부분의 사람이 일 자체와 그에 수반되는 것들(고객, 동료, 압력, 과로, 갈등, 실업 위험, 파산 등) 사이에서 중압감을 느끼기에 스트레스처럼 건강에 해로운 결과를 경험할 수 있다.[1]

직장생활에서 나타날 수 있는 일들을 알아보고, 우리의 도구 상자에서 어떤 기법이 도움이 될지 살펴보자.

먼저 직업 자체에 내재된 문제가 있다.

- 나는 요령이 부족해 매번 반복해야 하거나 난관에 부딪힌다.
  요령 부족은 흔히 겪는 어려움이다. 회사가 약속한 교육을 진행하지 않았거나, 기술이 빠르게 변하거나, 현재 다니는 회사의 업무 방식이 이전 회사들과 다른 경우에 요령 부족을 겪을 수 있다. 상황을 객관적으로 바라보면서 처음부터 다시 시작해 보자. 요청된 절차에 지나치게 집착하는 건 아닌지, 반대로 충분히 따르지 못한 것은 아닌지, 중간 단계를 건너뛰거나 너무 서두르지 않았는지 점검해 보자.

- 잘못된 업무를 지시받거나 모호한 보직을 맡았다.

직장생활에서 오래전부터 흔히 벌어지는 일이다. 상사와 그 위 상사가 서로 다른 요구를 하거나, 관리자가 공식적이지 않고 애매한 업무를 지시하는 경우, 우리는 혼란스러워지고 금세 답답함을 느끼게 된다. 이럴 때는 의사소통이 매우 중요하다. 관리자에게 원하는 바가 무엇인지 묻고, 기대 사항을 명확히 재정의해달라고 요청해야 한다. 제대로 정해지지 않은 보직도 마찬가지다. 이때는 자기주장을 적극적으로 활용하는 것이 도움이 된다.

- 실력이 부족하다.

이러한 결핍은 대부분 회사가 약속했던 교육을 제공하지 않거나, 반대로 직원이 보직을 맡기 위해 자신의 역량을 과장했을 때 발생하곤 한다. 최근에는 회사가 원하는 직무 능력이 빠르게 변하는 추세이니, 자신이 모르는 것이 있다면 주저 없이 질문해야 한다. 모르는 것이 없다고 착각해서는 안 된다. 실수는 장기적으로 더 큰 피해를 준다! 회사가 교육에 할애할 시간이 없다고 한다면 어쩔 수 없다. 인터넷이나 관련 도서를 구매해 독학으로 부족한 부분을 채워야 한다.

- 실패나 실수에 대한 두려움 때문에 내 업무 능력을 평가받는 것을 견딜 수 없다. 요구받은 분량이나 기한을 지키지 못하는 것도 참을 수 없고, 동료들 앞에서 바보 같은 소리를 하게 되는 경우도 견딜 수 없다.

당신은 실패할까 봐 두려워하고 있다. 높은 실업률로 인해 현재 사회에서는 성과에 대한 압박이 더욱 강해졌다. 당신만큼 자격을 갖춘 열 명의 사람이 당신의 자리를 노리고 있다는 사실을 당신도 잘 알 것이다. 이 사실을 간과한다면, 장기적으로 봤을 때 급변하는 현실을 따라잡을 수 없을 것이다. 하지만 모든 사람이 실수를 한다. 당신이 우러러보는 사람도 마찬가지다. 해고에 대한 두려움은 이해할 만하지만, 불안은 위험을 막아주지 않기 때문에 도움이 되지 않는다. 이런 경우 32장 〈완벽주의〉, 26장 〈불안〉, 27장 〈실존적 불안〉을 참고하고, 노출 기법도 적용해 보자. 만약 상사가 근로계약서의 범위를 넘어서는 요구를 한다면, 자기주장을 적용해야 한다. 필요한 경우 노동조합의 도움을 받거나, 더 건실한 회사로 이직하는 것도 고려해야 한다.

- 내 직무의 정의와 한계를 받아들이기 어렵다.

자신의 일에서 의미를 잃었을 때, 직무가 너무 제한적으로 느껴질 때, 상사의 비효율적인 업무 지시를 따라야 할 때, 내가 생산하거나 판매하는 상품에 대해 신뢰가 가지 않을 때 발생할 수 있는 일이다. 자신의 경력과 미래를 전망할 수 있고, 그것이 유용하다는 느낌을 갖는 것이 중요하다. 한발 물러서서 객관적인 시각으로 업무를 바라보고, 필요할 경우 근로계약서에 명시된 내용에 따라 내 역할이 어떻게 재정의될 수 있을지 고민해 보자. 이때 자기주장 기법을 활용하여 상사와 이 문제를 논의하거나, 필요하다면 관리자에게 알리지 않고 본인의 뜻을 관철해야 할 때도 있다.

- 직장생활의 현실을 수용하기 어렵다.

당신이 성실하고 패기가 넘치며 기대와 이상으로 가득 찬 젊은 신입이라면, 직장생활의 현실에 실망할 가능성이 크다. 고객이나 동료에게 피해만 주는 것처럼 보이는 일부 사람들 때문에 이내 반추와 분노에 시달릴 수 있다. 이들은 당신과 가치관을 공유하지 않으며, 세상은 이상적인 원칙에 따라 돌아가지 않는다. 이 사실을 받아들이기 어렵겠지만, 그것이 현실이다. 여기에 당신이 미칠 수 있는 영향력이 제한적이라는 사실도 받아들여야 한다. 세상은 그렇게 돌아가는 게 일반적이다. 이를 속상해하고 반추하는 것은 아무 소용이 없다. 당신이 관리자라면 팀원들로부터 최선을 이끌어내는 데 집중하고, 다른 부분은 본인의 책임이 아님을 기억해야 한다. 관리자가 아니라면 맡은 일에 충실하며 본인의 영향권 안에서만 집중하는 것이 좋다. 물론 타인의 실수를 바로잡거나 그들의 업무까지 떠맡아야 하는 복잡하고 부당한 경우도 있다. 그러나 당신은 양심에 거리낄 것이 없으니, 자기주장을 활용해 문제를 표출하고 의견을 피력하면 된다. 상황이 불공평하고 받아들이기 힘들다고 여기는 것은 정당하지만, 부정적인 감정만 키워서는 안 된다. 11장 〈도덕적 원칙의 힘〉, 15장 〈심적 고통의 수용〉, 17장 〈반추와 탈중심화〉를 참고하여 탈중심화를 적용한다.

- 누군가를 실망시키거나 방해할까 봐 아무 말도 하지 않는다.

당신이 관리자이든, 평사원이든 상관없이 동료 사이에서 얼마든지 발생할 수 있는 일이다. 자기주장을 못 하게 만드는 생각의 필터가 문제다. 말을 내뱉지 않으면 그것이 계속 머릿속을 맴돌 것이다. 10장 〈인지 편향의 힘〉과 19장 〈자기주장〉을 다시 읽어 보자. 필요하다면 정신과의사나 심리치료사와 상담하여 역할극을 해 보거나, 당신을 억제하는 도식이 없는지 12장 〈심리 도식의 힘〉을 보면서 생애 초기 애착을 면밀히 살핀다. 이러한 문제를 어떻게 치료할 수 있는지는 49장 〈노력하는데도 문제들이 해결되지 않는 경우〉를 참고하자.

- 까다롭고 불쾌하며 예의 없는 고객을 대할 때도 미소를 유지해야 한다.

이런 순간에는 자기주장 기법을 발휘하는 것이 적절하다. 집에서 마음챙김 기법을 실천하면, 하루 동안 타인으로 인해 쌓인 감정을 줄일 수 있다. 단, 자기주장 기법을 쓰지 않으면, 마음챙김만으로는 그 효과가 제한적일 수 있다.

- 실수를 저질렀다는 것을 알았다. 어떻게 해결해야 할지 몰라 불안하고, 모든 게 끝장난 것 같다.

  누구나 실수를 한다. 실수 없이 경력을 쌓는 사람은 없다. 우리는 로봇이 아니다. 결국 실수는 언젠가 드러날 것이다. 중요한 것은 그것을 제때 바로잡고 계속 앞으로 나아가는 것이다. 실수를 곱씹는 것은 문제 해결에 아무런 도움이 되지 않는다. 15장 〈심적 고통의 수용〉에서 다룬 감정 수용을 다시 읽어 보자.

일은 직장 밖의 삶에도 영향을 미칠 수 있다.

- 수면 시간이 부족해 뇌가 피로하고 기능이 감퇴한다.

  업무를 과하게 하고, 밤이나 주말에도 집으로 일거리를 가져오는 사람이 있다. 이메일과 전화가 끊임없이 울리는 데도 평온할 수 있을까? 뇌가 재생하려면 충분한 휴식이 필요하므로, 수면 시간에 신경 써야 한다. 39장 〈수면〉을 다시 읽어 보자. 초과 근무가 단기적으로는 괜찮지만, 자주 반복되거나 일상이 되면 위험하므로 주의한다. 32장 〈완벽주의〉를 다시 읽으며, 항상 뛰어나려고 애쓰는 건 아닌지 살펴보자.

- 저녁이나 주말에 머릿속에 끼어든 생각들을 잠재우기 힘들다. 마치 뇌가 사건을 재현하거나 앞일을 예측하는 것 같다.

  현재에 다시 집중해야 한다. 20장 〈마음챙김〉을 읽고 이를 실천해 보자. 만약 논쟁을 되새기고 있다면, 자기주장을 통해 이를 해결하지 않고는 생각에서 벗어나기 어렵다. 회사 조직에 문제가 있는 경우에는 문제 해결 기법을 적용하자.

어떤 직업적 문제들은 동기 부족이나 몰입 부족에서 비롯되며, 이는 지루함, 자극 부족, 가치관의 불일치에서 기인할 수 있다.

- 일을 시작하기 어려워서 일을 미룬다.

  수면 부족이 원인일 수 있다. 또는 업무에 흥미를 잃었거나 너무 벅차게 느껴져서 그럴 수도 있다. 아니면 방법 부족이 원인일 수도 있다. 33장 〈동기부여와 지연 행동〉에서 다룬 지연 행동에 관해, 그리고 23장 〈학습 방법〉에서 다룬 뉴런을 통한 학습에 관해 다시 읽어 보자.

- 직업이 적성에 맞지 않아서 일하기 힘들다.

  업무에 더는 의미를 느끼지 못하거나 회사가 적용하는 방식에 동의하지 않는다면, 삶의 다른 부분에 더 많은 시간을 할애하고 싶을 것이다. 직업 전환이나 다른 회사로 이직하는 것을 고려해야 할까? 16장 〈삶의 명확한 목표〉를 다시 읽으며 머리에 떠오르는 것들을 명확하게 정리해 보자.

직장생활과 무관하지만, 업무에 문제를 일으키는 원인이 있을 수 있다.

우울증은 지연 행동을 유발하고 에너지, 집중력, 주의력을 빼앗는다. 그래서 실수를 저질러도 집중하지 못하고, 성공을 평가하는 객관성이 떨어지며, 신경이 예민해진다. 28장 〈슬픔〉 및 36장 〈우울〉을 다시 읽어 보자. 정도가 심각해지면 지체 없이 정신과의사나 심리치료사와 상담해야 한다.

불안은 일어나지 않은 온갖 실수나 사고를 상상하게 만들어 자존감을 무너뜨린다. 그러면 자신을 무능하고 부적격한 사람으로 여기게 된다. 26장 〈불안〉, 29장 〈자존감과 자신감〉을 참고하자.

소심함은 의사 표현을 불가능하게 만들거나, 소통을 어렵고 고통스러운 일로 만든다. 25장 〈노출〉과 26장 〈불안〉을 다시 읽고, 15장 〈심적 고통의 수용〉의 감정 수용과 17장 〈반추와 탈중심화〉의 탈중심화를 적용한다.

충동성은 즉각적인 분노 폭발을 일으키며, 이에 동료들이 당신의 불같은 성미를 참을 수 없어 거리를 두려고 할 수 있다. 38장 〈충동성〉, 18장 〈시차 기법〉, 15장 〈심적 고통의 수용〉을 참고하자.

심리적 문제로 인해 부정적 감정을 피하고자 일에 몰두하는 경우도 있다. 예를 들어 연인 관계에 문제가 생겼거나, 지인이 사망했거나, 질병이 닥쳤을 때 이런 현상이 나타날 수 있다. 이는 회피에 해당한다. 이럴 때는 잠시 물러나 시간을 가지는 것이 중요하며, 7장 〈회피와 통제〉를 읽고 노출 훈련, 문제 해결 기법, 탈중심화 기법이 도움이 될지 가늠해 보자. 아니면 전문가와 상담하여 적절한 실행 전략을 얻는 방법도 있다.

사례: 직장생활이 행복하지 않다.

상황

- 아침에 일어나기 힘들다.
- 일이 지겹다.
- 회사에서 다른 생각을 한다.
- 더는 적극적으로 임하지 않는다.
- 상사가 지시한 업무가 불필요하고 적절하지 않다고 생각한다.
- 친구들의 직장생활에 관해 들으면 내 직장보다 더 좋은 듯하다.

    ⇨ 다시는 오늘 같은 감정을 겪고 싶지 않다. 문제 해결 기법을 적용해 문제의 핵심을 찾아야 한다. 자기주장 기법이 업무를 제대로 규정하고 이력을 쌓는 데 도움이 될까? 아니면 능력 문제일까? 회사의 정책과 내 가치관이 충돌하는 것이 원인일까? 내 기대가 실제 노동 시장에서 비현실적인 것일까? 나는 변화나 이직에 불안을 느끼고 있을까? 나는 무엇을 용서할 수 없으며, 무엇이 나를 행복하게 만들까? 회

사의 문제일까, 일 자체의 문제일까? 무엇이 문제일지 진지하게 고민해 본다.

감정

- 권태와 지루함
- 지연 행동 및 무의미하다는 느낌
  - ⇨ 문제를 해결하지 않는 한 부정적인 감정이 나를 계속 괴롭힐 것이다. 문제 해결 기법을 참고하자.

사고

- 나는 이곳에 파묻혀 있다. 이 회사에는 미래도 발전 가능성도 없다.
  - ⇨ 무기력에서 시작되는 전형적인 생각이다. 난관을 벗어나려면, 근본 문제가 무엇인지 파악해 해결해야 한다.
- 다른 사람들은 일에 관해 이야기할 때 나보다 행복한 것 같다.
  - ⇨ 타인과 나를 비교하고, 타인의 인생에 대해 생각하는 것은 내 삶에 아무런 도움이 되지 않는다. 문제 해결 기법을 적용한다.
- 안 좋은 회사에 다니는 것 같다.
  - ⇨ 내 삶의 가치관과 충돌하는 문제가 닥쳤다. 여기서 갈등이 발생하는가? 이를 해결할 수 있는가? 어떤 직업이나 회사가 내 가치관에 더 맞을까? 구직 활동을 다시 시작할 수 있을까? 이를 분석하고 실행에 옮긴다.

- '겨우 여기까지 오려고 그렇게 많은 공부를 한 건가…'라는 생각이 든다.

  ⇨ 쓸데없는 생각이다. 문제 해결 기법에 집중하자.

행동

- 퇴보하고 있다.

- 업무에 대한 동기가 사라져 뒤처지고 있다.

- 계속 시계를 본다.

  ⇨ 직장에서 더는 만족을 느끼지 못해서 이렇게 행동하는 것이다. 문제

  해결 기법을 적용해 보자.

무력감

- 이곳에 오랫동안 잡혀 있으면서 시들어갈 것이다.

  ⇨ 불필요한 반추에 에너지를 쏟고 있다. 분석하고 행동하는 데 에너지

  를 쏟자.

지속되는 경우

- 나와 삶을 분리하고 슬프게 만드는 우울

  ⇨ 주요 증상: 슬픔, 반추.

- 사회 불안 유형의 불안장애

  ⇨ 주요 증상: 타인에 대한 두려움, 타인과 마주치면 대화를 나눠야 한다

  는 불안, 자기 확인에 대한 불안.

- 완벽주의
  ⇨ 주요 증상: 기준이 높은 개인적 욕망, 계속 일해야 한다는 욕구, 자기 잘못에 대한 병적인 죄책감, 타인의 잘못에 대한 인내 부족.
- **타인과 같은 가치관을 공유하지 못해서 갈등을 반복하는 인격장애**
  ⇨ 주요 증상: 갈등, 엄격한 가치관, 난데없는 분노, 마음을 가라앉히고 타협점을 찾기가 힘듦.

44장

가족

가족은 정체성 형성과 학습을 담당하는 우리 정서의 기반으로, 우리를 보호하는 역할을 한다. 가족은 최초의 애착이 형성되는 근원지이기도 하다. 앞서 여러 번 설명했듯이 정서적 애착은 신경망을 발달시켜 아이들이 감정을 조절하는 방법을 배우게 한다. 정서적 애착은 아이가 위험으로부터 자신을 안전하게 보호하고, 즐거움 속에서 성장하며, 독립심을 키우는 데도 필요하다.

가족은 우리의 성장에 있어 첫 번째로 중요한 기둥이므로, 그 안에서 발생하는 문제들은 우리의 정신 건강과 심리적 안녕에 해로운 독이 될 수 있다.

냉담하고, 보이는 것을 중시하며, 순응과 학업 성취에 집착하는 부모들이 있다. 그들은 충동적이고 불안정하며 아이를 학대하기도 한다. 이 외에도 수백 가지 상황이 아이의 성장에 영향을 미친다. 사실 우리가 세상을 보는 방식과 감정을 조절하는 방식은 어린 시절의 암묵적 규칙에 의해 형성된 것이다.

가족 관계는 애정 관계만큼 중요해서 삶의 대부분에 영향을 미친다. 가족 구성원이 건강하고 결속력이 강하면, 아이는 그 덕분에 건강하게 성장하여 어려움과 도전에 기꺼이 맞서고 근간이 흔들리지 않게 된다. 가족이 결점, 결핍, 실패로 고통받는다면 아이의 성장에 악영향을 미친다. 뇌 자체가 이에 영향을 받아 흔적을 남기게 되고, 마치 엉킨 실타래처럼 인생을 편안하게 시작하기 어렵게 된다. 즉, 가족은 모든 것의 기반이다. 기반이 튼튼해야 안심하고 벽을 쌓을 수 있다. 기반이 약하거나 균형이 맞지 않으면 그 위에 쌓는 구조물 역시 언제든 흔들릴 수밖에 없다.

가정 안에서 흔히 일어나는 상황들을 분석해 정신 건강을 지킬 수 있는 기법들을 실천해 보자.

먼저 가정에서 자주 일어나는 문제들을 살펴보자.

- 내 생각과 욕구는 분명하지만, 자기주장을 하기가 어렵다.
  의견을 전달하는 것은 영역 확립에 필요한 조건이다. 건강한 가족의 경우 소통을 개선하지만, 불안한 가족일 경우에는 경계선을 만든다. 자기주장은 의견과 선택 그리고 행동을 통해 정체성과 정당성을 형성하는 중요한 요소라는 점을 잊지 마라.

자기주장을 제대로 못 한다면 지체하지 말고 정신과의사나 심리치료사와 상담하여야 한다. 강한 성격을 지닌 주변 사람들을 상대하는 데 도움이 되는 역할극을 진행하거나, 대응 능력을 방해하는 초기 애착 관계를 조사해 볼 수 있다. 우리는 평생 가족을 감내하며 살아야 한다. 가족은 절대 가볍게 여길 문제가 아니다.

• 내가 내 삶을 사는 것인지, 가족이 결정한 삶을 사는 것인지 모르겠다.

가족은 우리에게 자아실현과 행복 추구를 위한 도구를 제공한다. 하지만 일부 부모는 까다롭거나, 독단적이거나, 너무 바쁘거나, 투병 중이거나, 전통에 집착해 제 역할을 하지 못한다. 그래서 아이에게 부모의 시각을 강요해 목표를 흐리게 만들기도 한다. 부모의 인정을 받기 위해 부모의 발자취를 따르는 자랑스러운 자식이 되어야 한다고 느끼는 것이다. 이는 처음 언급한 자기주장의 어려움만 해당하는 문제가 아니다. 무엇이 나만의 것이고, 무엇이 타인에게서 왔는지 혼란스러운 것이 진정한 문제다. 그러면 자아실현과 가족의 인정 사이에서 갈등하게 된다. 16장 〈삶의 명확한 목표〉를 다시 읽으면서 자신의 위치를 확인해 보자. 그리고 문제 해결을 위해 21장 〈인지 재구조화〉와 22장 〈의사결정 기법〉을 참고하자. 그런 후 19장 〈자기주장〉을 통해 가족과 소통해 보자.

- 내 가족은 건강한 관계가 아니라서, 이를 유지해야 할지 끊어야 할지 모르겠다.

가정이 숨 막히고, 다툼이 끊이지 않으며, 부모가 감당하기 힘든 심각한 문제를 가지고 있다면, 이런 생각을 하는 것도 무리는 아니다. 문제가 있는 가족 상황은 다음 세 가지 결과로 이어질 수 있다. 첫째, 가정이 평안하도록 자신을 희생하며 순응하는 것이다. 둘째, 더는 참을 수 없는 지경에 이르러 가족과 거리를 두거나 완전히 결별하는 것이다. 셋째, 자기주장을 통해 상황을 개선하는 것이다. 이렇게 자문해 보자. '가족이 아닌 나 자신에게 이로운 것은 무엇인가?' 타임머신을 예로 들었던 16장 〈삶의 명확한 목표〉를 참고해 종이에 질문을 써 볼 시간이다. 그런 후 자기주장이 도움이 될지, 당신이 정한 한계를 견딜 수 있을지, 가족과 적당히 거리를 두는 것이 좋을지 생각해 보자. 이러한 문제는 심리 상담에서 흔한 주제이며, 상담 시에는 자신의 상황을 자세히 살펴보고 가장 건강한 방법이 무엇인지 적극적으로 살펴봐야 한다. 무탈한 가정에 사는 사람들에게는 충격적인 말로 들리겠지만, 그 누구도 가족과 사이 좋게 지내야 할 의무는 없으며, 모든 가족에게는 저마다의 사정이 있다. 가장 대표적인 사례가 가족 내 다른 구성원들과는 친하게 지내지만, 한 구성원과는 갈등이 있는 경우다. 이때는 갈등이 있는 사람에 대한 기대를 내려놓고 다른 가족과의 좋은 관계에 에너지를 집중할 수 있을지 고려해 볼 필요도 있다. 15장 〈심적 고통의 수용〉, 17장 〈반추와 탈중심화〉, 10장 〈인지 편향의 힘〉을 참고하면 도움이 될 것이다. '가족은 신성하다.', '부모님이 나를 낳아 주셨으니 나는 그들에게 빚을 졌다.' 같은 엄격한 도덕적 원칙(11장 참고)은 자신이 중요하게 여기는 것에 대한 의미 상실이나 우울증을 유발할 수 있으므로 주의해야 한다.

- 상대방이 나만큼 노력하지 않는 것을 받아들이기가 어렵다. 여기서는 "가족이 나를 돌보지 않는다."와 "가족이 내가 원하는 방식대로 행동하지 않는다." 사이의 본질적인 차이를 구분하는 것이 중요하다. 한쪽은 가족에 대한 너무 엄격한 원칙이 문제이고, 다른 한쪽은 가족 구성원을 존중하지 않는 당신의 사고방식이 문제다. 인지 편향과 도덕적 원칙을 다룬 10장 및 11장을 참고하여 유연하게 사고하도록 한다.

가족과의 관계를 망치는 또 다른 문제들이 있다.

- **불안**과 **낮은 자존감**을 가진 사람은 성장하기 어렵고 자신만의 삶을 살 수 없다고 생각하게 된다. 모든 책임이 위협으로 느껴져 불안을 초래하기 때문이다. 26장 〈불안〉, 29장 〈자존감과 자신감〉, 10장 〈인지 편향의 힘〉, 11장 〈도덕적 원칙의 힘〉,

12장 〈심리 도식의 힘〉을 참고하자.

- **충동성**은 격분을 유발하여 주변과 가족을 지치게 만든다. 38장 〈충동성〉, 18장 〈시차 기법〉, 16장 〈삶의 명확한 목표〉가 관계 재정비에 필요한 도구가 되어줄 것이다. 가족을 너무 완고하게 대하면 고립될 것이다.

- **정서적 의존**은 가정이라는 울타리를 벗어나지 못하고 부모에게 의존하게 만든다. 16장 〈삶의 명확한 목표〉, 10장 〈인지 편향의 힘〉, 11장 〈도덕적 원칙의 힘〉, 12장 〈심리 도식의 힘〉, 48장 〈초기 부적응 도식 치료〉를 참고해야 한다. 또한 독립성을 키우기 위해 전문가의 도움이 필요할 수도 있다.

45장

우정

우정은 우리 삶에 없어서는 안 될 관계다. 우리는 우정이라는 사회적 지지로 인해 성장하며, 이는 뇌에도 좋은 영향을 미친다. 우정이 돈독한 친구와 공통된 관심사를 나누면서 기분을 전환하면 삶의 어려움을 해소할 수 있다.

하지만 살면서 친구 사이에 갈등이 발생해 실망하기도 한다. 나를 너무 무시해서, 돈을 갚지 않아서, 믿었는데 뒤에서 내 흉을 봐서 등등.

우리는 우정 안에서 발생할 수 있는 상황들을 검토하고, 이러한 상황에서 심리적으로 우리를 보호해 줄 유용한 기법들을 찾아야 한다.

먼저 우정 자체에 내재한 문제들을 살펴보자.

- 유해한 친구가 아닌 도움이 될 만한 친구를 만나야 한다.

단순 명료해 보이는 말이다. 그렇다면 당신의 친구는 어떤 친구인가? 언제든 만날 수 있고, 공감하고 이해해 주며, 조언을 아끼지 않고, 필요할 때 도와주는 견고한 관계의 친구인가? 아니면 만나면 즐거운 '지인'에 불과한가? 더 심각한 문제는 당신을 이용하고 비난하는 해로운 사람일 수도 있다는 점이다. 진지하게 생각해 볼 문제다. 이제 종이에 위의 질문을 적고, 주변에 어떤 사람들이 있는지 목록을 작성해 보자.

- 남의 기분을 상하게 하거나 방해할까 봐 아무 말도 하지 않는다. 자기주장을 하지 않는다면 하고 싶었던 말을 반추하게 될 것이다. 10장 〈인지 편향의 힘〉과 12장 〈심리 도식의 힘〉, 19장 〈자기주장〉을 참고하자. 필요한 경우 정신과의사나 심리치료사와 상담하여 역할극을 진행하거나, 12장 〈심리 도식의 힘〉과 48장 〈초기 부적응 도식 치료〉를 참고하여 초기 애착에 대해 조사한다.

- 다른 사람이 나만큼 좋은 친구가 아니라는 사실을 받아들이기 어렵다.

상대가 해가 되는 친구라거나 단순히 지인에 불과하다는 것과는 다른 문제다. 여기서는 모든 사람의 행동 방식에 엄격한 잣대를 들이밀며 긴장을 일으키는 당신이 문제다. 아마도 몇몇 친구는 당신과 거리를 두고 싶어 할 것이다. 당신의 뇌는 사방에서 무례함을 감지하면서, '다른 사람들도 나만큼 해야 해.'라고 생각할 것이다. 이런 생각을 누그러뜨리기 위해 10장 〈인지 편향의 힘〉과 11장 〈도덕적 원칙의 힘〉을 다시 읽어 보자.

- 친구에게 실수를 저질렀다. 어떻게 해야 할지 모르겠다. 친구
  가 나와 절교할 것 같다.

  누군가를 깜빡 잊고 초대하지 못했거나, 비밀을 퍼뜨렸거나,
  뒤에서 험담을 했는데 상대가 알아버렸다면? 세상에 완벽한
  사람은 없고, 이런 과정을 거치지 않는 친구 관계도 없다. 우리
  는 본능과 싸우면서 좋은 친구가 되려고 애쓰지만, 때로는 실
  수를 저지르기도 한다. 되새기고 싶지 않고, 친구를 잃고 싶지
  않다면, 최고의 전략은 진심 어린 사과다. 15장 〈심적 고통의
  수용〉과 16장 〈삶의 명확한 목표〉를 다시 읽고 사과를 시도해
  보자. 친구는 소중한 존재다.

우정을 방해하는 또 다른 문제들이 있다.

- **우울증**은 외출할 의욕이나 기력을 잃게 만든다. 친구들이 이
  런 내 상태를 인지해 나를 따돌릴까 봐 걱정되어 초조해진다.
  28장 〈슬픔〉과 36장 〈우울〉을 다시 읽어 보자. 이런 상태로 인
  해 일상생활에 문제가 생긴다면 정신과의사나 심리치료사와
  상담해야 한다.
- **불안**과 **낮은 자존감**은 친구들이 당신을 어떻게 보는지, 그들이
  당신을 계속 좋아하게 하려면 어떻게 해야 할지에 대해 끔찍한

상상을 불러일으킨다. 당신은 친구에게 능력 있고, 강인하며, 재밌고, 똑똑하게 보여야 한다고 생각한다. 살아있음을 느끼려고 친구들의 지지를 필요로 하는 것이다. 26장 〈불안〉, 29장 〈자존감과 자신감〉을 다시 읽어 보자. 또한 10장 〈인지 편향의 힘〉과 11장 〈도덕적 원칙의 힘〉, 잘못된 자존감을 심어주는 초기 부적응 도식을 다룬 12장 〈심리 도식의 힘〉과 48장 〈초기 부적응 도식 치료〉를 참고하자.

• **소심함**은 창피를 당할 것 같은 두려움을 일으켜 친구와의 만남을 피하게 한다. 그러면 친구를 그리워만 하는 애석한 상황에 처하기 쉽다. 소심한 사람은 둘 중 하나를 선택하는 과정에서 끝없이 헤매며, 무엇을 선택하든 고통을 경험한다. 25장 〈노출〉, 26장 〈불안〉, 15장 〈심적 고통의 수용〉, 17장 〈반추와 탈중심화〉를 다시 읽어 보자.

• **충동성**은 분노와 말다툼을 일으켜 친구들을 잃게 만들거나, 그들이 당신을 꺼리게 만든다. 38장 〈충동성〉, 18장 〈시차 기법〉, 15장 〈심적 고통의 수용〉이 도움이 될 것이다.

• **정서적 의존성**은 친구가 숨 막혀 할 정도로 매우 요구적이고 소유적인 우정을 강요하기에 결국 갈등을 일으킨다. 당신이 다르게 행동하려고 해도, 결핍과 공허함 그리고 버림받은 듯한 느낌에 압도당하게 된다. 감정 수용을 다룬 15장 〈심적 고통의 수용〉과 사고 필터를 다룬 10장 〈인지 편향의 힘〉, 11장 〈도덕

적 원칙의 힘〉, 12장 〈심리 도식의 힘〉을 참고하자. 또한 필요하다면 주저하지 말고 전문가와 상담해야 한다(49장 참고).

- **질투**는 단짝이 된 이후 친구가 당신에게 시간을 덜 할애하거나, 갑자기 나 아닌 다른 사람과 가까워졌을 때 느끼게 된다. 또한 친구의 행복과 성공을 부러워하는 감정이기도 하다. 10장 〈인지 편향의 힘〉과 11장 〈도덕적 원칙의 힘〉, 초기 부적응 도식을 다룬 12장 〈심리 도식의 힘〉 및 48장 〈초기 부적응 도식 치료〉를 읽어 보자. 17장 〈반추와 탈중심화〉 29장 〈자존감과 자신감〉도 도움이 될 것이다.

사례: 신뢰를 쌓는 데 어려움을 느끼고 있으며, 이로 인해 우호적이고 애정어린 관계를 형성하지 못하고 있다.

상황

- 속마음을 이야기하는 것이 어렵다.
  - ⇨ 조금씩 나에 대해 이야기하는 연습을 한다. 사람들이 나에 대해 모르면 나를 좋아할 수 없다.
- 조언을 듣는 것보다 혼자 결정하는 것을 선호한다.
  - ⇨ 다른 사람에게 의견을 구해 보자. 그들도 좋은 아이디어를 가지고 있을 수 있다.
- 단짝이 있는데도 고립되고 혼자만의 세계에 갇혀 있다.

⇨ 나를 드러내지 않거나 상대방에게 조금의 여지도 주지 않으면, 상대방은 나를 발견하지 못하고 따라서 나를 사랑할 수 없다. 내 뇌와 내 성향이 나를 가두도록 내버려둬서는 안 된다.

- 나는 다른 사람들이 의리와 배신의 갈림길에 있을 때까지 기다린다.

⇨ 이는 편집증적인 생각으로, 상상 속에서만 존재하는 미래의 배신을 핑계로 상대방이 나에게 가져다주는 모든 긍정적인 것들을 거부하게 만든다.

- 있는 그대로 받아들이는 법이 없다.

⇨ 이러면 어떤 것에도 즐거움을 만끽하지 못한다. 삶이 더욱 풍요롭고 충만하길 바란다면 마음을 열고 몸을 맡겨야 한다. 노력해 보고, 위험을 감수하면서, 그럴 만한 가치가 있는지 판단할 수 있게 될 것이다.

- 다른 사람이 한 일을 항상 점검한다.

⇨ 왜냐하면 그들이 약속대로 하지 않을 거라고 생각하기 때문이다. 하지만 많은 경험을 통해 대부분은 약속을 잘 지킨다는 사실을 이미 알고 있을 것이다. 확인하는 횟수를 점차 줄이면서 상대방을 믿도록 하자.

수년간 염두에 둔 이런 생각 중에서 무엇도 나를 나아지게 하지 않았다면, 나의 불신을 경계하며 다른 것을 시도해 볼 때다.

감정

- 불안

  ⇨ 어린 시절에 경험한 고통이 뇌에 기록되어 불안을 일으킨다. 익숙하지 않은 모든 상황을 잠재적 위협으로 해석하고, 그로부터 자신을 보호하고자 경고를 보내는 것이다. 하지만 이 모든 것은 상상일 뿐 결코 현실에서는 일어나지 않는다는 점을 알고 있다. 탈중심화 기법을 적용해 보자.

- 불신

  ⇨ 불신은 뇌에서 생존 스위치처럼 작동한다. 실제 아무 일도 일어나지 않았음에도 실망스럽거나 당혹스러운 사건을 마주할 때마다 자신을 보호하려는 듯 현재를 충실하게 살아가게 하는 모든 것을 방해한다. 다른 사람들처럼 간혹 실망하더라도 현재를 살아가야 한다.

사고

- 모든 사람이 언젠가는 배신한다.

  ⇨ 이는 뇌의 생존 스위치가 작동하면서 나온 생각이지만, 근거가 없다. 이런 생각에 빠지면 혼자 있게 되고, 그러는 동안 마치 배신당한 것처럼 괴로울 것이다.

- 사람들은 의미 없이 산다.

  ⇨ 지나치게 일반화한 사고다. 정작 사람들은 이런 생각을 하는 나보다 멋진 삶을 살고 있다.

행동

- 나를 드러내지 않고 혼자 모든 일을 해결한다.

  ⇨ 이런 행동은 관계 형성을 방해한다. 조금씩 내 세계로 타인을 들여야 한다. 과거에 경험했던 배신이 내 인생을 결정하게 해서는 안 된다.

무력감

- 자신을 드러내면 상처받을 수 있고, 아무 말도 하지 않으면 사람들이 나를 지겨워한다. 이래저래 난국이다! 구석에 혼자 있는 편이 낫다.

  ⇨ 이것은 외부 세계에 대한 뇌의 성급한 반응일 뿐이다. 모든 것을 회피하니, 내가 말하는 것이 사실인지 알 도리도 없다. 내 생각을 시험대에 올리고 실제로 세상이 어떻게 돌아가는지 관찰해야 한다. 목표는 무슨 수를 써서라도 고통을 회피하는 것이 아니라, 부딪혀 멍들지라도 행복을 확인하는 것이다. 지금 상태는 산소가 없는 밀폐된 곳에 있는 것과 같다.

지속되는 경우

- 완벽주의: 모든 것을 훌륭하게 해내려고 하고, 쉽게 해치운 일을 불신하며, 다른 사람이 처리한 일을 점검한다.

  ⇨ 주요 증상: 기준이 높은 개인적 욕망, 계속 일해야 한다는 욕구, 자기 잘못에 대한 병적인 죄책감, 타인의 잘못에 대한 인내 부족.

- 어린 시절에 겪은 배신이나 학대로 인한 불신 도식이 동반된 인격장애

  ⇨ 주요 증상· 더는 고통받지 않기 위해 모든 사람을 불신함, 외부 세계에
  대한 경직된 시각, 현실 이해의 어려움.

46장

사랑

사랑은 물과 음식처럼 우리에게 없어서는 안 되는 감정이며, 뉴런도 사랑을 원한다. 실제로 사랑은 모든 동물이 가진 공통된 욕구다. 반려동물이 접촉이나 포옹을 원한다는 것만 봐도 알 수 있다. 타인의 애정과 친밀한 관계는 안정감을 주면서 우리에게 좋은 영향을 미친다. 무언가를 이뤄내고자 하는 욕구도 북돋는다. 성관계 또한 우리를 안정시킨다. 뇌는 긍정적인 감정을 먹고 성장하기 때문이다. 12장 〈심리 도식의 힘〉과 13장 〈왜 우리는 모두 같은 방식으로 행동하지 않는가?〉에서 다룬 뇌를 떠올려 보자. 애정은 뉴런들을 서로 연결하는 반면, 애정 결핍은 생물학적으로 뇌를 약하게 만든다.

　사랑은 고통의 원인이 되기도 한다. 준 만큼 받고자 하는 마음이 들면, 노력할수록 더욱 상처받기 때문이다. 쉬는 시간의 대부분을 사랑하는 사람하고만 보내면 갈등이 일어나기 쉽다. 일상의 모든 고민

(돈 걱정, 정신적 부담 등)과 중요한 공동 프로젝트(부동산 구입, 자녀 문제 등)도 긴장을 증폭한다.

애정은 우리 삶 구석구석에 영향을 미친다. 행복하고 성숙한 커플 관계는 긍정적인 감정을 키우고 배가하지만, 커플 관계가 소원해지면 부정적인 감정에 휩싸인다. 애정은 안정과 불안정의 근본 요인이기에, 우리는 그로 인한 문제를 태어나면서부터 죽을 때까지 겪게 된다. 애정 관계는 가족 관계만큼이나 우리에게 중요하다.

사랑하는 관계에서 흔히 벌어지는 몇 가지 사례들을 살펴보면서 뉴런과 정신 건강을 지킬 수 있는 기법들을 알아보자.

- 커플 관계를 통해 지지받으며 성숙해진다는 느낌이 드는가, 아니면 해로운 관계 속에서 살고 있다는 느낌이 드는가?
  민감한 지점부터 시작하게 되었지만, 반드시 거쳐야 하는 질문이다. 당신의 연애 혹은 결혼이 당신을 성장시키고 고양하는지, 아니면 끝없는 고통과 갈등을 야기하며 당신을 깎아내리고 있는지 살펴야 한다. 종종 관계 유지에 필요한 일만 하면서, 정작 자신에게 무엇이 더 좋은지를 더는 생각하지 않는 때가 있기 때문이다. 따라서 중요하고도 단순한 질문을 자신에게 던져야 한다. '이 관계가 나를 행복하게 하는가? 관계를 유지하기 위해 할애하는 것은 무엇인가? 우리는 서로 의지하는가?' 이런 질문도 던져야 한다. '우리가 아닌 나에게 좋은 것은 무엇인가?' 타임머신 훈련을 다룬 16장 〈삶의 명확한 목표〉를 참고하면서 이 질문에 대한 답을 종이 직접 써 보자. 또한 자주 죄책감에 빠져들게 하는 엄격한 도덕적 원칙(11장 참고)을 경계해야 한다. 그러지 않으면 이 악물고 참으면서 커플 생활에는 희생이 필요하다고 여기게 된다. 게다가 그런 도덕적 원칙은 대부분 커플이 경험하는 현실에 적합하지 않다. 굳건한 의지는 좋은 성품이지만, 엄격한 도덕적 원칙으로 자신을 옥죄면 우울증이 발생할 수 있다.

- 상대방의 기분을 상하게 할까 봐 혹은 익숙하지 않아서 자기주장을 하기 어렵다.

이러면 모든 것을 속에 담아두게 된다. 그러다 폭발할 지경이 되어도 혹은 나를 전혀 배려하지 않는 상대방에게 속았다는 생각이 들어도 말할 엄두를 내지 못한다. 이 문제를 해결하려고 노력해야 한다. 자기주장을 할 줄 알아야 반추와 오해가 줄어들어 일상을 제대로 관리할 수 있으며, 인간관계의 기본인 존중을 확립할 수 있다. 인지 편향을 다룬 10장 〈인지 편향의 힘〉과 11장 〈도덕적 원칙의 힘〉 그리고 19장 〈자기주장〉을 참고하자. 또한 정신과의사나 심리치료사와의 상담을 통해 역할극을 진행할 수도 있다. 12장 〈심리 도식의 힘〉과 48장 〈초기 부적응 도식 치료〉에서 다루는 초기 애착 유형을 살펴보는 것도 자기주장 능력을 점검하는 데 도움이 될 것이다. 커플 관계는 가사 분담이나 함께 볼 영화를 선택하는 사소한 일부터 장기적인 목표를 결정하는 일에 이르기까지 끊임없이 타협해야 한다. 이 또한 건강한 소통을 바탕에 두어야만 가능하다.

- 상대방이 나만큼 노력하지 않는 것을 이해할 수 없다.

커플 생활로 성숙해지는가를 다룬 첫 번째 경우와는 다르다. 여기서는 상대방에게 당신의 기준을 엄격하게 적용하는 문제를 다루고 있다. 서로 존중하면서 노력하는 것과 모든 사람은 이렇게 행동해야 한다는 기준을 들이대는 것은 별개의 일이다. 인지 편향을 다룬 10장 〈인지 편향의 힘〉과 11장 〈도덕적 원칙의 힘〉이 유연한 사고를 기르는 데 도움이 될 것이다.

- 상대방에게 잘못을 했고, 이 때문에 관계가 무너질 것 같다.

상대를 속이거나 독단적으로 결정을 내리는 행동은 커플 생활에 악영향을 미친다. 이때 가장 좋은 전략은 전문가와 상담하는 것이다. 상대방이 당신의 잘못을 알고 있는 경우에는 커플 상담 전문가와, 아직 모르고 있는 경우에는 혼자 심리치료사와 상담해 본다. 삶의 목표와 가치관을 다룬 16장 〈삶의 명확한 목표〉를 다시 읽고 자신의 위치를 확인한 후, 문제 해결을 위해 21장 〈인지 재구조화〉와 22장 〈의사결정 기법〉을 참고한다. 판단이 중요한 것이 아니라 일이 그렇게 된 이유를 이해하는 것이 중요하다.

- 이제는 성관계를 거의 하지 않고, 하더라도 만족스럽지 않다.
성과 관련된 문제라고 해서 회피하거나 질질 끌어서는 안 된
다. 성관계는 관계의 성숙에 관한 중요한 기준이며, 잦은 실망
의 원인이기도 해서, 잘못하면 결별에 이를 수도 있다. 이 문제
를 해결하는 것을 중요하게 생각해야 한다. 소통이 부족하다면
곧장 커플 상담 전문가와 상담한다. 각자의 욕망과 자신감, 성
적 판타지, 관행, 규칙성, 상대방의 신체를 배려하는 방식 등 많
은 것이 문제의 원인일 수 있다.

애정 관계를 망치는 다른 문제들도 있다.

- **양쪽 가족 및 친구 문제.** '두 사람의 결합은 곧 두 집안의 결합'
이라는 말도 있듯이, 커플 관계에서 서로의 가족은 그 자체로
중요하며 종종 긴장의 원인이 된다. 갈등이 일어나지 않도록
각자의 가족이나 친구들과 보내는 시간에 제한을 둬야 한다.
또한 가족이나 친구들이 커플 관계에 개입하는 정도도 명확하
게 제한할 필요가 있다. 19장 〈자기주장〉이 도움이 될 것이다.
- **헤어진 전 파트너 관련 문제.** 이전 관계에서 얻은 자녀가 있다
면 저절로 발생하는 문제다. 또한 커플 중 한쪽이 전 파트너와
친구 관계나 업무 관계로 얽혀 있어도 마찬가지다. 이때는 타
협점을 찾아야 한다. 전 파트너를 만나지 말라고 요구해야 할

까? 아니다. 그는 이미 내 파트너의 삶에 포함되어 있다. 따라서 그들의 관계를 있는 그대로 받아들여야 한다. 실제로 문제가 될 소지가 있을까? 그렇기는 하다. 하지만 어떤 형태의 관계로 유지되고 있느냐에 달렸다. 이제는 그저 순수한 친구 사이인지 아니면 아직 감정이 남아 성적으로 끌리는 상태인지가 중요하다. 하지만 파트너의 자유 영역은 존중해야 하며, 파트너를 신뢰한다면 그의 행동에 대해서는 전적으로 맡겨야 한다. 내 파트너가 전 파트너를 보는 것이 불편하고 불안하다면, 지금 둘이 같이 있는 게 아니라고 해도 안심할 수 없을 것이다. 전 파트너는 대부분 위험하지 않으며 그저 과거사일 뿐이다. 만약 내 파트너가 외도를 하고자 한다면 만남 애플리케이션처럼 더 쉬운 방법을 쓸 수도 있다. 괜한 불안감은 불길한 상상을 일으켜 불필요한 갈등을 야기하므로, 이 주제에 관해서는 조심스럽게 서로 논의할 수 있도록 해야 한다. 반면 새로운 연애를 위해 특정 친구나 전 파트너를 삶에서 제거하는 데 동의한 사람은 잠재적인 통제 관계가 시작될 수 있음에 유의해야 한다.

- **우울**은 에너지와 집중력을 빼앗고 과민 반응을 일으킨다. 그러면 상대방은 이 관계가 더는 나아질 수 없다고 여기게 된다. 28장 〈슬픔〉과 36장 〈우울〉을 참고하자. 우울이 삶을 점점 잠식하고 있다고 느껴지면 지체 없이 정신과의사나 심리치료사와 상담해야 한다.

- **불안**과 **낮은 자존감**은 파트너가 나를 똑똑하고 유능한 사람으로 보는지, 성관계에 만족하는지, 기대하는 바가 무엇인지에 대해 부정적인 시나리오를 상상하게 한다. 그래서 미래에 대한 불안과 무력감으로 인해 상대방과 장기적인 계획을 세우는 것을 불가능하다고 느끼게 한다. 26장 〈불안〉과 29장 〈자존감과 자신감〉 그리고 10장 〈인지 편향의 힘〉과 11장 〈도덕적 원칙의 힘〉에 나오는 내용을 적용해 보자.

- **소심함**은 사랑하는 관계가 되기 전, 호감을 사는 단계에서 악영향을 미친다. 또한 연인이 되어 성관계를 맺을 때도, 상대방이 실망하지 않을지 걱정하게 만들어 큰 불안을 유발한다. 이런 경우 지체하지 말고 성 문제 전문 정신과의사나 심리치료사와 상담해야 한다.

- **충동성**은 분노와 말다툼을 반복적으로 유발해 관계를 계속 악화한다. 관계 유지를 위해서는 38장 〈충동성〉, 18장 〈시차 기법〉, 15장 〈심적 고통의 수용〉을 참고하도록 하자. 더불어 상대방이 내 충동성을 체념하고 용서한다고 해서 그 상태에 안주해서는 안 된다.

- **정서적 의존**은 상대방과 함께하는 것만을 추구하게 만들어 의존적인 태도와 많은 요구를 유발하고, 그에 따라 긴장과 갈등이 발생하게 한다. 결국 상대방은 질식할 것처럼 느껴져 거리를 두게 된다. 그러면 버림받을지 모른다는 두려움과 애정 결

핍에 시달리게 된다. 15장 〈심적 고통의 수용〉, 10장 〈인지 편향의 힘〉, 11장 〈도덕적 원칙의 힘〉, 12장 〈심리 도식의 힘〉에 나오는 내용을 적용하는 것이 바람직하다. 또한 정서적 의존은 대개 만성적인 고통으로 이어지곤 한다. 49장 〈노력하는데도 문제들이 해결되지 않는 경우〉를 참고하여 정신과의사와 상담할 것을 권한다.

· **질투**는 사랑하는 관계에서 고통을 유발하는 주요 원인이며, 종종 관계를 파탄 내는 원인이 되기도 한다. 상대방이 당신을 배신했다는 생각에 사로잡혀 있을 때, 상대방의 휴대전화를 검사하는 것은 최악의 시도다. 잠깐은 마음이 놓이겠지만, 장기적으로는 관계를 악화하는 일이다. 잘못하면 당신도, 상대방도 지옥 속에서 살게 된다. 10장 〈인지 편향의 힘〉, 11장 〈도덕적 원칙의 힘〉, 12장 〈심리 도식의 힘〉, 17장 〈반추와 탈중심화〉, 29장 〈자존감과 자신감〉을 참고하자. 이런 상태가 지속된다면 초기 부적응 도식에 관해 전문가와 상담해야 한다.

47장

죽음과 이별

우리는 모두 언젠가 가까운 사람의 죽음 또는 연인이나 친구와의 이별을 경험하게 된다. 부모와의 애착을 바탕으로 한 유년기에는 그런 정서적 유대 관계의 파탄을 감당하기가 어렵다.[1] 이별은 우리에게 상대방은 물론 함께 이루고자 했던 모든 것, 말하지 못했던 것들, 상대에게 쏟아부었던 모든 에너지를 끊임없이 떠올리게 한다. 특히 배신, 갈등, 기만, 학대를 경험한 경우에는 분노가 자주 동반되기도 한다.

죽음과 이별은 다양한 감정을 느끼게 한다. 온종일 상대방을 생각하며 슬픔에 젖어 울거나, 반추하거나, 분노한다. 또는 공허감에 빠져 모든 것이 의미 없다고 여기거나, 현실이 가짜처럼 느껴지기도 한다. 이런 감정을 느끼는 것은 지극히 정상이다. 그러니 병이라고 여겨서는 안 된다. 시간이 지나면 저절로 해결된다.

교류가 거의 없었거나 관심이 없었던 가족의 죽음에 슬퍼하지 않는 것 역시 자연스러운 일이다.

몇 가지 요인[2]이 죽음과 이별을 더 어렵게 만든다.

- 예기치 못한 사건.
- 부당함(젊은 나이의 죽음, 교통사고, 미래를 함께 계획한 사람과의 이별).
- 책임감(예를 들어 가까운 사람이 자살한다면, 이를 막지 못했다는 죄책감을 유발할 수 있음).
- 끈끈한 유대감.
- 과거의 상실 경험.
- 불안하고 복잡한 초기 애착 관계(12장 〈심리 도식의 힘〉 참고). 이는 우리를 이별 문제에 대해 매우 취약하게 만든다.[3]
- 음주. 슬픔을 달래려는 행동이지만, 결국 우울과 충동성을 초래한다.

관련 전문의들은 죽음과 이별의 타격을 막기 위해 다양한 전략을 연구했다.[4]

무엇보다 일상을 다시 배워야 한다. 부부의 경우 이혼 혹은 사별 후에 갑작스럽게 자신이 할 줄 모르는 일(가계부 정리, 집수리 등)을 떠안게 된다. 게다가 자녀까지 있으면 할 일이 두 배로 늘어난다. 따라서 이 문제를 해결하는 동시에 자신을 보살필 수 있도록 충분한 휴식도 취해야 한다.

애도의 방식은 다음 두 가지로 나뉜다.

- **죽음과 이별을 잊기 위해 무엇이든 한다.** 일이나 술에 빠져 살며 자신이 겪은 상실을 회상하려 하지 않는다. 떠난 사람을 생각나게 하는 물건이나 상황도 멀리한다. 즉, 감정을 회피하는 경우다.
- **떠난 사람을 끊임없이 생각하느라 현실을 살지 못한다.** 떠난 사람의 사진을 보며 계속 그 사람 생각만 하거나, 주변 사람들과 그 사람에 대해 이야기한다. 추억에 빠져서 괴로워하는 것이다.

일에 파묻혀 사는 사람은 감정을 비우지 못하고(7장 〈회피와 통제〉 참고), 떠난 사람 생각에 빠진 사람은 만성적인 슬픔에 괴로워한다.

애도 작업은 이 두 가지 상태를 번갈아 겪는 과정이 필요하다. 상대를 생각하는 시간과 현실로 돌아와 거리를 두는 시간이 교차되어야 앞으로 나아갈 수 있다. 하나의 과정에만 머무는 경직성은 애도의 정상적인 진행을 방해하여 만성적이거나 병적인 애도로 이어질 수 있다.

두 상태를 번갈아 겪어야 하는 이유는 무엇일까?

현실로 돌아온 상태일 때는 마음을 찢는 고통과 멀어져 우리를 좀먹는 감정으로부터 자유로워진다. 숨 쉴 여유를 갖게 되는 것이다. 고통에서 해방되는 휴식 단계다.

떠난 상대를 생각하는 상태일 때는 비록 죽음이나 이별로 인해 단절되었더라도 관계가 유지되는 셈이다. 우리는 로봇이 아니다. 상대방에 대한 기억과 애정을 간단하게 지워버릴 수 없다.

뇌가 애도를 하려면 이 두 단계가 교대로 나타나야 한다.

물론 모든 사람은 자신만의 균형을 찾아야 한다. 여러 연구에 따르면 여성은 슬픔에 안주하는 경향이 있고, 남성은 회피하는 경향이 있다고 한다.[5]

이해, 위로, 조언을 얻기 위해 주변 사람들에게 이야기했을 때, 그들이 경청해 주고 지지를 보낸다면 건설적이고 소중한 경험이 된다. 반면 그들이 냉담하거나, 불필요한 조언을 해주거나, 죄책감을 심어준다면 바람직하지 않은 경험이 된다. 따라서 치료 전문가를 만나는 것이 때로는 최선의 대안일 수 있다.

연인(혹은 친구)과의 결별을 맞아 뇌가 애도의 과정을 겪는 중에는 정신 건강을 지키기 위해 다음과 같은 행동을 지양해야 한다.

* 소셜 네트워크에서 상대방의 삶을 관찰한다(통제 시도).
  상대방이 행복한지, 다른 사람을 만나는지, 함께 알고 있는 친

구들을 아직 만나는지 끊임없이 궁금해한다. 당신 삶의 목표와 가치에 의지해(16장 참고) 당신에게 정말 중요한 것에 집중하자. 상대방과의 관계는 이미 끝난 과거이므로 현재에 충실해야 한다.

- 상대방이 무엇을 하고 있는지 계속 상상한다(반추와 합리화 시도).

상대방이 여전히 당신을 생각하며 후회하는지, 아니면 다른 사람과 함께 침대에 있는지 계속 궁금해한다. 또는 했던 말이나 했어야 할 말을 떠올리려고 과거 장면들을 재생한다. 16장 〈삶의 명확한 목표〉와 17장 〈반추와 탈중심화〉 그리고 37장 〈분노와 불의〉를 참고하여 이런 상태에서 빠져나와야 한다.

- 상대방으로 인해 고통을 겪었는데도 모든 방법을 동원해 접촉을 유지하려고 한다(공허함을 회피하려는 시도).

악순환의 고리를 끊어야 한다. 25장 〈노출〉, 7장 〈회피와 통제〉, 15장 〈심적 고통의 수용〉을 참고하자. 20장 〈마음챙김〉도 도움이 될 것이다.

- 상대방이 예전으로 돌아가는 일은 없을 거라고 말했는데도, 당신은 어떻게든 관계를 다시 시작하려고 한다(회복 시도).

비굴한 사람이 되어서는 안 된다! 부부나 연인은 욕망을 공유해야 하며, 그 욕망의 실현을 위해 50대 50의 공평한 비율로 노력해야 한다. 새로운 시도는 당신 혼자만의 몫이 아니다.

16장 〈삶의 명확한 목표〉를 참고하여 당신에게 중요한 계획에 집중하자. 15장 〈심적 고통의 수용〉에 나오는 내용을 적용해 이별 후의 슬픔과 무력감을 받아들이자. 진중한 사람이라면 관계 회복을 위해 무엇이든 해야 한다거나, 이혼이 비겁하다는 생각은 하지 않을 것이다. 이런 생각은 언뜻 의리 있는 모습으로 보여도 현실에 적용하기 어려운 도덕적 원칙에 가깝다. 문제를 해결하는 데는 아무런 도움이 되지 못한다. 11장 〈도덕적 원칙의 힘〉을 다시 읽어 보자.

- 상대방이 돌아오도록 방법을 총동원하고, 공갈이나 협박도 서슴지 않는다(충동성 영향의 통제 시도).

죄책감을 토대로 형성된 관계는 제대로 작동하지 않는다. 이런 극단적 상황 뒤에는 대개 초기 부적응 도식이 존재한다. 12장 〈심리 도식의 힘〉과 48장 〈초기 부적응 도식 치료〉를 참고하자.

- 같은 말을 반복하면서 계속 논쟁을 시작하려 한다(회복, 통제, 처벌 시도).

상대방에게도 더는 말하고 싶지 않을 권리가 있다. 당신의 감정 조절은 상대방의 사과나 허락의 말로 가능해지는 것이 아니라 마음챙김, 탈중심화, 감정 수용을 통해 이루어지는 것이다. 상대방의 사과를 받아 자신이 옳다는 사실이 증명되어야 스스로 재건할 수 있는 것은 아니다. 또한 자신이 옳다는 사실을 증명하는 것은 인생의 목표가 되지 못한다. 이렇게 된 데는 초기 부적응 도식의 영향이 있을 확률이 높다. 12장 〈심리 도식의 힘〉과 48장 〈초기 부적응 도식 치료〉를 참고하자.

• 자녀가 있는 부부가 헤어진 경우

삶의 목표와 가치관을 다룬 16장 〈삶의 명확한 목표〉를 참고하는 것이 중요하다. 당연한 말이지만 자녀의 안정과 평안을 최우선에 두어야 한다. 원망스러운 마음에 자녀를 한쪽 부모와 등지게 만들려는 경우가 있다. 이는 자녀에 대한 부모의 기본 책임과 상충되는 행위다. 또한 아이들도 영리하기 때문에 어느 순간 한쪽 부모는 항상 상대방을 비난하고, 다른 부모는 중립적인 자세를 취하고 있음을 파악하게 된다. 만약 상대가 악의적이고, 감정을 자극하며, 상황을 조작하려고 한다면 침착함을 유지하기란 쉽지 않다. 19장 〈자기주장〉과 20장 〈마음챙김〉을 참고하자. 법적인 도움이 필요한 경우에는 변호사와 상담해야 한다.

초기 부적응 도식을 가진 사람들은 긴 슬픔에 빠질 수 있으므로[6] 이별과 죽음이 남긴 상처가 몇 달 동안 계속된다면 정신과의사나 심리치료사와 상담해야 한다. 한두 해가 지나도 슬픔이 사라지지 않는다면 병적인 애도에 대해 상담해야 한다.[7] 결혼 생활의 파탄 또는 상대방의 죽음에 대해 깊은 죄책감이 지속되거나, 상대방 없이는 살 수 없다는 공허감에 자살 충동을 느낄 때도 전문가와 상담해야 한다.

사례: 다른 사람에게 가려고 갑자기 나를 떠난 상대를 생각한다.

상황

- 할 일이 없거나 지하철에 있을 때
- 친구에게 헤어진 상대에 대해 이야기하면서 되새길 때
- 부부나 연인이 나오는 영화를 볼 때
- 행복한 부부나 연인을 마주칠 때
- 헤어진 상대와 닮은 사람을 봤을 때
- 헤어진 상대가 좋아할 만한 이성을 봤을 때
- 함께 자주 가던 곳을 지나갈 때

   ⇨ 불쾌감 때문에 시간과 감정을 낭비해선 안 된다. 탈중심화를 적용한
   다.

감정

- 슬픔
- 분노
- 원망

   ⇨ 감정을 주체할 수 없다면 탈중심화와 마음챙김을 적용한다.

사고

- 노력했다면 관계가 순탄했을 것이다.

⇨ 이런 생각을 곱씹는다고 해서 현실이 바뀌지는 않는다. 상대방이 바라는 바도 아니다. 중요한 일에 집중하고 탈중심화를 적용해야 할 시기다.

- 그때 이 말을 했어야 했는데….

  ⇨ 과거는 바꿀 수 없다. 과거에 있었던 모든 갈등을 몇 달에 걸쳐 떠올리는 것은 아무 소용이 없다. 탈중심화를 실행한다.

- 그 사람은 지금 무엇을 할까?

  ⇨ 이런 생각은 아무런 도움이 되지 않는다. 탈중심화를 적용한다.

- 그 사람은 요즘도 가끔 나를 생각할까?

  ⇨ 그렇다고 하면 편안해지겠지만, 지금 내 문제가 해결되지는 않는다. 탈중심화를 적용한다.

- 나는 왜 바보처럼 끌려다니는 걸까?

  ⇨ 이런 생각이 들면 마음이 상한다. 이런 경우 탈중심화를 적용한다.

행동

- 아무와도 대화하고 싶지 않고, 일도 그만두고 싶다.

  ⇨ 저녁에 마음챙김을 실행하는 것을 습관으로 만든다. 낮에 다시 이런 생각에 빠지면 탈중심화를 적용한다.

- 친구에게 전화를 걸어 그 사람에 대한 모든 것을 이야기하고 싶다.

  ⇨ '슬프고 화가 나서 친구에게 전화하려는데, 몇 주 전부터 매일 통화했다는 사실을 깨닫는다. 이제는 저절로 전화기에 손이 간다.' 이는 바람

직하지 않은 일이다. 보내지 않을 편지를 쓰고 감정 수용을 실행한다.

• 헤어진 상대에게 메시지를 보내고 싶다.

⇨ 관계를 이어가는 것은 좋은 생각이 아니다. 정작 답을 못 받으면 기분은 최악이 될 것이다. 보내지 않을 편지를 쓰고 감정 수용을 실행한다. 충동이 강하게 일면 몇 분 동안 참아 보거나, 마음챙김을 실행한다.

• 헤어진 상대의 차에 펑크를 내고 싶다.

⇨ 기분은 좋아지겠지만, 그렇게까지 하는 것은 내가 바라는 내 모습이 아니다.

무력감

• 연인과 한 번도 행복했던 적 없이 늙어 가고 있다. 이대로는 아이도 가질 수 없을 것이다. 나는 너무 바보같이 속았다. 다시 사랑에 빠지는 일은 없을 것이다.

⇨ 과잉 일반화에 해당한다. 기분만 우울해지고 아무런 도움도 되지 않는다. 내일 어떤 일이 일어날지는 아무도 모른다. 더는 이런 부정적인 생각을 하며 시간을 보내서는 안 된다. 탈중심화와 마음챙김을 적용하고, 기분이 좋아질 만한 활동을 해본다. 친구들을 만나 헤어진 사람이 아니라 다른 주제에 관해 이야기한다.

지속되는 경우

- 우울감으로 인해 삶과 자신이 분리되는 듯하고, 밤이면 슬프고 화가 난다.

  ▷ 주요 증상: 슬픔, 반추.

- 상대방 없이는 공허하다는 생각으로 자살 충동에 시달리는 인격장애

  ▷ 주요 증상: 정서적 의존, 공허함, 충만하게 살고 싶다는 생각에 늘 누군가를 필요로 함.

48장

초기 부적응 도식 치료

12장 〈심리 도식의 힘〉에서 초기 부적응 도식을 설명한 바 있다. 초기 부적응 도식은 어린 시절 트라우마 때문에 편도체에 저장된 필터라고 할 수 있으며, 우리의 행동과 반응을 유도하는 편도체를 자극하는 역할을 한다. 치료 중인 일부 환자들은 특정한 방식으로 행동하지 말아야 한다는 것을 알면서도 편도체를 포함한 대뇌변연계, 즉 감정의 뇌가 행동을 결정하게 한다. 또 다른 환자들은 자신이 약하고 자격 미달이라 실패할 수밖에 없고, 존중받을 가치도 없다고 확신한다. 자신을 객관적으로 보지 못하기 때문이다.

미국의 TV 프로그램 〈루폴의 드래그 레이스〉에서는 '내면의 파괴자'라는 개념이 사용되었다. 이 프로그램에서 사회자는 참가자들에게 각자의 어린 시절 사진을 보여 주며 묻는다. "이 어린아이에게 무슨 말을 해주고 싶으신가요?" 참가자들은 그 사진을 보는 것만으로도 뇌 깊은 곳에서 일련의 감정이 되살아나 대부분 감회에 젖는다. 몇 초 전까지만 해도 느끼지 못했던 감정들이 어떻게 되살아난 것일까? 감정의 뇌가 특정 기간과 관련된 기억 창고에서 그 사진 속 삶을 꺼냈기 때문이다.

정신과의사나 심리치료사가 환자에게 어린 시절 사진을 관찰해 보라고 하는 경우는 드물다(때때로 선택하는 치료법이기는 하다). 오히려 최근에 겪었던 사건(유발 요소)을 떠올려 보라고 할 것이다. 이때 심리치료사는 '감정 다리'라는 기법을 사용한다. 신체의 어느 부분에서 강렬한 감정이 느껴지는지, 그 크기나 강도는 어느 정도인지를 관찰하고, 뇌가 이 감정과 연결된 기억을 떠올릴 때까지 기다린다. 감정에 대해 더 많이 관찰할수록, 감정의 뇌가 기억 창고로 향하는 '다리'가 더욱 견고해진다. 이 기억 창고에는 도식으로 암호화된 어린 시절의 기억들이 쌓여 있다. 심리치료사는 이 기억들을 토대로 상담을 진행한다.

도식 치료라고 하는 이 치료법의 원리는 환자가 기억의 내용을 변형하여 기억에 붙어 있는 부정적인 감정(존재하지 않는 듯한 느낌, 무력감, 위험에 대한 두려움)을 줄이는 것이다. 환자는 치료 전문가의 도움을 받으며 기본적인 심리 욕구에 맞춰 기억의 내용을 변형한다. 그러면 감정의 뇌는 현실과 상상을 구별하지 못하므로 부정적 감정을 잠재우게 된다. 위험, 학대, 무시, 방치의 기억이 보호, 사랑, 존중의 기억으로 바뀐다. 무심한 사람은 애정어린 사람으로, 폭력적인 사람은 보호해 주는 인물로, 외로웠던 기억은 친구가 와서 안아 주는 장면으로 바뀌는 것이다.

'감정 다리'가 어떤 기억을 불러올지는 미리 알 수 없기 때문에 어린 시절에 아팠거나, 억눌리거나, 학대당했던 기억이 떠오르면 이를 처리하는 것이 쉽지 않을 것이다. 그래서 경직되고 의기소침하며 불안정한 상태로 지내거나, 이를 유발하는 과거의 경험이 감정의 뇌에 그대로 각인되어 있기 때문에 즉각적으로 부정적 감정을 차단하는 방어적인 반응을 보이게 된다. 따라서 옆에서 당신을 이끌어 주며 기억의 내용을 변형하도록 돕는 치료 전문가가 필요하다. 다년간의 경험을 갖춘 전문가는 당신을 기억의 내면으로 안내해 감정의 뇌가 재편성되도록 도울 것이다. 그러면 내면의 아이는 부정적인 기억에서 점차 자유로워질 것이다.

이 치료법을 한 환자의 상담 사례를 통해 설명해 보겠다. 환자는 50세 여성으로 남편에게 끊임없이 학대받았지만, 정서적 의존성이 있어 그와 헤어질 수 없다고 느끼고 있었다. 남편을 떠난다는 것에 대해 "그건 내 세상이 무너지는 것과 같아요. 그 사람이 나를 괴롭게 하지만 이제 익숙해요. 미지의 삶은 무섭고, 혼자서는 살아갈 수 없어요."라고 말했다.

치료 전문가는 환자에게 최근에 일어난 사건에서 시작해 보자고 했다. 환자는 남편에게서 상스러운 말을 들었지만, 어떻게 대처해야 할지 몰랐다고 했다.

환자에게 그때 일을 생각하면서 드는 감정들을 표현해 보라고 했다. 버림받을 것 같은 극도의 불안감, 위험에 처한 느낌, 무력감이라고 환자는 대답했다.

그런 감정이 신체의 어느 부위에서 발생하는 느낌인지, 강도는 어느 정도인지, 구체적으로 어떤 느낌인지 표현해 보라고 했다. 환자는 목과 배가 묵직하게 느껴지고, 몸이 사방으로 흩어지는 것 같다고 했다.

환자에게 그 느낌에 집중하면서 자연스럽게 떠오르는 기억을 받아들여 보라고 했다. 몇 초 후 일곱 살 때 아버지에게 억울하게 벌을 받았던 날을 떠올렸다. 그때 아버지가 억지로 방으로 끌고 가 턱이 빠질 정도로 따귀를 때리고는 문을 닫고 나가 버려 혼자 남겨졌다고 했다.

이 기억에서 무엇이 도움이 되냐고 묻자 환자는 대답하지 못했다. 자신을 억제하며 의기소침해졌다. 감정의 뇌 속에서 환자는 나쁘고 쓸모없는 아이였고, 아버지는 폭력적인 사람이었다. 어머니는 아버지의 행동에 전혀 관여하지 않는 사람이었다. 치료 전문가가 환자에게 물었다. 아버지가 사과하길 바라는가? "불가능해요. 말이 통하지 않는 분이세요." 어머니가 아버지를 저지해 주길 바라는가? "어머니는 아버지에게 순종적이에요. 그런 일은 하지 않으실 거예요." 아버지에게 대들고 싶은가? "그럼 더 맞기만 하겠죠." 환자는 할 수 있는 일이 없다고 생각했다. 성인의 능력을 갖춘 성인의 뇌가 활성화되지 못하고, 아이의 감정 뇌가 환자를 통솔하고 있었다.

치료 전문가는 다음과 같이 환자를 이끌었다.

> **치료 전문가:** 가족 중에 아버지보다 권위 있는 사람은 누구입니까?
>
> **환자:** 할머니요.
>
> **치료 전문가:** 당신의 방을 떠올려 보세요. 부엌에서 사건이 벌어졌던 그날로 돌아갑니다. 따귀를 맞기 전, 말다툼을 하고 있었을 때로요. 부엌이 보이나요?
>
> **환자:** 네, 잘 보여요.
>
> **치료 전문가:** 할머니가 옆에 있다고 상상해 보세요.
>
> **환자:** 네, 할머니가 보여요. 제 옆에 계세요.
>
> **치료 전문가:** 할머니가 당신을 보호해 준다면 기분이 좋을까요?
>
> **환자:** (울기 시작한다) 네, 너무 좋을 것 같아요!
>
> **치료 전문가:** 할머니가 아버지에게 이렇게 소리치는 장면을 상상해 보세요. "딸한테 그따위로 말하지 마라! 얘는 아무 잘못도 없어. 괜히 애를 혼내고 있구나!" 아버지의 표정이 어떤가요?
>
> **환자:** 화가 났어요.
>
> **치료 전문가:** "애한테 소리치지 말고 손대지도 마!"
>
> **환자:** 보호받는 느낌이에요. 하지만 할머니가 가버리면 아버지는 또 시작할 거예요.

치료 전문가: 당신 방으로 조용히 데려가는 할머니의 모습을 그려 볼 수 있나요?

환자: 네.

치료 전문가: 할머니가 당신을 안아 주면 기분이 좋을까요?

환자: (흐느낀다) 네, 좋아요. 기분이 나아졌어요.

치료 전문가: 할머니의 품에서 잠시 당신에 대한 사랑을 느껴 보세요. 할머니는 당신이 자신에게 소중한 존재라고 속삭입니다.

환자: (눈물이 잦아들고 안정을 되찾는다) 기분이 좋아요.

치료 전문가: 할머니가 떠나면 아버지가 다시 시작할 것 같나요?

환자: 네, 확실해요. 집은 안전한 곳이 아니에요. 제 방도 그렇고요.

치료 전문가: 할머니를 보세요. "우리 손녀딸, 짐을 싸서 할머니 집으로 가자. 같이 살아도 된단다. 네가 원하면 몇 달, 몇 년이고 우리 집에서 살아도 돼. 너를 이런 집에 남겨둘 수 없어! 네 아빠는 별짓을 다 해서 너를 데려가려고 하겠지만, 네가 원하지 않으면 그러지 못할 거다. 네가 결정하는 거야!" 이런 말을 들으니 기분이 어떤가요?

환자: 기분이 좋고 보호받는 느낌이에요. 이런 일은 일어나지 않겠지만요.

치료 전문가: 당신과 손잡고 있는 할머니를 상상해 보세요. 다른 손에는 가방을 들고 있어요. 당신은 거실을 가로질러 갑니다. 할머니가 부모님께 당신을 데려가겠다고 말해요. 당신이 아니라 어른들이 내린 결정입니다. 이 선택에 당신은 책임이 없어요. 그러니 아버지가 당신에게 복수하는 일은

없을 겁니다. 할머니가 문을 열고 나가 당신을 차에 태웁니다. 이제 할머니 댁에 도착했습니다. 원하는 만큼 오래 지낼 수 있습니다. 어떤 기분이 드나요?

환자: 기분이 좋아요. 사랑받고 보호받는 기분이에요. 제가 누군가를 위해 존재한다는 생각이 들어요. 그래서 기분이 더 좋아요.

29장 〈자존감과 자신감〉 끝부분에서 이 책은 혼자서 할 수 있는 훈련과 자가 치료법을 다루지만, 우울증이나 트라우마 치료는 혼자서 할 수 없다고 서술한 바 있다. 이 사례를 통해 그 이유를 이해하게 되었을 것이다. 도식 치료에 관한 개론서[1]는 530페이지에 달하는데 그럴 만한 이유가 있다. 트라우마는 조심스럽게 다뤄야 하기 때문이다. '감정 다리' 기법을 이용한 치료 과정에서 어떤 일이 일어날지는 예측할 수 없다. 그러나 쓰나미처럼 밀려오는 성폭력, 폭력, 유기의 기억으로 인해 나타나는 감정들을 안전하게 치유할 수 있는 좋은 방법이다.

혼자서는 이 방법을 쓸 수 없지만, 치료 전문가의 도움을 받아 진행하면 된다.

노력하는데도 문제들이
해결되지 않는 경우

여러 책을 읽어 보며 노력해 봐도 문제들이 해결되지 않는 경우가 있다.[1] 하나의 문제가 뿌리 깊게 박혀 있거나, 여러 문제가 서로 얽혀 있기 때문일 것이다.

이 책에서 제안한 조언들로도 불안한 감정이 조절되지 않는다면 불안장애일 수 있다. 불안은 갑자기 몰려와서 삶의 여러 부분(직장, 친구, 가족 등)에 문제를 일으키며 분별력을 잃게 만든다. 두려움 때문에 회피하게 되는 상황도 많이 유발한다. 이런 경우 바로 상담을 받아야 한다. 치료를 빨리 시작할수록 회복하기 쉽다.

불안은 사람들 앞에서 느끼는 두려움과 부끄러움에서 시작된다. 빵집에서 빵에 대해 묻는 것도 못 해서 얼어붙거나, 두세 명 이상의 사람들 앞에서는 말할 용기가 없어 목소리가 나오지 않는다. 이런 식의 지나친 두려움은 사회 불안에서 비롯된 불안장애에 속한다. 전

세계 인구의 2~3퍼센트 정도가 이런 불안장애를 겪고 있다. 이런 경우 인지행동치료를 받으면 나아질 수 있다.[2]

불안은 특정 대상이나 동물, 상황에서 비롯되기도 한다. 가장 전형적인 사례는 일부 동물(뱀, 거미, 쥐, 비둘기 등)에 대한 공포다. 높은 곳, 피, 비행기도 흔한 원인이다. 이를 특정 공포증 혹은 단순 공포증이라고 한다. 이 또한 인지행동치료를 통해 나아질 수 있다.[3]

터널이나 승강기처럼 갇힌 느낌을 주는 곳에서 불안을 느끼는 사람도 있다. 이런 곳에서 벗어나기가 어렵거나 아예 불가능하다고 생각하는 것이다. 또는 콘서트장처럼 사람들이 붐비는 곳에서 극도로 불안을 느끼는 경우도 있다. 바로 광장 공포증이다.[4]

공포증은 갑작스레 나타나고 빠르게 심해지면서 신체에서 무의식적인 반응을 일으킨다. 심장이 빨리 뛰거나, 땀이 나거나, 떨리거나, 비현실적인 느낌이 드는 경우는 공황 발작에 해당하는데, 몇 분이 지나면 저절로 가라앉는다. 하지만 같은 증상이 또 나타나지 않을까 계속 불안해한다면 이는 공황장애다.[5]

자신이 더러운 것에 오염됐거나, 실수로 본의 아니게 누군가를 해칠 것이라는 생각이 계속 뇌리를 떠나지 않아 불안에 시달리는 경우도 있다. 그래서 자주 씻거나 닦고, 인터넷에서 계속 정보를 찾고, 문이나 가스 밸브를 잠갔는지 수시로 확인하는 등 같은 행동을 반복한다. 이는 강박장애의 일종으로 볼 수 있다. 전 세계 2~3퍼센트의 사람이 강박장애를 겪고 있으며, 약물 치료나 인지행동치료로 나아질

수 있다.[6]

극도의 불안은 부정적 감정(슬픔, 분노, 예민함 등)이 동반되어 나타난다. 트라우마가 생길 정도의 심각한 사건을 경험하면, 몇 주 혹은 몇 달 동안 불안 증세가 지속된다. 그 사건을 떠오르게 하는 상황을 마주하면 과도한 반응(소스라침, 지나친 슬픔, 과잉 경계 등)을 보이며 악몽, 수면 장애, 똑같은 상황이 반복될 것이라는 생각에 시달리게 된다. 이런 증상은 외상후스트레스장애PTSD로 볼 수 있다. 공격, 습격, 정신적 혹은 성적 학대를 당했다면 문제는 더욱 심각해진다. 약물 치료나 안구운동 민감소실 재처리 요법EMDR으로 치료할 수 있다.[7]

번아웃 증후군은 점점 더 많은 의사가 주목하는 증상이다.[8] 정신, 감정, 신체에서 극심한 피로를 느끼고, 예를 들어 출근을 떠올리면 우울해지며 주체하기 힘든 기분이 조용하게 진행되는 것이 특징이다. 번아웃 증후군은 우울증이나 자살 충동을 유발할 수 있다. 따라서 직업환경의학과 전문의와 바로 상담하고 적절한 치료법을 안내받아야 한다.

슬픔은 평범한 감정으로 모든 사람이 삶에서 경험한다. 그러나 이 감정이 몇 주간 지속되면 일상을 방해할 수 있다. 좋아하는 일을 해도 전혀 즐거움을 느끼지 못하고, 수면에 문제가 생기며, 식욕이나 집중력도 떨어진다. 과거가 후회되고, 현재는 만족스럽지 않으며, 미래를 생각하면 마음이 답답해지는 등 모든 것을 부정적으로 보게 된다. 죽으면 모든 것이 해결된다는 자살 충동이 더해질 수도 있다. 이는 우울증일 가능성이 있으며, 이 경우 정신과의사를 찾아 적절한 약물 치료와 인지행동치료를 병행해야 한다.[9]

아이스크림이나 초콜릿 등 음식을 감정 조절제로 사용하는 경우, 초콜릿 한 상자를 전부 먹는 등 나쁜 식습관이 질병으로 이어지는 사례가 있다. 많은 양의 음식을 통제 없이 빨리 먹어 치워 탈이 나는 경우가 잦다면 과식증을 의심할 수 있다. 많은 양을 먹고 일부러 토해내거나 변비약을 복용하는 경우라면 폭식증이다. 반대로 살을 빼기 위해 음식을 극도로 제한한다면 신경성 식욕부진증에 해당한다. 이는 대개 젊은 여성들이 경험하는데, 자신의 신체를 있는 그대로 받아들이지 못하기 때문이다. 이런 경우 망설이지 말고 정신과의사와 상담하여 적절한 치료법을 안내받아야 한다. 이때 인지행동치료가 병행될 수 있다.[10]

술이나 불법 약물도 부정적 감정에 진정제처럼 잘못 사용되고 있는데, 결핍 증상이 오면 통제하지 못하고 점차 양을 늘리게 된다. 그래서 직장이나 가정생활에 피해를 준다. 남용(만취)뿐 아니라 의존성(마시지 않고는 못 견디는)도 문제가 된다. 이런 경우 중독 전문의의 치료를 받아야 하며, 인지행동치료가 병행될 수 있다.[11]

쇼핑이 부정적인 감정을 막는 데 사용되기도 한다. 필요하지 않은 물건을 무절제하게 사들이는 경우가 있다. 경제적 문제까지 발생해도 구매 행위를 멈추지 못하는 것은 행위 중독이다. 놀이를 병적으로 즐기는 것(카지노, 경마, 도박, 비디오 게임 등)도 이에 포함되는데, 심각한 정신적 문제(특히 우울증)뿐만 아니라 재정적, 사회적 문제까지 일으킬 수 있다. 중독 전문의의 치료를 받아야 하고, 인지행동치료를 병행해야 하는 경우도 있다.[12]

초기 부적응 도식이 활성화될 때 갈등이 발생하는 것은 있을 수 있는 일이다. 그럴 때 이 책이 도움이 되길 바란다. 그러나 누군가와 계속 갈등을 겪거나, 적응이 어려울 정도로 타인과 다르게 세상을 보는 등 일상생활이 제대로 돌아가지 않는다면 인격장애일 수 있다. 전문의와 상담하여 심리 도식 치료나 EMDR 치료, 인지행동치료를 받아야 한다.[13]

마지막으로 이야기할 것은 갑상샘 문제다. 갑상샘 이상으로 인해 부정적 감정이 생길 수 있다. 목에 있는 작은 림프샘이 만드는 호르몬에 문제가 생기면 육체적 피로뿐 아니라 지연 행동, 우울, 흥분, 신경 과민, 변덕, 불면증이 나타날 수 있다. 이런 경우에는 의사와의 상담이 필요하다. 갑상샘 기능 저하는 혈액 속 갑상샘자극호르몬TSH을 측정하여 진단한다. 필요한 경우 의사가 다른 검사를 요청할 수 있다.

이제 새로운 삶이 시작된다

이 책을 통해 당신의 뇌가 작동하는 방식과 매일 당신에게 일어나는 일들 뒤에 숨어있는 심리적 과정을 이해했길 바란다.

꾸준히 노력하지 않으면 아무것도 변하지 않음을 명심하자. 인내심을 가지고 책에서 소개한 기법들을 반복 실행하자. 자신을 따뜻하게 보살피며, 긴 변화의 길을 나아가길 바란다.

이 책에서는 일상에서 주로 발생할 수 있는 문제들을 설명하려고 노력했다. 그래서 3부를 훈련 일지처럼 활용할 수 있는 보편적인 가이드라인으로 구성했다. 여러 사례를 통해 방법을 파악한다면, 일어날 수 있는 삶의 여러 문제들에 효과적으로 대처할 수 있을 것이다.

압도당했거나 길을 잃었다고 느껴지면, 의사와 상담해야 한다.

여러분이 '걱정'이나 '문제'의 차원을 넘어 감정을 관리하고, 삶과 타인에 대해 더 긍정적으로 접근하며, 나쁜 습관에서 벗어나는 등 여러 이점을 발견하길 바란다. 성숙해질 수 있는 새로운 지평을 개척하고, 새롭게 도전하기 위해서 필요한 일이다.

뇌의 가능성은 무궁무진하다. 시간이 허락된다면 언어와 악기를 배울 수 있다. 부정적인 감정을 줄이고, 긍정적인 감정을 키우며, 인간관계를 발전시키고, 뇌를 자유롭게 할 수도 있다.

"여러분은 이 땅에서 어떻게 시간을 쓸 계획인가?"

제1부 | 뇌 이해하기

1장 | 뇌의 기능

1   K. Teffer et K. Semendeferi, 2012.
2   위 출처 ; E. K. Miller, 2000.
3   J. E. LeDoux, 2000.
4   A. Etkin et T. D. Wager, 2007.
5   J. Schwartz et R. Gladding, 2012.
6   A. Parent et L. N. Hazrati, 1995.

2장 | 습관의 뇌

1   J. Schwartz et R. Gladding, 2012 ; K. S. Smith et A. M. Graybiel, 2016.
2   K. S. Smith et A. M. Graybiel, 2016 ; F. G. Ashby, B. O. Turner et J. C. Horvitz, 2010 ; A. M. Graybiel et S. T. Grafton, 2015.
3   J. Schwartz et R. Gladding, 2012.
4   E. Burguière, P. Monteiro, L. Mallet et al., 2015 ; A.-H. Clair et V. Trybou, 2018.
5   A.-H. Clair et V. Trybou, 2018.
6   J. Schwartz et R. Gladding, 2012.

7   K. S. Smith et A. M. Graybiel, 2016.

8   A.-H Clair et V. Trybou, 2018.

9   M. Morgiève, K. N'Diaye, W. I. Haynes et al., 2014.

3장 | 감정의 뇌

1   H. S. Mayberg, M. Liotti, S. K. Brannan et al., 1999 ; M. S. George, T. A. Ketter, P. Parekh et al., 1995.

2   P. Sah, 2017.

3   위 출처.

4   R. Garcia, 2017.

5   A. Suardi, I. Sotgiu, T. Costa, F. Cauda et M. Rusconi, 2016.

6   R. Dunbar, 2003.

7   H. S. Mayberg, M. Liotti, S. K. Brannan et al., 1999 ; R. D. Lane, E. M. Reiman, G. L. Ahern et al., 1997.

4장 | 뇌 가소성

1   J. D. Sweatt, 2016.

2   T. Fujiwara, N. J. Paik et T. Platz, 2017.

3   G. Schlaug, 2015.

4   T. Fujiwara, N. J. Paik et T. Platz, 2017.

5   G. Querin, M. M. El Mendili, T. Lenglet et al., 2019.

6   M. Sairanen, O. F. O'Leary, J. E. Knuuttila et E. Castrén, 2007.

7   J. D. Sweatt, 2016 ; G. L. Ming et H. Song, 2011 ; D. Inta, U. E. Lang, S. Borgwardt et al., 2016.

8   J. D. Sweatt, 2016.

9   D. M. Apple, R. Solano-Fonseca et E. Kokovay, 2017.

10   C. L. Ma, X. T. Ma, J. J. Wang et al., 2017 ; D. Saraulli, M. Costanzi, V. Mastrorilli et al., 2017.

11   X. Kou, D. Chen et N. Chen, 2019.

5장 | 학습

1   C. Furini, J. Myskiw et I. Izquierdo, 2014.

2   M. Pignatelli et A. Bonci, 2015.

3   B. B. Averbeck et V. D. Costa, 2017.

6장 | 환경 적응에 유용한 감정

1 G. L. Clore, K. Gasper et E. Garvin, 2001.
2 P. Tovote, J. P. Fadok et A. Lüthi, 2015.
3 M. R. Leary, J. M. Twenge et E. Quinlivan, 2006.
4 D. L. Debats, 2006.
5 I. Kotsou, D. Nelis, J. Grégoire et M. Mikolajczak, 2011.

7장 | 회피와 통제

1 J. J. Gross, 1998a ; L. Campbell-Sills, D. H. Barlow, T. A. Brown et S. G. Hofmann, 2006.

8장 | 감정 표현의 중요성

1 G. J. Taylor, 2000.
2 O. Luminet et N. Vermeulen, 2008 ; F. Nils et B. Rimé, 2012 ; E. Zech, 2000 ; E. Zech et B. Rimé, 2005 ; I. Kotsou et Monseur (in Mikolajczak et Desseilles), 2012 ; M. R. Leary, J. M. Twenge et E. Quinlivan, 2006 ; T. L. Gruenewald, M. E. Kemeny, N. Aziz et al., 2004 ; D. L. Debats, 1996 ; M. Y. Ho, F. M. Cheung et S. F. Cheung, 2010 ; R. M. Ryan et E. L. Deci, 2005 ; M. Wei, P. A. Shaffer, S. K. Young et al., 2005.
3 O. Luminet, R. Bagby, H. Wagner et al., 1999.
4 M. A. L. Birt, V. Sandor, A. Vaida et al., 2008 ; J. M. de Groot, G. Rodin et M. P. Olmsted, 1995.
5 A. Mattila, 2009.

9장 | 정상에서 극단으로 향하는 생각과 감정

1 P. J. Lang, 1979 ; D. M. Clark et A. Wells, 1995 ; R. M. Rapee et R. G. Heimberg, 1997 ; S. Mulkens, S. M. Bögels, P. J. de Jong et J. Louwers, 2001 ; N. Mor et J. Winquist, 2002 ; S. M. Bögels, 2006 ; N. Amir, C. Beard, C. T. Taylor et al., 2009 ; K. N. Ochsner et J. J. Gross, 2005 ; M. E. P. Seligman, T. Rashid et A. C. Parks, 2006 ; S. Kumar, G. Feldman et A. Hayes, 2008. Pour l'impact de la pleine conscience sur le cerveau, voir A. Chiesa et A. Serretti, 2010 ; K. Rubia, 2009 ; B. R. Cahn et J. Polich, 2006 ; B. K. Hölzel, U. Ott, T. Gard et al., 2008 ; B. K. Hölzel, J. Carmody, K. C. Evans et al., 2010 ; B. K. Hölzel, J. Carmody, M. Vangel et al., 2011 ; N. A. S. Farb, Z. V. Segal, H. Mayberg et al., 2007.

334 마음의 기술

10장 | 인지 편향의 힘

1 A. Ellis, 1974 ; A. T. Beck, 1976 ; D. D. Burns, 1999 ; L. Ross, 1977 ; A. Tversky et D. Kahneman, 1974.

2 뇌가 가진 수많은 필터에 대해서 자세히 알고 싶다면 A. Moukheiber, 2019 참고.

11장 | 도덕적 원칙의 힘

1 Ellis et Harper(1961)를 번안. 해리스(Harris, 2015)의 수용전념치료에서도 같은 개념을 찾아볼 수 있다.

12장 | 심리 도식의 힘

1 A. N. Schore, 2003 ; A. Meyer, 2008 (chapitre de Pascal B. sur Young, p. 684 - 688).

2 H. F. Harlow, 1959 ; J. Bowlby, 1969 ; J. Cassidy, 1994 ; R. A. Thompson, 1994 ; V. Prior et D. Glaser, 2010 ; V. Christophe et B. Rimé, 1997 ; Gauthier et Englebert (in Mikolajczak et Desseilles), 2012.

13장 | 왜 우리는 모두 같은 방식으로 행동하지 않는가?

1 A. Caspi, A. R. Hariri, A. Holmes et al., 2010 ; P. Courtet, M.-C. Picot, F. Bellivier et al., 2004.

2 A. Caspi, K. Sugden, T. E. Moffit et al., 2003.

3 C. Heim et C. B. Nemeroff, 2001 ; A. N. Schore, 2001.

4 E. Szily, J. Bowen, Z. Unoka et al., 2008.

5 G. Kochanska, R. A. Philibert et R. A. Barry, 2009 ; R. Osinsky, M. Reuter, Y. Kupper et al., 2008 ; E. Fox, A. Ridgewell et C. Ashwin, 2009 ; A. Bertolino, G. Arciero, V. Rubino et al., 2005 ; S. M. Brown et A. R. Hariri, 2006.

6 H. F. Harlow, 1959 ; J. Bowlby, 1969 ; J. Cassidy, 1994 ; R. A. Thompson, 1994 ; V. Prior, D. Glaser, F. Hallet et al., 2010 ; V. Christophe et B. Rimé, 1997 ; J. M. Gauthier et J. Englebert (in Mikolajczak et Desseilles), 2012.

7 J. E. Bates et S. McFadyen-Ketchum, 2000 ; M. Jaffe, E. Gullone et E. K. Hughes, 2010 ; M. Zeidner, G. Matthews, R. D. Roberts et al., 2003 ; A. Y. Blandon, S. D. Calkins, S. P. Keane et al., 2008.

8 M. N. Smolka, M. Bühler, G. Schumann et al., 2007.

14장 | 심리 교육: 나에게 일어난 일 이해하기

1 J. Schwartz et R. Gladding, 2012.

2 A. Bandura, 1982 ; S. Jones, P. Hayward et D. Lam, 2009.

15장 | 심적 고통의 수용

1 S. C. Hayes, K. D. Strosahl et K. G. Wilson, 1999 ; R. Harris, 2015 ; M. McKay, J. C. Wood et J. Brantley, 2007.

2 V. E. Burns, D. Carroll, C. Ring et al., 2002.

3 다양한 병리학에 미치는 수용전념치료의 효과에 대해서는 다음을 참고, J. Dahl, K. G. Wilson et A. Nilsson, 2004 ; J. S. Krause, 1992 ; S. Melamed, Z. Grosswasser et M. J. Stern, 1992 ; M. Karekla, J. P. Forsyth et M. M. Kelly, 2004 ; B. P. Marx et D. M. Sloan, 2002 ; S. C. Hayes, K. D. Strosahl, K. G. Wilson et al., 2004.

16장 | 삶의 명확한 목표

1 ACT(Acceptance and Commitment Therapy) : 스티븐 헤이즈(Steven Hayes)가 고안한 수용전념치료.

2 감정이 휘몰아쳐서 이 과정이 불가능할 것 같다는 생각이 들 경우, 먼저 마음챙김을 실행하면 이성의 뇌가 제 기능을 되찾을 수 있다.

3 Ben-Shahar T. (2008). L'Apprentissage du bonheur. Principes, préceptes et rituels pour être heureux. Pocket, p. 219.

4 B. L. Fredrickson, 1998, 2001 ; S. Lyubomirsky, L. King et E. Diener, 2005 ; M. A. Rosenkranz, D. C. Jackson, K. M. Dalton et al., 2003.

17장 | 반추와 탈중심화

1 특히 우울증이 심해진다. : S. Nolen-Hoeksema, B. E. Wisco et S. Lyubomirsky, 2008.

2 P. J. Lang, 1979 ; D. M. Clark et A. Wells, 1995 ; R. M. Rapee et R. G. Heimberg, 1997 ; S. Mulkens, S. M. Bögels, P. J. de Jong et J. Louwers, 2001 ; N. Mor et J. Winquist, 2002 ; S. M. Bögels, 2006 ; N. Amir, C. Beard, C. T. Taylor et al., 2009 ; K. N. Ochsener et J. J. Gross, 2005 ;M. E. P. Seligman, T. A. Rashid et C. Parks, 2006 ; S. Kumar, G. Feldman et A. Hayes, 2008. Pour l'impact de la

pleine conscience sur le cerveau, voir A. Chiesa et A. Serretti, 2010 ; K. Rubia, 2009 ; B. R. Cahn et J. Polich, 2006 ; B. K. Hölzel, U. Ott, T. Gard et al., 2008 ; B. K. Hölzel, J. Carmody, K. C. Evans et al., 2010 ; B. K. Hölzel, J. Carmody, M. Vangel et al., 2011 ; N. A. S. Farb, Z. V. Segal, H. Mayberg et al., 2007.

3   S. Lyubomirsky, N. D. Caldwell et S. Nolen-Hoeksema, 1998.

4   S. Lyubomirsky et S. Nolen-Hoeksema, 1995.

5   Bishop, Lau, Shapiro et al., 2004 ; R. A. Baer, 2003 ; J. Kabat-Zinn, 1990b ; M. Linehan, 1993a ; Z. V. Segal, J. M. G. Williams et J. D. Teasdale, 2002.

19장 | 자기주장

1   A. Paivio, 1991 ; T. D. Borkovec et J. Inz, 1990 ; E. R. Watkins, N. J. Moberly et M. L. Moulds, 2008 ; E. R. Watkins, C. B. Baeyens et R. Reed, 2009 ; L. Goddard, B. Dritschel et A. Burton, 2001 ; F. Raes, D. Hermans, J. M. G. Williams et al., 2006 ; N. Vrielynck et P. Philippot, 2009 ; N. Vrielynck, B. Rimé et P. Philippot, 2010 ; J. J. Gross, 1998b ; R. S. Lazarus et S. Folkman, 1984 ; C. Douilliez et P. Philippot, 2012.

2   V. Trybou, 2018.

20장 | 마음챙김

1   R. J. Davidson et al., 2003의 연구에서 실험 기록은 8주다.

2   E. Jacobson, 1987.

3   더 많은 연습 사례를 보려면 D. Servant, 2015, p. 143~155 참고.

21장 | 인지 재구조화

1   N. Vrielynck et P. Philippot, 2009 ; N. Vrielynck, P. Philippot et B. Rimé, 2010.

2   R. S. Lazarus, 1966.

3   D. H. Barlow, 2002 ; A. Bandura, 1982.

4   A. Ellis, 1974 ; A. T. Beck, 1976 ; J. A. Penley, J. Tomaka et J. S. Wiebe, 2002 ; M. McKay, J. C. Wood et J. Brantley, 2007 ; N. Garnefski, V. Kraaij et P. Spinhoven, 2001.

22장 | 의사결정 기법

1   A.-H. Clair et V. Trybou, 2016 ; I. Falardeau, 2007.

23장 | 학습 방법

1 Modèles de Thorndike, 1898 ; H. Ebbinghaus, 1908 ; D. O. Hebb, 1949 ; R. C. Atkinson et L. M. Shiffrin, 1968 ; A. D. Baddeley, 1974 ; E. R. Kandel, 2001 ; L. H. Squire et E. R. Kandel, 2002.

2 기억과 기억 범위에 대한 모델 : W. James, 1890.

24장 | 편지로 감정 비우기

1 A. L. Stanton, S. B. Kirk, C. L. Cameron et al., 2000b ; A. L. Stanton, S. Danoff-Burg , C. L. Cameron et al., 2000 ; M. A. Hoyt, 2009 ; C. A. Low, A. L. Stanton et S. Danoff-Burg, 2006 ; J. Giese-Davis, C. Koopman, L. D. Butler et al., 2002 ; L. A. King, 2001.

2 N. Branden, 1996.

3 I. Kotsou, D. Nelis, J. Grégoire et al., 2011 ; P. Philippot, 2007.

25장 | 노출

1 P. Tovote, J. P. Fadok et A. Lüthi, 2015.

2 M. A. Fullana, A. Albajes-Eizagirre, C. Soriano-Mas et al., 2018.

3 A.-H. Clair et V. Trybou, 2018 ; J. Cottraux, 2017.

4 위 출처 ; O. Fontaine et P. Fontaine, 2015.

5 J. Wolpe, 1958 ; I. M. Marks, 1987.

6 A.-H. Clair et V. Trybou, 2018 ; J. Cottraux, 2017 ; O. Fontaine et P. Fontaine, 2015.

7 V. Trybou, 2018.

제3부 | 일상에서 실천하기

1 J. Schwartz et R. Gladding, 2012.

2 J. Cottraux, 1985. 여기서는 이해를 돕기 위해 '인지'가 아니라 '사고'라는 용어를, '예상'이 아니라 '무력감'이라는 용어를 사용한다.

26장 | 불안

1 E. Hantouche et V. Trybou, 2011.

2 J. M. Taylor et P. J. Whalen, 2015.

3 A.-H. Clair et V. Trybou, 2018.

4 J. Cottraux, 2017 ; O. Fontaine et P. Fontaine, 2015 ; A.-H. Clair et V. Trybou, 2018.

5 J. Cottraux, 2017 ; O. Fontaine et P. Fontaine, 2015.

6 위 출처

7 A.-H. Clair et V. Trybou, 2018 ; J. Schwartz et R. Gladding, 2012.

8 위 출처.

27장 | 실존적 불안

1 F. Chapelle, B. Monié, R. Poinsot et al., 2014 (chapitre de Chapelle, p. 166-173).

28장 | 슬픔

1 R. D. Lane, E. M. Reiman, G. L. Ahern et al., 1997.

2 E. Hantouche et V. Trybou, 2011 ; S. Jones, P. Hayward et D. Lam, 2009.

3 E. Hantouche et V. Trybou, 2011.

4 Z. V. Segal, J. M. G. Williams et J. D. Teasdale, 2002.

5 J. Lévesque, F. Eugène, Y. Joanette et al., 2003.

29장 | 자존감과 자신감

1 F. Beck, J.-M. Firdion, S. Legleye et al., 2014, pour l'Institut national de prévention et d'éducation pour la santé.

2 M. T. Schmitt, N. R. Branscombe, T. Postmes et al., 2014.

30장 | 스트레스

1 H. Selye, 1936 ; H. Freudenberger, 1974 ; R. S. Lazarus, 1966 ; R. S. Lazarus et S. Folkman, 1984.

2 A. Ehrenberg, 1998.

3 F. Chapelle, B. Monié, R. Poinsot et al., 2014 (chapitre de Monié, p. 106 à 117).

31장 | 번아웃 증후군

1 CIM-11.

2 H. Selye, 1936.

3 H. Freudenberger, 1974.

4 프랑스 안전보건연구원의 데이터: www.inrs.fr/media.html?refINRS=DC%
207 ; www.inrs.fr/header/presse/cp-burnout.html ; www.inrs.fr/risques/
epuisement-burnout/ce-qu-il-faut-retenir.html ; www.inrs.fr/actualites/
rapport-epuisement-professionnel.html

5 2007년, 로틀린(Rothlin)과 베르더(Werder)가 저서에서 처음으로 소개했다.

32장 | 완벽주의

1 M. H. Hollender, 1965 ; D. E. Hamachek, 1978 ; A. R. Pacht, 1984 ; R. O.
Frost, P. Marten, C. Lahart et al., 1990 ; D. D. Burns, 1999 ; J. E. Young et J. S.
Klosko, 2005 ; F. Fanget, 2006.

33장 | 동기부여와 지연 행동

1 G. Schraw, T. Wadkins et L. Olafson, 2007 ; C. A. Wolters, 2003.

2 M. Spinella et W. M. Miley, 2003.

3 특히 S. Yagishita, 2020 ; J. Berke, 2018. 참고

4 L. A. Burmeister, M. Ganguli, H. H. Dodge, T. Toczek, S. T. DeKosky et R. D.
Nebes, 2001.

5 E. Magen et J. J. Gross, 2010 ; B. J. Zimmerman et D. H. Schunk, 2001 ; C. A.
Wolters, 1998, 1999, 2003 ; P. R. Pintrich, 1999 ; L. Cosnefroy, 2010.

34장 | 행복 추구

1 R. Shankland, 2012.

2 B. A. Wallace et S. L. Shapiro, 2006.

3 J. Quoidbach, 2013, p. 228 - 229, 233 - 235.

4 R. A. Easterlin, 2001.

5 E. L. Deci et R. M. Ryan, 1985.

6 B. L. Fredrickson, 1998 et 2001 ; S. Lyubomirsky, L. King et E. Diener, 2005.

7 A. Dijksterhuis et H. Aarts, 2003 ; A. Mathews et C. MacLeod, 2005 ; M.
C. Anderson et B. J. Levy, 2009 ; W. R. Walker, J. J. Skowronski et C. P.
Thompson, 2003.

8 G. Zauberman, R. K. Ratner et B. K. Kim, 2009 ; S. Lyubomirsky, L. Sousa et
R. Dickerhoof, 2006 ; J. Quoidbach, M. Hansenne et C. Mottet, 2008 ; D. L.
McMakin, G. J. Siegle et S. R. Shirk, 2011.

9 B. L. Fredrickson et M. F. Losada, 2004.

10 T. Ben-Shahar, 2008, 2010 et 2012 ; M. E. P. Seligman, T. A. Steen, N. Park et al., 2005.

11 M. Mikolajczak, J. Quoidbach, I. Kotsou et al., 2014 ; F. B. Bryant, C. M. Smart et S. P. King, 2005.

12 A. M. Wood, J. J. Froh et A. W. A. Geraghty, 2010 ; A. Luks et P. Payne, 1991 ; A. M. Isen et P. F. Levin, 1972 ; D. L. Rosenhan, B. Underwood et B. Moore, 1974 ; D. S. Wilson et M. Csikszenmihalyi, 2007.

13 《자애명상(Loving-Kindness Meditation)》(M. Mikolajczak, J. Quoidbach, I. Kotsou *et al.*, 2014, p. 209-210)과 안구운동 민감소실 재처리 요법에 관한 자원 개발과 주입(D. L. Korn et A. M. Leeds, 2002)에서 파생한 기법.

14 J. Quoidbach, 2013, p. 225 à 228.

15 C. Peterson et M. E. P. Seligman, 2004.

16 R. A. Emmons et M. E. McCullough, 2003.

17 Asch, 1955.

18 S. Bohler, 2010 ; L. Bègue, 2010. Les travaux de Bandura sur l'apprentissage par observation, 1986.

35장 | 일상의 불확실성

1 H. A. Wadlinger et D. M. Isaacowitz, 2011 ; K. N. Ochsner et J. J. Gross, 2005.

2 M. Mikolajczak et M. Desseilles (dir.), 2012 (chapitre de J. Quoidbach, p. 199 - 212).

36장 | 우울

1 F. Chapelle, B. Monié, R. Poinsot et al., 2014 (chapitre de Poinsot, p. 82 - 92).

2 E. Hantouche et V. Trybou, 2011.

37장 | 분노와 불의

1 T. Nhat Hanh, 2001, p. 28.

2 틱닛한 승려는 강렬한 감정을 잠재우려면 마음챙김을 실천한 후 분노를 유발한 문제를 평화롭고 건강한 소통으로 해결해야 한다고 권했다.

39장 | 수면

1 P. Maquet, 2001.

2 C. Liu, X. Z. Kong, X. Liu et al., 2014.

3   O. Itanu, M. Jike, N. Watanabe et al., 2017.

4   M. Mikolajczak et M. Desseilles (dir.), 2012.

5   N.-F. Watson, M.-S. Badr et G. Belenky, 2015.

6   S. Royant-Parola, 2002 ; F. Chapelle, B. Monié, R. Poinsot et al., 2014 (chapitre de Willard, p. 118 - 123).

40장 | 음주와 정신자극제

1   G. D. Stuber, F. W. Hopf, K. M. Tye et al., 2010.

2   K. Abernathy, L. J. Chandler et J. J. Woodward, 2010.

3   J.-A. Engel et E. Jerlhag, 2014.

4   M. A. Schuckit et V. Hesselbrock, 1994.

41장 | 신체 활동

1   R. Stephen, K. Hongisto, A. Salomon et al., 2017.

2   S. R. Chekroud, R. Gueorguieva, A. B. Zheutlin et al., 2018.

42장 | 식생활

1   M. Ganci, E. Suleyman, H. Butt et al., 2019.

43장 | 직장생활

1   A. R. Hochschild, 1983 ; T. M. Glomb et M. J. Tews, 2004.

47장 | 죽음과 이별

1   J. Bowlby, 1969.

2   W. Stroebe et H. Schut, 2001.

3   E. Zech et C. Arnold, 2011.

4   애도에 대한 분석을 자세히 보려면 E. Zech, 2006 또는 A. Sauteraud, 2012.의 훌륭한 과학 저서 참고.

5   M. S. Stroebe et H. Schut, 1999

6   M. S. Stroebe, H. Schut et W. Stroebe, 2005.

7   엠마누엘 제흐(Emmanuelle Zech)는 저서 《애도의 심리학(Psychologie du deuil)》(2006, p. 81 à 117) 에서 다음과 같이 썼다. "평범한 애도와 병적인 애도 를 구별하기 위해 설정한 기간과 기준이 연구마다 서로 다르다. 따라서 만성적 이거나 병적이라고 판단할 수 있는 기간을 결정하기란 어렵다. 처음 몇 달은 괴

로움에 시달리지만 점차 일상으로 돌아가는 사람과, 극한의 감정은 없지만 넋이 나간 채로 이삼 년을 지내는 사람 사이에서 애도 기간을 논하는 것은 심리학에서 보는 현실과 상충될 것이다."

48장 | 초기 부적응 도식 치료

1   J. E. Young et J. S. Klosko, 2005.

49장 | 노력하는데도 문제들이 해결되지 않는 경우

1   이 장의 각주에 각 문제를 다룬 추천 도서를 소개한다.
2   V. Trybou et E. Hantouche, 2009 ; V. Trybou, 2018.
3   V. Trybou et E. Hantouche, 2009.
4   위 출처
5   E. Hantouche, V. Trybou, C. Majdalani et al., 2011.
6   AFTOC, E. Hantouche et V. Trybou, 2017 ; A.-H. Clair et V. Trybou, 2018.
7   A. Sabouraud-Seguin, 2006 ; E. Hantouche et V. Trybou, 2011.
8   프랑스 안전보건연구원(INRS)에서 열람할 수 있는 국가 공문(notion 31, p. 195, 번아웃에 관하여).
9   E. Hantouche et V. Trybou, 2011.
10   G. Apfeldorfer, 2002.
11   L. Romo et P. Graziani, 2015.
12   L. Romo et M. A. Gorsane, 2014.
13   J. Young et J. Klosko, 2018.

Abernathy, K., Chandler, L. J., Woodward, J. J. (2010). Alcohol and the Prefrontal Cortex. International Review of Neurobiology, 91, 289-320.

AFTOC, Hantouche, E., Trybou, V. (2017). TOC : vivre avec et s'en libérer. Josette Lyon.

Amir, N., Beard, C., Taylor, C. T., Klumpp, H., Elias, J., Burns, M., Chen, X. (2009). Attention Training in Individuals with Generalized Social Phobia: A Randomized Controlled Trial. Journal of Consulting and Clinical Psychology, 77, 961-973.

Anderson, T. R., Slotkin, T. A. (1975). Maturation of the Adrenal Medulla--IV. Effects of Morphine. Biochemical Pharmacology, 24, 1469-1474.

Apfeldorfer, G. (2002). Je mange donc je suis. Surpoids et troubles du comportement alimentaire. Payot.

Apple, D. M., Solano-Fonseca, R., Kokovay, E. (2017). Neurogenesis in the Aging Brain. Biochemical Pharmacology, 141, 77-85.

Asch, S. E. (1955). Opinions and Social Pressure. Scientific American, 193 (5), 31-35.

Ashby, F. G., Turner, B. O., Horvitz, J. C. (2010). Cortical and Basal Ganglia Contributions to Habit Learning and Automaticity. Trends in Cognitive Sciences, 14(5), 208-215.

Atkinson, R. C. and Shiffrin, R. M. (1968). Human Memory: A Proposed System and its Control Processes. In Spence, K. W., Spence, J. T., The Psychology of Learning and Motivation (volume 2), New York : Academic Press, 89-195.

Averbeck, B. B., Costa, V. D. (2017). Motivational Neural Circuits Underlying Reinforcement Learning. Nature Neuroscience, 29 ; 20(4), 505-512.

Baddeley, A. D., Hitch, G. J. (1974). Working Memory. In Bower, G. H., The Psychology of Learning and Motivation: Advances in Research and Theory (volume 8), New York : Academic Press, 47-90.

Baer, R. A. (2003). Mindfulness Training as a Clinical Intervention: A Conceptual and Empirical Review. Clinical Psychology: Science and Practice, 10, 125-143.

Bandura, A. (1982). Self-efficacy: The Exercise of Control. W. H. Freeman.

Bandura, A. (1986). Social Foundations of Thought and Action. Prentice Hall.

Barlow, D. H. (2002). Anxiety and its Disorders: The Nature and Treatment of Anxiety and Panic. Second edition. Guilford Press.

Bates, J. E., McFadyen-Ketchum, S. (2000). Temperament and Parent-child Relations as Interacting Factors in Children's Behavioral Adjustment. In Molfese V. J., Molfese D. L., Temperament and Personality Development Across the Life Span, Hillsdale, NJ, Erlbaum, 141-176.

Beck, A. T. (1976). Cognitive Therapy and the Emotional Disorders. Penguin.

Beck, F., Firdion, J. M., Legleye, S., Schiltz, M. A. (2014). Les minorités sexuelles face au risque suicidaire. Acquis des sciences sociales et perspectives. Nouvelle édition. Institut National de Prévention et d'Éducation pour la Santé (INPES).

Bègue, L. (2010). L'agression humaine. Dunod.

Ben-Shahar, T. (2008). L'Apprentissage du bonheur. Principes, préceptes et rituels pour être heureux. Belfond.

Ben-Shahar, T. (2010). L'Apprentissage de l'imperfection. Belfond.

Ben-Shahar, T. (2012). Apprendre à être heureux. Cahier d'exercices et de recettes. Pocket.

Berke, J. (2018). What Does Dopamine Mean?, Nat Neurosci, 21(6), 787–793.

Bertolino, A., Arciero, G., Rubino, V., Latorre, V., De Candia, M., Mazzola, V. (2005). Variation of Human Amygdala Response During Threatening Stimuli as a Function of 5'HTTLPR Genotype and Personality Style. Biological Psychiatry, 57(12), 1517-1525.

Birt, M. A. L., Sandor, V., Vaida, A., Birt, M. E. (2008). Alexithymia, a Risk Factor in Alcohol Addiction? A Brief Reasearch on Romanian Population. Journal of Cognitive and Behavioural Psychotherapies, 8, 217-225.

Bishop, S. R. (2004). Mindfulness: A Proposed Operational Definition. Clinical Psychology: Science and Practice, 11, 230-241.

Blandon, A. Y., Calkins, S. D., Keane, S. P., O'Brien, M. (2008). Individual Differences in Trajectories of Emotion Regulation Processes: The Effects of Maternal Depressive Symptomatology and Children's Physiological Regulation. Developmental Psychology, 44, 1110-1123.

Blatt, S. J. (1995). The Destructiveness of Perfectionism. Implications for the Treatment of Depression. American Psychologist, 50, 1003-1020.

Bögels, S. M. (2006). Task Concentration Training Versus Applied Relaxation, in Combination with Cognitive Therapy, for Social Phobia Patients with Fear of Blushing, Trembling, and Sweating. Behaviour Research and Therapy, 44, 1199-1210.

Bohler, S. (2010). La télé nuit-elle à votre santé ? Pour mieux comprendre comment les médias vous manipulent. Dunod.

Borkovec, T. D., Inz, J. (1990). The Nature of Worry in Generalized Anxiety Disorder: A Predominance of Thought Activity. Behaviour Research and Therapy, 28, 153-158.

Bowlby, J. (1969). Attachment and Loss. Basic Books.

Branden, N. (1996). Maître de ses choix, maître de sa vie. J'ai Lu.

Brookings, J. B., Wilson, J. F. (1994). Personality and Family-environment Predictors of Self-reported Eating Attitudes and Behaviors. Journal of Personality Assessment, 63, 313-326.

Brown, S. M., Hariri, A. R. (2006). Neuroimaging Studies of Serotonin Gene Polymorphisms: Exploring the Interplay of Genes, Brain, and Behavior. Cognitive, Affective and Behavioral Neuroscience, 6, 44-52.

Bryant, F. B., Smart, C. M., King, S. P. (2005). « Using the past to enhance the present : Boosting happiness through positive reminiscence ». Journal of Happiness Studies, 6, 227-230.

Burguière, E., Monteiro, P., Mallet, L., Feng, G., Graybiel, A. M. (2015). Striatal Circuits, Habits, and Implications for Obsessive-compulsive Disorder. Current Opinion in Neurobiology, 30, 59-65.

Burmeister, L.A., Ganguli, M., Dodge, H.H., Toczek, T., DeKosky, S.T., Nebes, R.D.

(2001). Hypothyroidism and Cognition: Preliminary Evidence for a Specific Defect in Memory. Thyroid, 11(12), 1177-85.

Burns, D. D. (1999). Feeling Good: The New Mood Therapy. William Morrow and Co.

Burns, V. E., Carroll, D., Ring, C., Harrison, L. K., Drayson, M. (2002). Stress, Coping, and Hepatitis B Antibody Status. Psychosomatic Medicine, 64(2), 287-293.

Cahn, B. R., Polich, J. (2006). Meditation States and Traits: EEG, ERP, and Neuroimaging Studies. Psychological Bulletin, 132, 180-211.

Campbell-Sills, L., Barlow, D. H., Brown, T. A., Hofmann, S. G. (2006). Acceptability and Suppression of Negative Emotion in Anxiety and Mood Disorders. Emotion, 6, 587-595.

Caspi, A., Hariri, A. R., Holmes, A., Uher, R., Moffitt, T. E. (2010). Genetic Sensitivity to the Environment: The Case of the Serotonin Transporter Gene and its Implications for Studying Complex Diseases and Traits. American Journal of Psychiatry, 167, 509-527.

Caspi, A., Sugden, K., Moffitt, T. E., Taylor, A., Craig, I. W., Harrington, H., McClay, J., Mill, J., Martin, J., Braithwaite, A., et al. (2003). Influence of Life Stress on Depression: Moderation by a Polymorphism in the 5-HTT gene. Science, 301, 386-389.

Cassidy, J. (1994). Emotion Regulation: Influences of Attachment Relationships. Monographs of the Society for Research in Child Development, 59, 228-249.

Chapelle, F., Monié, B., Poinsot, R., Rusinek, S., Willard, M. (2014). Aide-mémoire. Thérapies Comportementales et Cognitives en 37 notions. Deuxième édition. Dunod.

Chekroud, S. R., Gueorguieva, R., Zheutlin, A. B., Paulus, M., Krumholz, H. M., Krystal J. H., Chekroud, A. M. (2018). Association Between Physical Exercise and Mental Health in 1.2 Million Individuals in the USA Between 2011 and 2015: A Cross-sectional Study. Lancet Psychiatry, 5(9), 739-746.

Chiesa, A., Serretti, A. (2010). A Systematic Review of Neurobiological and Clinical Features of Mindfulness Meditations. Psychological Medicine, 40, 1239-1252.

Christophe, V., Rimé, B. (1997). Exposure to the Social Sharing of Emotion: Emotional Impact, Listener Responses and Secondary Social Sharing. European Journal of Social Psychology, 27, 37-54.

Clair, A.-H., Trybou, V. (2016). Comprendre et traiter les troubles obsessionnels compulsifs. Nouvelles approches. Dunod.

Clair, A.-H., Trybou, V. (2018). Se former à la prise en charge des TOC avec les TCC. Dunod.

Clark, D. M., Wells, A. (1995). A Cognitive Model of Social Phobia. In Heimberg R. G., Liebowitz M. R., Hope D. A., Schneier F. R., Social Phobia: Diagnosis, Assessment and Treatment, New York, Guilford Press, 69-93.

Clore, G. L., Gasper, K., Garvin, E. (2001). Affect as Information. In Forgas (ed.), Handbook of Affect and Social Cognition, Lawrence Erlbaum.

Cosnefroy, L. (2010). Se mettre au travail et y rester : les tourments de l'autorégulation. Revue française de pédagogie, 5-15.

Cottraux, J. (2017). Les Psychothérapies cognitives et comportementales. Elsevier Masson.

Courtet, P., Picot, M.-C., Bellivier, F., Torres, S., Jollant, F., Michelon, C., Castelnau, D., Astruc, B., Buresi, C., Malafosse, A. (2004). Serotonin Transporter Gene May Be Involved in Short-term Risk of Subsequent Suicide Attempts. Biological Psychiatry, 55, 46-51.

Dahl, J., Wilson, K. G., Nilsson, A. (2004). Acceptance and Commitment Therapy and the Treatment of Persons at Risk for Long-term Disability Resulting from Stress and Pain Symptoms: A Preliminary Randomized Trial. Behavior Therapy, 35, 785-801.

Davidson, R. J., Kabat-Zinn, J., Schumacher, J., Rosenkranz, M., Muller, D., Santorelli, S. F., Urbanowski, F., Harrington, A., Bonus, K., Sheridan, J. F. (2003). Alterations in Brain and Immune Function Produced by Mindfulness Meditation. Psychosomatic Medicine, 65, 564-570.

De Groot, J. M., Rodin, G., Olmsted, M. P. (1995). Alexithymia, Depression, and Treatment Outcome in Bulimia-Nervosa.Comprehensive Psychiatry, 36, 53-60.

Debats, D. L. (1996). Meaning in Life: Clinical Relevance and Predictive Power. British Journal of Clinical Psychology, 35 (Pt 4), 503-516.

Deci, E. L., Ryan, M. R. (1985). The General Causality Orientations Scale: Self-determination in Personality. Journal of Research in Personality, 19, 109-134.

Dijksterhuis, A., Aarts, H. (2003). On Wildebeests and Humans. Psychological Science, 14(1), 14-18.

Douilliez, C., et Philippot, P. (2012). Pensées répétitives constructives et non constructives chez les perfectionnistes inadaptés. Journal de thérapie comportementale et cognitive, 22, 68-74.

Dunbar, R. (2003). Psychology. Evolution of the Social Brain. Science, 302(5648), 1160-1161.

Easterlin R. A. (2008). Income and Happiness: Towards a Unified Theory. The Economic Journal, 111(473), 465-484.

Ebbinghaus, H. (1973). Psychology: An Elementary Text-book. Arno Press.

Ehrenberg, A. (1998). La Fatigue d'être Soi. Dépression et société. Odile Jacob.

Ellis, A. (1974). Disrupting Irrational Beliefs (DIBS). New York : Institute for Rational Living.

Ellis, A., Harper, R. (1961). A Guide to Rational Living: In an Irrational World. Prentice-Hall Incorporated.

Emmons, R. A., McCullough, M. E. (2003). Counting Blessings Versus Burdens: An Experimental Investigation of Gratitude and Subjective Well-being on Daily Life. Journal of Personality and Social Psychology, 84(2), 377-389.

Engel, J. A., Jerlhag, E. (2014). Alcohol: Mechanisms Along the Mesolimbic Dopamine System. Progress in Brain Research, 211, 201-233.

Etkin, A., Wager, T. D. (2007). Functional Neuroimaging of Anxiety: A Meta-analysis of Emotional Processing in PTSD, Social Anxiety Disorder, and Specific Phobia. American Journal of Psychiatry, 164(10), 1476-1488.

Falardeau, I. (2007). Sortir de l'indécision. Fabert.

Fanget, F. (2006). Toujours mieux ! Psychologie du perfectionnisme. Odile Jacob.

Farb, N. A. S., Segal, Z. V., Mayberg, H., Bean, J., McKeon, D., Fatima, Z., Anderson, A. K. (2007). Attending to the Present: Mindfulness Meditation Reveals Distinct Neural Modes of Self-reference. Social Cognitive and Affective Neuroscience, 2, 313-322.

Fontaine, O., Fontaine, P. (2015). Guide clinique de thérapie comportementale et cognitive. Retz.

Fox, E., Ridgewell, A., Ashwin, C. (2009). Looking on the Bright Side: Biased Attention the Human Serotonin Transporter Gene. Proceedings of the Royal Society B: Biological Sciences, 276, 1747-1751.

Fredrickson, B. L. (1998). What Good Are Positive Emotions ? Review of General Psychology, 2, 300-319.

Fredrickson, B. L. (2001). The Role of Positive Emotions in Positive Psychology.

The Broaden-and-build Theory of Positive Emotions. American Psychologist, 56, 218-226.

Fredrickson, B. L. Losada, M. F. (2004). Positive Affect and the Complex Dynamics of Human Flourishing. American Psychologist, 678-686.

Freundenberger, H. J. (1974). Staff Burn-out. Journal of Social Issues, 30, 159-165.

Frost, R. O., Marten, P., Lahart, C., Rosenblate, R. (1990). The Dimensions of Perfectionism. Cognitive Therapy and Research, 14, 449-468.

Fujiwara, T., Paik, N. J., Platz, T. (2017). Neurorehabilitation: Neural Plasticity and Functional Recovery. Neural Plasticity, 2017:3764564.

Fullana, M. A., Albajes-Eizagirre, A., Soriano-Mas, C., Vervliet, B., Cardoner, N., Benet, O., Radua, J., Harrison, B. J. (2018). Fear Extinction in the Human Brain: A Meta-analysis of fMRI Studies in Healthy Participants. Neuroscience and Biobehavioral Reviews, 88, 16-25.

Furini, C., Myskiw, J., Izquierdo, I. (2014). The Learning of Fear Extinction. Neuroscience and Biobehavioral Reviews, 47, 670-683.

Ganci, M., Suleyman, E., Butt, H., Ball, M. (2019). The Role of the Brain-gut-microbiota Axis in Psychology: The Importance of Considering Gut Microbiota in the Development, Perpetuation, and Treatment of Psychological disorders. Brain and Behavior, 9(11).

Garcia, R. (2017). Neurobiology of Fear and Specific Phobias. Learning and Memory, 24(9), 462-471.

Garnefski, N., Kraaij, V., and Spinhoven, P. (2001). Negative Life Events, Cognitive Emotion Regulation and Emotional Problems. Personality and Individual Differences, 30, 1311-1327.

George, M. S., Ketter, T. A., Parekh, P. I., Horwitz, B., Herscovitch, P., Post, R. M. (1995). Brain Activity During Transient Sadness and Happiness in Healthy Women. American Journal of Psychiatry, 152(3), 341-351.

Giese-Davis, J., Koopman, C., Butler, L. D., Classen, C., Cordova, M., Fobair, P., Benson, J., Kraemer, H. C., Spiegel, D. (2002). Change in Emotion-regulation Strategy for Women with Metastatic Breast Cancer Following Supportive-expressive Group Therapy. Journal of Consulting and Clinical Psychology, 70, 916-925.

Glomb, T. M., Tews, M. J. (2004). Emotional Labor: A Conceptualization and Scale Development. Journal of Vocational Behaviour, 64, 1-23.

Goddard, L., Dritschel, B., Burton, A. (2001). The Effects of Specific Retrieval Instruction on Social Problem-solving in Depression. British Journal of Clinical Psychology, 40, 297-308.

Graybiel, A. M., Grafton, S. T. (2015). The Striatum: Where Skills and Habits Meet. Cold Spring Harbor Perspectives in Biology, 7(8):a021691.

Gross, J. J. (1998a). The Emerging Field of Emotion Regulation: An Integrative Review. Review of General Psychology, 2, 271-299.

Gross, J. J. (1998b). Antecedent and Response-focused Emotion Regulation: Divergent Consequences for Experience, Expression, and Physiology. Journal of Personality and Social Psychology, 74, 224-237.

Gruenewald, T. L., Kemeny, M. E., Aziz, N., Fahey, J. L. (2004). Acute Threat to the Social Self: Shame, Social Self-esteem, and Cortisol Activity. Psychosomatic Medecine, 66, 915-924.

Hahusseau, S. (2018). Comment ne plus subir. Se déconditionner de son passé. Odile Jacob.

Hamachek, D. E. (1978). Psychodynamics of Normal and Neurotic Perfectionism. Psychology: A Journal of Human Behavior, 15, 27-33.

Hantouche, E., Trybou, V. (2011). Vivre heureux avec des hauts et des bas. Odile Jacob.

Hantouche, E., Trybou, V., Majdalani, C., Kedia, M., Demonfaucon, C., Clair A. H. (2011). L'Anxiété. Vaincre ses peurs, soucis et obsessions au quotidien. Josette Lyon.

Harlow, H. F. (1959). Love in Infant Monkeys. Scientific American, 200, 68-74.

Harris R. (2015). Se libérer avec l'ACT. Surmonter les principaux obstacles dans la thérapie d'acceptation et d'engagement. De Boeck.

Hayes, S. C., Strosahl, K. D., Wilson, K. G. (1999). Acceptance and Commitment Therapy: An Experiential Approach to Behavior Change. Guilford Press.

Hayes, S. C., Strosahl, K. D., Wilson, K. G., Bissett, R. T., Pistorello, J., Toarmino, D. (2004). Measuring Experential Avoidance: A Preliminary Test of a Working Model. The Psychological Record, 54, 553-578.

Hebb, D. O. (2002). The Organization of Behavior: A Neuropsychological Theory. Mahwah, N. J. : L. Erlbaum Associates.

Heim, C., Nemeroff, C. B. (2001). The Role of Childhood Trauma in the Neurobiology of Mood and Anxiety Disorders: Preclinical and Clinical Studies.

Biological Psychiatry, 49, 1023-1039.

Ho, M. Y., Cheung, F. M., and Cheung, S. F. (2010). The Role of Meaning in Life and Optimism in Promoting Well-being. Personality and Individual Differences, 48, 658-663.

Hochschild, A. R. (1983). The Managed Heart. University of California Press.

Hollender, M. H. (1965). Perfectionism. Comprehensive Psychiatry, 6, 94-103.

Hölzel, B. K., Carmody, J., Evans, K. C., Hoge, E. A., Dusek, J. A., Morgan, L., Pitman, R. K., Lazar, S. W. (2010). Stress Reduction Correlates with Structural Changes in the Amygdala. Social Cognitive and Affective Neuroscience, 5, 11-17.

Hölzel, B. K., Carmody, J., Vangel, M., Congleton, C., Yerramsetti, S. M., Gard, T., Lazar, S. W. (2011). Mindfulness Practice Leads to Increases in Regional Brain Gray Matter Density. Psychiatry Research, 191, 36-43.

Hölzel, B. K., Ott, U., Gard, T., Hempel, H., Weygandt, M., Morgen, K., Vaitl, D. (2008). Investigation of Mindfulness Meditation Practitioners with Voxel-based Morphometry. Social Cognitive and Affective Neuroscience, 3, 55-61.

Hoyt, M. A. (2009). Gender Role Conflict and Emotional Approach Coping in Men With Cancer. Health Psychology, 24, 981-996.

Inta, D., Lang, U. E., Borgwardt, S., Meyer-Lindenberg, A., Gass, P. (2016). Adult Neurogenesis in the Human Striatum: Possible Implications for Psychiatric Disorders. Molecular Psychiatry, 21(4), 446-447.

Isen, A. M., Levin, P. F. (1972). Effect of Feeling Good on Helping: Cookies and Kindness. Journal of Personality and Social Psychology, 21(3), 384-388.

Itani, O., Jike, M., Watanabe, N., Kaneita, Y. (2017). Short Sleep Duration and Health Outcomes: A Systematic Review, Meta-analysis, and Meta-regression. Sleep Medicine, 32, 246-256.

Jacobson, E. (1987). Progressive Relaxation. The American Journal of Psychology, 100, 522-537.

Jaffe, M., Gullone, E., Hughes, E. K. (2010). The Roles of Temperamental Dispositions and Perceived Parenting Behaviours in the Use of Two Emotion Regulation Strategies in Late Childhood. Journal of Applied Developmental Psychology, 31, 47-59.

James, W. (1890). The Principles of Psychology. In Two Volumes. Henri Hold and Company.

Jones, S., Hayward, P., Lam, D. (2009). Coping with Bipolar Disorder: A CBT-informed Guide to Living with Manic Depression. Oneworld Publication.

Kabat-Zinn, J. (1990b). Full Catastrophe Living: Using The Wisdom of Your Body and Mind to Face Stress, Pain, and Illness. Bantam Books.

Kandel, E. R. (2001). The Molecular Biology of Memory Storage: A Dialogue Between Genes and Synapses. Science, 294, 1030-1038.

Karekla, M., Forsyth, J. P., Kelly, M. M. (2004). Emotional Avoidance and Panicogenic Responding to a Biological Challenge Procedure. Behavior Therapy, 35, 725-746.

King, L. A. (2001). The Health Benefits of Writing about Life Goals. Personality and Social Psychology Bulletin, 27, 798-807.

Kochanska, G., Philibert, R. A., Barry, R. A. (2009). Interplay of Genes and Early Mother-child Relationship in the Development of Self-regulation from Toddler to Preschool Age. Journal of Child Psychology and Psychiatry, 50, 1331-1338.

Korn, D. L., Leeds, A. M. (2002). Preliminary evidence of efficacy for EMDR resource development and installation in the stabilization phase of treatment of complex posttraumatic stress disorder. Journal of Clinical Psychology, dec, 58 (12), 1465-87.

Kotsou, I,. Nelis, D., Grégoire, J., Mikolajczak, M. (2011). Emotional Plasticity: Conditions and Effects of Improving Emotional Competence in Adulthood. Journal of Applied Psychology, 96(4), 827-839.

Kou, X., Chen, D., Chen, N. (2019). Physical Activity Alleviates Cognitive Dysfunction of Alzheimer's Disease through Regulating the mTOR Signaling Pathway. International Journal of Molecular Sciences, 20(7), 1591.

Krause, J. S. (1992). Spinal Cord Injury and its Rehabilitation. Current Opinion in Neurology and Neurosurgery, 5, 669-672.

Kumar, S., Feldman, G., and Hayes, A. (2008). Changes in Mindfulness and Emotion Regulation in an Exposure-Based Cognitive Therapy for Depression. Cognitive Therapy and Research, 32, 734-744.

Lane, R. D., Reiman, E. M., Ahern, G. L., Schwartz, G. E., Davidson, R. J. (1997). Neuroanatomical Correlates of Happiness, Sadness, and Disgust. American Journal of Psychiatry, 154(7), 926-933.

Lang, P. J. (1979). A Bio-Informational Theory of Emotional Imagery. Psychophysiology, 16, 495-512.

Lazarus, R. S. (1966). Psychological Stress and the Coping Process. McGraw Hill.

Lazarus, R. S., Folkman, S. (1984). Stress, Appraisal, and Coping. Springer.

Leary, M. R., Twenge, J. M., Quinlivan, E. (2006). Interpersonal Rejection as a Determinant of Anger and Aggression. Personality and Social Psychology Review, 10, 111-132.

LeDoux, J. E. (2000). Emotion Circuits in the Brain. Annual Review of Neuroscience, 23, 155-184.

Lévesque, J., Eugène, F., Joanette, Y., Paquette, V., Mensour, B., Beaudoin, G., Leroux, J. M., Bourgouin, P., Beauregard, M. (2003). Neural Circuitry Underlying Voluntary Suppression of Sadness. Biological Psychiatry, 53(6), 502-510.

Linehan, M. (1993a). Cognitive-behavioral Treatment of Borderline Personality Disorder. Guilford Press.

Liu, C., Kong, X. Z., Liu, X., Zhou, R., Wu, B. (2014). Long-term Total Sleep Deprivation Reduces Thalamic Gray Matter Volume in Healthy Men. Neuroreport, 25(5), 320-323.

Low, C. A., Stanton, A. L., Danoff-Burg, S. (2006). Expressive Disclosure and Benefit Finding among Breast Cancer Patients: Mechanisms for Positive Health Effects. Health Psychology, 25, 181-189.

Luks, A., Payne, P. (1991). The Healing Power of Doing Good. Fawcett Columbine.

Luminet, O, Bagby R., et al. (1999). Relation Between Alexithymia and the Five-factor Model of Personality: A Facet-level Analysis. Journal of Personality Assessment, 73, 345-358.

Luminet, O., Vermeulen, N. (2008). Personnalité et psychopathologie cognitive. In Van der Linden, M., et Ceshi, G., Traité de psychopathologie cognitive : tome I - Bases théoriques, Solal, 101-135.

Lyubomirsky, S., Caldwell, N. D., Nolen-Hoeksema, S. (1998). Effects of Ruminative and Distracting Responses to Depressed Mood on Retrieval of Autobiographical Memories. Journal of Personality and Social Psychology, 75 (1), 166-177.

Lyubomirsky, S., King, L., Diener, E. (2005). The Benefits of Frequent Positive Affect: Does Happiness Lead to Success? Psychological Bulletin, 131, 803-855.

Lyubomirsky, S., Nolen-Hoeksema, S. (1995). Effects of Self-focused Rumination on Negative Thinking and Interpersonal Problem Solving. Journal of Personality and Social Psychology, 69 (1), 176-190.

Lyubomirsky, S., Sousa, L., Dickerhoof, R. (2006). The Costs and Benefits of Writing, Talking, and Thinking About Life's Triumphs and Defeats. Journal of Personality and Social Psychology, 90, 692-708.

Ma, C. L., Ma, X. T., Wang, J. J., Liu, H., Chen, Y. F., Yang, Y. (2017). Physical Exercise Induces Hippocampal Neurogenesis and Prevents Cognitive Decline. Behavioural Brain Research, 317, 332-339.

Magen, E., Gross, J. J. (2010). The Cybernetic Process Model of Self-control: Situation- and Person-specific Considerations. In Hoyle, R. H., Handbook of Personality and Self-regulation. Wiley and Blackwell, 353-374.

Maquet, P. (2001). The Role of Sleep in Learning and Memory. Science, 294(5544), 1048-1052.

Marx, B. P., and Sloan, D. M. (2002). The Role of Emotion in the Psychological Functioning of Adult Survivors of Childhood Sexual Abuse. Behavior Therapy, 33, 563-577.

Marks I. M. (1987). Fears, Phobias, and Rituals. Panic, Anxiety, and their Disorders. Oxford University Press.

Mathews, A., and MacLeod, C. (2005). Cognitive Vulnerability to Emotional Disorders. Annual Review of Clinical Psychology, 1, 167-195.

Mattila, A. (2009). Alexithymia in Finnish General Population. Tampere University Press.

Mayberg, H. S., Liotti, M., Brannan, S. K., McGinnis, S., Mahurin, R. K., Jerabek, P. A., Silva, J. A., Tekell, J. L., Martin, C. C., Lancaster, J. L., Fox, P. T. (1999). Reciprocal Limbic-cortical Function and Negative Mood: Converging PET Findings in Depression and Normal Sadness. American Journal of Psychiatry, 156(5), 675-682.

McKay, M., Wood, J. C., Brantley, J. (2007). The Dialectical Behavior Therapy Skills Workbook: Practical DBT Exercises for Learning Mindfulness, Interpersonal Effectiveness, Emotion Regulation & Distress Tolerance. New Harbinger.

McMakin, D. L., Siegle, G. J., Shirk, S. R. (2011). Positive Affect Stimulation and Sustainment (PASS) Module for Depressed Mood: A Preliminary Investigation of Treatment-related Effects. Cognitive Therapy and Research, 35, 217-226.

Melamed, S., Groswasser, Z., Stern, M. J. (1992). Acceptance of Disability, Work Involvement and Subjective Rehabilitation Status of Traumatic Brain-injured

(TBI) Patients. Brain Injury, 6, 233-243.

Mikolajczak, M., et Desseilles, M. (2012). Traité de régulation des émotions. De Boeck.

Mikolajczak, M., Quoidbach, J., Kotsou, I., Nélis, D. (2014). Les compétences émotionnelles. Dunod.

Miller, E. K. (2000). The Prefrontal Cortex and Cognitive Control. Nature Reviews Neuroscience, 1(1), 59-65.

Ming, G. L., Song, H. (2011). Adult Neurogenesis in the Mammalian Brain: Significant Answers and Significant Questions. Neuron, 70(4), 687-702.

Mor, N., Winquist, J. (2002). Self-focused Attention and Negative Affect: A Meta-analysis. Psychological Bulletin, 128, 638-662.

Morgiève, M., N'Diaye, K., Haynes, W. I., Granger, B., Clair, A. H., Pelissolo, A., Mallet, L. (2014). Dynamics of Psychotherapy-related Cerebral Haemodynamic Changes in Obsessive Compulsive Disorder Using a Personalized Exposure Task in Functional Magnetic Resonance Imaging. Psychological Medicine, 44(7), 1461-1473.

Moukheiber, A. (2019). Votre cerveau vous joue des tours. Allary Éditions.

Mulken, S., Bögels, S. M., de Jong, P. J., Louwers, J. (2001). Fear of Blushing: Effects of Task Concentration Training Versus Exposure In Vivo on Fear and Physiology. Journal of Anxiety Disorders, 15, 413-432.

Nhat Hanh T. (2001). La colère. Transformer son énergie en sagesse. Pocket.

Nils, F., Rimé, B. (2012). Beyond the Myth of Venting: Social Sharing Modes Determine the Benefits of Emotional Disclosure: Effects of Sharing Modes in Emotional Disclosure. European Journal of Social Psychology, 42, 672-681.

Nolen-Hoeksema, S., Wisco, B. E., Lyubomirsky, S. (2008). Rethinking Rumination. Perspectives on Psychological Science, 3(5), 400-424.

Ochsner, K. N., Gross, J. J. (2005). The Cognitive Control of Emotion. Trends in Cognitive Sciences (Regul. Ed.), 9, 242-249.

Organisation mondiale de la santé (2018). Classification statistique internationale des maladies et des problèmes de santé connexe, 11ème édition. Elle entrera en vigueur en 2022.

Orain-Pelissolo, S. (2018). Étreindre votre douleur, éteindre votre souffrance. La thérapie basée sur la pleine conscience. Odile Jacob.

Osinsky, R., Reuter, M., Küpper, Y., Schmitz, A., Kozyra, E., Alexander, N., Hennig,

J. (2008). Variation in the Serotonin Transporter Gene Modulates Selective Attention to Threat. Emotion, 8, 584-588.

Pacht, A. R. (1984). Reflections on Perfection. American Psychologist, 39, 386-390.

Paivio, A. (1991). Dual Coding Theory: Retrospect and Current Status. Canadian Journal of Psychology/Revue Canadienne de Psychologie, 45, 255-287.

Parent, A., Hazrati, L. N. (1995). Functional Anatomy of the Basal Ganglia. I. The Cortico-basal Ganglia-thalamo-cortical Loop. Brain Research Reviews, 20(1), 91-127.

Penley, J. A., Tomaka, J., Wiebe, J. S. (2002). The Association of Coping to Physical and Psychological Health Outcomes: A Meta-analytic Review. Journal of Behavioral Medicine, 25, 551-603.

Peterson, C., Seligman, M. E. P. (2004). Character Strengths and Virtues: A Handbook and Classification. Oxford University Press/American Psychological Association.

Philippot, P. (2007). Émotions et Psychothérapie. Mardaga. Nouvelle édition, 2011.

Pignatelli, M., Bonci, A. (2015). Role of Dopamine Neurons in Reward and Aversion: A Synaptic Plasticity Perspective. Neuron, 3, 86(5), 1145-1157.

Pintrich, P. R. (1999). Taking Control of Research on Volitional Control: Challenges for Future Theory and Research. Learning and Individual Differences, 11, 335-354.

Prior, V., Glaser, D., Hallet, F., and Guedeney, N. (2010). Comprendre l'attachement et les troubles de l'attachement. De Boeck.

Querin, G., El Mendili, M. M., Lenglet, T., et al. (2019). The Spinal and Cerebral Profile of Adult Spinal-muscular Atrophy: A Multimodal Imaging Study. NeuroImage Clinical, 21 : 101618.

Quoidbach, J. (2013). Comment augmenter votre bonheur ? Dunod.

Quoidbach, J., Hansenne, M., Mottet, C. (2008). Personality and Mental Time Travel: A Differential Approach to Autonoetic Consciousness. Consciousness and Cognition, 17, 1082-1092.

Raes, F., Hermans, D., Williams, J. M. G., Eelen, P. (2006). Reduced Autobiographical Memory Specificity and Affect Regulation. Cognition and Emotion, 20, 402-429.

Rapee, R. M., Heimberg, R. G. (1997). A Cognitive-behavioral Model of Anxiety in Social Phobia. Behaviour Research and Therapy, 35, 741-756.

Rengade, C.-E., Fanget, F. (2011). Vivre mieux avec son impulsivité. Odile Jacob.

Romo, L., Gorsane, M. A. (2014). Surmonter un problème avec les jeux de hasard et d'argent. Dunod.

Romo, L., Graziani, P. (2015). Surmonter un problème avec l'alcool. Dunod.

Rosenhan, D. L., Underwood, B., Moore, B. (1974). Affect Moderates Self-gratification and Altruism. Journal of Personality and Social Psychology, 30(4), 546-552.

Rosenkranz, M. A., Jackson, D. C., Dalton, K. M., Dolski, I., Ryff, C. D., Singer, B. H., Muller, D., Kalin, N. H., Davidson, R. J. (2003). Affective Style and in Vivo Immune Response: Neurobehavioral Mechanisms. Proceedings of the National Academy of Sciences of the United States of America, 100, 11148-11152.

Ross, L. (1977). The Intuitive Psychologist and his Shortcomings: Distortions in the Attribution Process. Academic Press, 173-220.

Rothlin, P., Werder, P. R. (2007). Boreout! Ovecoming Work-place Demotivation. Kogan Page.

Royant-Parola, S. (2002). Comment retrouver le sommeil par soi-même. Odile Jacob.

Rubia, K. (2009). The Neurobiology of Meditation and its Clinical Effectiveness in Psychiatric Disorders. Biological Psychology, 82, 1-11.

Ryan, R. M., Deci, E. L. (2005). The Developmental Line of Autonomy in the Etiology, Dynamics, and Treatment of Borderline Personality Disorders. Development and Psychopathology, 17, 987-1006.

Sabouraud-Seguin, A. (2006). Revivre après un choc : comment surmonter le traumatisme psychologique. Odile Jacob.

Sah, P. (2017). Fear, Anxiety, and the Amygdala. Neuron, 96(1), 1-2.

Sairanen, M., O'Leary, O. F., Knuuttila, J. E., Castrén, E. (2007). Chronic Antidepressant Treatment Selectively Increases Expression of Plasticity-related Proteins in the Hippocampus and Medial Prefrontal Cortex of the Rat. Neuroscience, 144(1), 368-374.

Saraulli, D., Costanzi, M., Mastrorilli, V., Farioli-Vecchioli, S. (2017). The Long Run: Neuroprotective Effects of Physical Exercise on Adult Neurogenesis from Youth to Old Age. Current Neuropharmacology, 15(4), 519-533.

Sauteraud, A. (2012). Vivre après ta mort. Psychologie du deuil. Odile Jacob.

Schlaug, G. (2015). Musicians and Music Making as a Model for the Study of Brain

Plasticity. Progress in Brain Research, 217, 37-55.

Schmitt, M. T., Branscombe, N. R., Postmes, T., Garcia, A. (2014). The consequences of perceived discrimination for psychological well-being : A meta-analytic review. Psychological Bulletin, 140, 921-948.

Schore, A. N. (2001). The Effects of Early Relational Trauma on Right Brain Development, Affect Regulation, and Infant Mental Health. Infant Mental Health Journal, 22, 201-269.

Schore, A. N. (2003). Affect Dysregulation, and Disorders of the Self. Norton.

Schraw, G., Wadkins, T., Olfason, L. (2007). Doing the Things We Do: A Grounded Theory of Academic Procrastination. Journal of Educational Psychology, 99(1), 12-25.

Schuckit, M. A., Hesselbrock, V. (1994). Alcohol Dependence and Anxiety Disorders: What is the Relationship? American Journal of Psychiatry, 151(12), 1723-1734.

Schwartz, J., Gladding, R. (2012). You Are Not Your Brain: The 4-Step Solution for Changing Bad Habits, Ending Unhealthy Thinking, and Taking Control of Your Life. Avery.

Segal, Z. V., Williams, J. M. G., Teasdale, J. D. (2002). Mindfulness-Based Cognitive Therapy for Depression. Guilford Press.

Seligman, M. E. P., Rashid, T., and Parks, A. C. (2006). Positive psychotherapy. American Psychologist, 61, 774-788.

Seligman, M. E. P., Steen, T. A., Park, N., Peterson, C. (2005). Positive Psychology Progress. Empirical Validation of Interventions. American Psychologist, 60, 410-421.

Selye, H. (1936). A Syndrome Produced by Diverse Nocuous Agents. Nature, 138, 32.

Servant, D. (2015). La Relaxation. Nouvelles approches, Nouvelles pratiques. Deuxième édition. Masson.

Shankland, R. (2012). La Psychologie positive. Dunod.

Smith, K. S., Graybiel, A. M. (2016). Habit Formation. Dialogues in Clinical Neuroscience, 18(1), 33-43.

Smolka, M. N., Bühler, M., Schumann, G., Klein, S., Hu, X.-Z., Moayer, M., Zimmer, A., Wrase, J., Flor, H., Mann, K., et al. (2007). Gene-gene Effects on Central Processing of Aversive Stimuli. Molecular Psychiatry, 12, 307-317.

Spinella, M., Miley, W. M. (2003). Impulsivity and Academic Achievement in College Students. College Student Journal, 37(4), 545-549.

Squire, L. R., Kandel, E. R. (2002). La Mémoire. De l'esprit aux molécules. De Boeck Université.

Stanton, A. L., Danoff-Burg, S., Cameron, C. L., Bishop, M., Collins, C. A., Kirk, S. B., Sworowski, L. A., and Twillman, R. (2000a). Emotionally Expressive Coping Predicts Psychological and Physical Adjustment to Breast Cancer. Journal of Consulting and Clinical Psychology, 68, 875-882.

Stanton, A. L., Kirk, S. B., Cameron, C. L., Danoff-Burg, S. (2000b). Coping Through Emotional Approach: Scale Construction and Validation. Journal of Personality and Social Psychology, 78, 1150-1169.

Stephen, R., Hongisto, K., Solomon A., Lönnroos, E. (2017). Physical Activity and Alzheimer's Disease: A Systematic Review. The Journals of Gerontology Series A: Biological Sciences and Medical Sciences, 1 ; 72(6), 733-739.

Stroebe, M. S., Schut, H. (1999). The Dual Process Model of Coping with Bereavement: Rationale and Description. Death Studies, 23, 197-224.

Stroebe, M. S., Schut, H., Stroebe, W. (2005). Attachment in Coping with Bereavement: A Theoretical Integration. Review of General Psychology, 9, 48-66.

Stroebe, W., Schut, H. (2001). Risk Factors in Bereavement Outcome: A Methodological and Empirical Review. In Stroebe, M. W., et al. Handbook of Bereavement Research: Consequences, Coping, and Care. American Psychological Association, 349-371.

Stuber, G. D., Hopf, F. W., Tye, K. M., Chen, B. T., Bonci, A. (2010). Neuroplastic Alterations in the Limbic System Following Cocaine or Alcohol Exposure. Current Topics in Behavioral Neurosciences, 3, 3-27.

Suardi, A., Sotgiu, I., Costa, T., Cauda, F., Rusconi, M. (2016). The Neural Correlates of Happiness: A Review of PET and fMRI Studies Using Autobiographical Recall Methods. Cognitive, Affective and Behavioral Neuroscience, 16(3), 383-92.

Sweatt, J. D. (2016). Neural Plasticity and Behavior - Sixty Years of Conceptual Advances. Journal of Neurochemistry, 139 Suppl 2, 179-199.

Szily, E., Bowen, J., Unoka, Z., Simon, L., Kéri, S. (2008). Emotion Appraisal is Modulated by the Genetic Polymorphism of the Serotonin Transporter.

Journal of Neural Transmission (Vienna), 115, 819-822.

Taylor, G. J. (2000). Recent Developments in Alexithymia Theory and Research. Canadian Journal of Psychiatry, 45, 134-142.

Taylor, J. M., Whalen, P. J. (2015). Neuroimaging and Anxiety: the Neural Substrates of Pathological and Non-pathological Anxiety. Current Psychiatry Reports, 17(6), 49.

Teffer, K., Semendeferi, K. (2012). Human Prefrontal Cortex: Evolution, Development, and Pathology. Progress in Brain Research, 195, 191-218.

Thompson, R. A. (1994). Emotion Regulation: A Theme in Search of Definition. Monographs of the Society for Research in Child Development, 59, 25-52.

Thorndike, E. L. (1898). Animal Intelligence: An Experimental Study of the Associative Processes in Animals. The Psychological Review: Monograph Supplements 2, i – 109.

Tovote, P., Fadok, J. P., Lüthi, A. (2015). Neuronal Circuits for Fear and Anxiety. Nature Reviews Neuroscience, 16(6), 317-331.

Trybou, V. (2018). Comprendre et traiter l'anxiété sociale. Nouvelles approches en TCC. Dunod.

Trybou, V. (2018). Trop perfectionniste ? Manuel pour les accros du détail. Josette Lyon.

Trybou, V., Hantouche, E. (2009a). Méthode anti-phobies sociales. Josette Lyon.

Trybou, V., Hantouche, E. (2009b). Méthode anti-phobies animales et alimentaires (et les autres). Josette Lyon.

Trybou, V., Hantouche, E. (2009c). Méthode anti-phobies de l'espace. Josette Lyon.

Tversky, A., Kahneman, D. (1974). Judgment under Uncertainty: Heuristics and Biases. Science, vol. 185, no 4157, 1124-1131.

Vrielynck, N., Philippot, P. (2009). Regulating Emotion During Imaginal Exposure to Social Anxiety: Impact of the Specificity of Information Processing. Journal of Behavior Therapy and Experimental Psychiatry, 40, 274-282.

Vrielynck, N., Philippot, P., Rimé, B. (2010). Level of Processing Modulates Benefits of Writing about Stressful Events: Comparing Generic and Specific Recall. Cognition & Emotion, 24, 1117-1132.

Wadlinger, H. A., Isaacowitz, D. M. (2011). Fixing our Focus: Training Attention to Regulate Emotion. Personality and Social Psychology Review, 15, 75-102.

Walker, W. R., Skowronski, J. J., Thompson, C. P. (2003). Life Is Pleasant—and

Memory Helps to Keep It that Way! Review of General Psychology, 7, 203-210.

Wallace, B. A., Shapiro S. L. (2006). Mental Balance and Well-being: Building Bridges Between Buddhism and Western Psychology. American Psychologist, 61(7), 690-701.

Watkins, E. R., Moberly, N. J., Moulds, M. L. (2008). Processing Mode Causally Influences Emotional Reactivity: Distinct Effects of Abstract Versus Concrete Construal on Emotional Response. Emotion, 8, 364-378.

Watkins, E. R., Baeyens, C. B., Read, R. (2009). Concreteness Training Reduces Dysphoria: Proof-of-principle for Repeated Cognitive Bias Modification in Depression. Journal of Abnormal Psychology, 118, 55-64.

Watson, N. F., Badr, M. S., Belenky, G., Bliwise, D. L., Buxton, O. M., Buysse, D., Dinges, D. F., Gangwisch, J., Grandner, M. A., Kushida, C., Malhotra, R. K., Martin, J. L., Patel, S. R., Quan, S. F., Tasali, E. (2015). Recommended Amount of Sleep for a Healthy Adult: A Joint Consensus Statement of the American Academy of Sleep Medicine and Sleep Research Society. Sleep, 38(6), 843-844.

Wei, M., Shaffer, P. A., Young, S. K., Zakalik, R. A. (2005). Adult Attachment, Shame, Depression, and Loneliness: The Mediation Role of Basic Psychological Needs Satisfaction. Journal of Counseling Psychology, 52, 591-601.

Wilson, D. S., Csikszentmihalyi, M. (2007). Health and the Ecology of Altruism. In S. G. Post (Ed.), Altruism and Health: Perspectives from Empirical Research. Oxford University Press, 314-331.

Wolpe J. (1958). Psychotherapy by Reciprocal Inhibition. Stanford University Press.

Wolters, C. A. (1998). Self-regulated Learning and College Students' Regulation of Motivation. Journal of Educational Psychology, 90, 224-235.

Wolters, C. A. (1999). The Relation Between High School Students' Motivational Regulation and Their Use of Learning Strategies, Effort, and Classroom Performance. Learning and Individual Differences, 11, 281-299.

Wolters, C. A. (2003). Regulation of Motivation: Evaluating an Underemphasized Aspect of Self-Regulated Learning. Educational Psychologist, 38, 189-205.

Wolters, C. A. (2003). Understanding Procrastination from a Self-regulated Learning Perspective. Journal of Educational Psychology, 95(2), 179-297.

Wood, A. M., Froh, J. J., Geraghty, A. W. A. (2010). Gratitude and Well-being: A Review and Theoretical Integration. Clinical Psychology Review, 30(7),

890-905.

Yagishita, S. (2020). Transient and Sustained Effects of Dopamine and Serotonin Signaling in Motivation-Related Behavior. Psychiatry Clin Neurosci, 74(2), 91-98.

Young, J., Klosko, J. (2018). Je réinvente ma vie. De l'Homme.

Young, J. E., Klosko, J. S. (2005). La Thérapie des schémas. Approche cognitive des troubles de la personnalité. De Boeck.

Zaki, J., Schirmer, J., Mitchell, J. P. (2011). Social Influence Modulates the Neural Computation of Value. Psychological Science, 22, 894-900.

Zauberman, G., Ratner, R. K., Kim, B. K. (2009). Memories as Assets: Strategic Memory Protection in Choice over Time. Journal of Consumer Research, 35, 715-728.

Zech, E. (2000). The Effects of the Communication of Emotional Experiences. Unpublished licentiate thesis, University of Louvain, Louvain-la-Neuve.

Zech, E. (2006). Psychologie du deuil. Impact et processus d'adaptation au décès d'un proche. Mardaga.

Zech, E., Rimé, B. (2005). Is Talking About an Emotional Experience Helpful? Effects on Emotional Recovery and Perceived Benefits. Clinical Psychology & Psychotherapy, 12, 270-287.

Zech, E., Arnold, C. (2011). Attachment and Coping with Bereavement: Implications for Therapeutic Interventions with the Insecurely Attached. In Neimeyer, R. A., et al., Grief and Bereavement in Contemporary Society: Bridging Research and Practice. Routledge, 23-35.

Zeidner, M., Matthews, G., Roberts, R. D., MacCann, C. (2003). Development of Emotional Intelligence: Towards a Multi-Level Investment Model. Human Development, 46, 69-96.

Zimmerman, B. J., Schunk, D. H. (2001). Self-regulated Learning and Academic Achievement. Theoritical Perspectives. Laurence Erlbaum, Mahwah.

마음의 기술

초판 1쇄 발행 2024년 11월 18일
초판 30쇄 발행 2025년 2월 26일

지은이 안-엘렌 클레르, 뱅상 트리부
옮긴이 구영옥
펴낸이 고영성

책임편집 윤충희 편집 김주연, 고나희 디자인 이화연 저작권 주민숙

펴낸곳 주식회사 상상스퀘어
출판등록 2021년 4월 29일 제2021-000079호
주소 경기 성남시 분당구 성남대로43번길 10, 하나EZ타워 307호
팩스 02-6499-3031
이메일 publication@sangsangsquare.com
홈페이지 www.sangsangsquare-books.com

ISBN 979-11-92389-23-3 03180